기전지역의
청동기시대 무덤 연구

하문식 지음

주류성

기전지역의
청동기시대 무덤 연구

하문식 지음

책을 내면서

　　고고학에 첫발을 내디디면서 무척이나 궁금했던 것은 현재 우리가 딛고 서 있는 이 땅에 살았던 옛사람들의 삶과 죽음, 사유(思惟) 방식 등이었다. 그 과정에 특히 마음이 끌린 것은 우리나라 선사시대 사람들의 삶이었다. 현지를 답사하고 발굴조사를 하게 되면서 눈과 손으로 직접 접할 수 있게 된 유적과 유물들은 내게 그들의 삶을 이해할 수 있게 하는 기쁨을 주었다. 선사시대 사람들의 삶에 대해 가졌던 막연한 상상이 그들이 남긴 실체를 접하면서 나의 현실 속으로 들어오게 되었을 때 처음으로 만나게 된 유적이 남한강(과 금강) 유역의 고인돌이었다. 어린 시절 이야기 속에서 신비로움의 대상이었던 고인돌을 실제로 접하고 조사하면서 자연스럽게 마음이 달뜨기도 하였다. 그렇게 시작된 나의 첫사랑(?)이 양평 지역의 고인돌이었다. 양평 지역의 고인돌 자료를 분석하고 종합하면서 자연스럽게 연구의 범위를 넓혀 언젠가는 고인돌을 비롯한 기전지역의 청동기시대 무덤에 대한 정리를 해보고 싶다는 마음이 점점 커지게 되었다.

기전지역의 청동기시대 무덤에 관한 나의 열망은 1990년대의 끝자락에 서울로 직장을 옮겨 오게 되면서 더욱 더 가속도가 붙게 되었다.

세종대학교에 자리를 잡게 되면서 제일 먼저 이천과 연천 그리고 제천 지역의 고인돌에 대한 지표 및 발굴조사를 하고 이어 강화 지역 고인돌의 실측조사 등을 하게 되었다. 이러한 과정은 내게 이 지역의 고인돌이 가지고 있는 지역적인 여러 특징들을 찾아내고 이해하는 계기를 마련해 주었다. 특히 이 지역들에 대하여 조사와 연구를 하는 동안 '변형 탁자식 고인돌'이라는 특별한 형식의 발견, 탁자식 고인돌에서 낮은 굄돌과 관련된 형식 변천 문제 그리고 지리정보시스템(GIS)과 원격탐사(RS) 방법론을 이용하여 덮개돌의 채석지 및 운반 경로를 시론적으로 추론한 연구를 시도한 일 등은 청동기시대의 문화 전파나 사회상을 이해하는데 도움이 되는 새로운 연구를 위한 토대를 마련하였다는 점에서 그 의미가 있었다고 생각된다.

이 책에서는 기전지역의 청동기시대 무덤 가운데 고인돌과 돌(덧)널무덤, 움무덤을 대상으로 형식과 구조, 묻기와 제의 문제, 껴묻거리, 절대연대 측정자료를 토대로 한 축조 시기의 설정 등에 중점을 두어 이러한 무덤들의 성격을 시론적으로 분석하였다. 특히 움무덤은 대부분 초기 철기시대에 해당되는 유적이지만 청동기시대의 늦은 시기로 볼 수 있는 것도 있기 때문에 철기가 껴묻기 되지 않은 무덤은 넓은 의미에서 모두 청동기시대에 축조된 것으로 보고 포함시켰다.

경기지역을 중심으로 하는 기전지역은 2000년대 접어들면서 개발에 따른 발굴 지역과 범위가 앞 시기와 비교하여 매우 획기적으로 증가하고 있다. 따라서 새로운 자료가 많이 찾아졌고 앞으로도 계속 나타날 것으로 예상된다. 이런 점에서 이 책이 기전지역의 청동기시대를 이해하는 디딤돌 역할을 해주었으면 하는 바람이다.

한정된 조사 자료를 가지고 부족하지만 그나마 이 정도의 성과를 이끌어 낼 수 있었던 것은 주변에서 늘 필자를 격려해주고 새로운 방법론을 일러주는 여러 선생님들이 계셨기 때문이다. 되돌아보면 세종대학교에서 고인돌을 발굴하던 시절이 힘들었지만 즐거웠다. 어려운 환경에서도 묵묵히 자리를 지켜준 박물관 가족들의 보이지 않는 힘이 큰 버팀목이 되었기에 그분들의 고마움을 잊을 수 없다. 이러한 것들이 이 책의 씨줄과 날줄이 되어 결실을 맺게 된 것이다.

이 책이 나오기까지 여러분들의 도움을 받았다. 이 책을 기획하면서부터 필요한 자료 부탁과 정리에 어려움을 마다하지 않고 수고하여 준 김종오, 엄태건, 이건웅 님께 고마움의 인사를 전한다. 그리고 거친 문장을 다듬어 준 김옥현 님의 노고도 기억하고자 한다.

늘 따뜻한 마음의 격려를 아끼지 않으면서 선뜻 출판을 맡아주신 최병식 박사님과 이준 이사님께도 감사드린다.

끝으로 고고학에 대한 관심과 열정으로 같은 길을 걸으며 우리 땅에 살았던 옛사람들의 자취를 찾고자 노력하시는 많은 분들에게 가장 큰 경의를 표하고 싶다.

2021년 8월 15일
안산 자락에서
하문식

차례

I
시·공간적 범위

기전(畿甸)이라는 지명은 기내(畿內), 기정(畿停), 왕기(王畿)와 함께 왕도 주변을 의미하는 경기(京畿)의 별칭이다. 이러한 지명은 중국 봉건제와 당나라의 경기제(京畿制) 영향으로 등장했다.

기전이란 지명에서 '기'는 왕성과 인접한 지역을 의미하며 '전'은 '기' 밖의 지역 즉 왕성에서 500리 까지를 포함한다. 이렇게 기전은 왕성과 가까운 지역을 지칭하다가 후대에 이르러 그 주변지역을 포괄적으로 의미하는 뜻으로 바뀌게 되었다. 그리하여 근래에는 서울과 구별하는 관점에서 그 주변지역을 함께 묶어 기전(지역)이라고 한다.[1]

이런 몇 가지 점을 고려하여 여기에서는 기전지역을 현재의 경기도를 중심으로 인천광역시, 서울의 일부 지역을 포함하는 넓은 의미로 사용하고자 한다.

다음으로 여기에서 언급하고 있는 청동기시대의 시간적인 범위는 서기전 1500년쯤부터 서기전 300년쯤이다. 이 시기에는 청동기시대와 초기 철기시대의 이른 시기가 일부 포함되어 있다. 한국 고고학의 연대 설정에서 세형동검과 점토띠 토기를 표지로 하는 문화의 형성 시기에 관하여는 그동안 상당히 다양한 시각에서 청동기시대 후기, 초기 철기시대, 철기시대, 삼한시대 등 여러 견해가 제시되어 왔다.

한국의 철기문화는 중국 연(燕)나라의 영향으로 주조 철기가 전파되어 시작되었는데 철기의 제작과 보급 시기는 지역에 따라 차이가 많다. 중국 동북지역이나 한반도 북부지역은 비교적 이른 시기부터 철기문화를 받아들여 발전하였지만 중·남부지역은 상대적으로 늦게 철기가 전파된다. 또한 새로운 선진문물인 철기가 전해지는 시기에도 세형동검을 비롯한 다양한 종류의 청동기가 제작되었고 간석기도 함께 사용되었으므로 이 시기의 문화 정체성을 파악·구분하는 데

---

1) 심승구, 2015. 「경기(京畿)를 통해 본 서울의 정체성 : 고려와 조선의 경기 비교를 중심으로」 『서울학연구』 58, 35~65쪽 : 김순배, 2019. 「기전(畿甸) 지명고(地名攷)」 『畿甸文化研究』 40-1, 1~23쪽.

에는 여러 어려움이 있는 것이 사실이다. 이러한 점을 고려하여 근래에는 당시의 표지 유물인 세형동검이나 점토띠 토기를 기준으로 '세형동검 문화' 또는 '점토띠 토기 문화'라는 시기 설정을 하여 그 문화상을 설명하고 있다.

한편 최근에는 기존에 서기 300년쯤으로 인식하고 있던 점토띠 토기의 상한 연대를 절대연대 측정값을 고려하여 서기전 600년 내지 700년쯤으로 설정해야 한다는 새로운 견해가 제시되어 주목받고 있다.[2]

여기에서는 최근의 이러한 연구 성과를 적극적으로 받아들이되 철기는 껴묻기 되지 않고 세형동검, 원형 점토띠 토기, 목 긴 검은 간토기만 출토되는 무덤들을 청동기시대 늦은 시기에 포함시켜 기전지역의 청동기시대 무덤에 대한 몇 가지를 검토하였다.

2) 이창희, 2010. 「점토대 토기의 실연대-세형동검 문화의 성립과 철기의 출현 연대」『文化財』 43-3, 66~69쪽.

참고문헌

김순배, 2019. 「기전(畿甸) 지명고(地名攷)」 『畿甸文化研究』 40-1.

심승구, 2015. 「경기(京畿)를 통해 본 서울의 정체성 : 고려와 조선의 경기 비교를 중심으로」 『서울학연구』 58,

이창희, 2010. 「점토대 토기의 실연대-세형동검 문화의 성립과 철기의 출현 연대」 『文化財』 43-3 .

II
기전지역의
청동기시대
무덤 조사와
연구

한반도의 중심부에 위치한 기전지역은 자연·지리적으로 좋은 환경을 갖추고 있기 때문에 선진지역의 문화를 일찍부터 받아들여 발전·변화시켜 왔다. 이러한 까닭에 선사시대의 많은 유적이 분포하고 있으며, 특히 이 지역 청동기시대의 문화는 북부와 남부를 이어주는 점이적인 특성을 지니고 있다.

기전지역의 청동기시대 무덤에 대한 조사와 연구는 지리적인 여건-서울과 인접한- 때문에 상당히 일찍부터 관련 연구자들이 관심을 가져왔다. 특히 1800년대 후반부터 서양 사람들이 조선에 들어와 전국 각 지역을 답사하면서 서울을 떠나 기전지역을 거쳐 다른 지역으로 이동하는 과정에 이 지역의 고인돌에 대한 기초조사를 실시하여 그 결과를 기록으로 남겨 놓은 점이 특이하다.

여기에서는 기전지역의 청동기시대 무덤에 대한 조사와 연구를 1945년 광복 이전, 광복 이후부터 1960년대, 팔당·소양댐 수몰지역에 대한 조사의 일환으로 많은 고인돌 유적이 발굴된 1970년대, 개발로 인한 긴급 발굴이 본격화된 1990년대 그리고 매장문화재 보호와 관련된 법적 제도 강화로 발굴조사가 활성화된 2000년대를 기준으로 시기를 구분하여 살펴보도록 하겠다.[1]

---

1) 이러한 조사와 연구 중 청동기시대의 무덤 가운데 고인돌에 대한 것은 기존의 연구 성과를 토대로 하였다.
하문식, 2005. 「청동기시대 연구사-경기지역을 중심으로」 『韓國先史考古學報』 5, 115~122쪽 ; 2020. 「기전지역 탁자식 고인돌의 성격」 『하남역사총서』 2, 64~71쪽 : 우장문, 2006. 『경기지역의 고인돌 연구』, 학연문화사, 18~38쪽.

1. 1945년 이전

이 시기의 청동기시대 무덤에 대한 조사는 대부분 고인돌에 관한 것으로 이 것은 한국 고인돌의 조사·연구와 그 궤를 같이 한다.

기전지역의 고인돌 유적은 19세기 말 조선에 와 있던 유럽 사람들이 처음 관심을 가지고 조사하였다. 당시 영국 대사관에 근무하던 칼스(W. R. Carles)와 앨런(Allen)이 포천 지역의 탁자식 고인돌을 답사한 것이 그 시초다.[2] 손진태의 지적처럼 칼스는 한국의 고인돌을 처음으로 서구에 소개한 사람이다. 그가 조사한 고인돌은 위치나 기록이 너무 간단하여 자세한 내용을 파악하는 데에는 어려움이 있지만 답사 경로를 검토하면 서울에서 원산으로 가는 길목인 포천에 있는 고인돌인 것 같다. 고인돌의 외형적인 대개를 소개한 내용을 보면, 덮개돌은 납작하면서 손질이 되지 않은 사각형으로 길이가 약 7피트(약 215㎝)쯤 되며, 굄돌은 남쪽과 북쪽에 곧게 서 있어 남북쪽이 막히고 동서쪽이 트인 상태였다. 또 임진왜란 때 일본 사람들이 조선 땅의 힘(earthly influences)을 끊기 위하여 세웠다는 전설을 소개하고 있어 고인돌에 대한 당시 사람들의 관심사를 엿볼 수 있게 한다.

뒤이어 1895년 고우랜드(W. Gowland)는[3] 영국 학술지에 포천 지역의 고인돌 3기에 대한 외형적인 여러 특징에 관하여 자세히 언급하였다.[4] 고우랜드는

---

2) 손진태, 1948. 「朝鮮 Dolmen에 關한 調査 研究」 『朝鮮 民族文化의 硏究』, 을유문화사, 3~6쪽.
3) 고우랜드의 한국 고고학에 대한 관심, 조사 과정과 내용에 관하여는 다음 글에 잘 소개되어 있다.
   오영찬, 2012. 「19세기 말 윌리엄 고우랜드의 한국 고고학 탐구」 『韓國上古史學報』 76, 163~182쪽.
4) W. Gowland, 1895. "The Dolmens and Other Antiquities of Korea", *The Journal of the Anthropological Institute of Great Britain and Ireland* XXIV, pp.299~316.

앨런의 조사 내용을 간단히 소개한 다음, 송우리에서 4.8㎞ 지점에 위치한 자작리 고인돌에 대하여 보다 자세하게 언급하고 있다. 이 자작리 고인돌에 대하여는 덮개돌의 외형적인 생김새와 크기, 재질(화강암)을 소개하면서 평면도와 단면도를 제시하였다. 굄돌은 사방이 1매씩의 판자돌로 이루어져 있지만 서남쪽 것은 파괴되어 밑부분만 남아 있는 점으로 보아 막음돌(문돌)이었던 것으로 보인다. 그리고 돌방의 크기와 고인돌의 높이(약 90㎝) 등 현황을 비교적 자세하게 언급하고 있는 점이 주목된다. 또한 다른 1기는 금현리(돌모루)의 탁자식 고인돌인 것으로 여겨진다. 이러한 고인돌을 만든 사람이 현재 한국 민족의 조상일 것이라는 견해와 함께 고인돌의 의미를 작은 돌이 큰 돌을 받치고(괴고) 있다는 뜻의 '굄돌'로 파악하여 당시로서는 상당한 학술적 수준을 보여 주었다.[5]

그리고 프랑스 사람 에밀 부다레(Emile Bourdaret)도 비숍(Bishop)의 여행기에 언급된 고인돌 유적을 소개하면서 파발마 근처의 고인돌에 대한 조사 내용을 보고하였다.[6] 그 내용을 보면 포천의 솔모루 고인돌이라는 점에서 자작리 탁자식 고인돌로 여겨지며, 유적 주변의 현황(고묘와 비석), 지형 설명, 주변지역의 추정 고인돌에 대하여 조사한 점이 주목된다.

일제강점기에는 청동기시대의 유물에 대한 조사 과정에서 주로 고인돌 유적이 함께 조사되어 보고되기도 하였다. 이 시기 일본 학자들은 대부분 역사 유적이나 고건축에 많은 관심을 가지고 있었는데 의외로 1916년 이마니시 류(今西龍)는 강화 하도리 아랫말 고인돌을 발굴 조사하여 그 내용을 『朝鮮古蹟調査報告-大正五年度古蹟調査報告』(1917년 발간)에 소개하고 있어 주목된다.

이 시기의 고인돌 조사는 주로 요코야마 쇼자부로(橫山將三郎)가 중심이 되어 이루어졌으며, 그 결과는 『朝鮮古蹟圖譜』, 『朝鮮古文化綜鑑』, 『考古學雜誌』 등

---

5) 하문식, 2002. 「서울·경기지역의 청동기시대 연구 현황」 『고고학』 1-1, 60~61쪽.
6) Emile Bourdaret, 1903. "Note sur les Dolmens de la Corée", *Société d'Anthropologie de Lyon* XXI, pp. 2~4.

에 관련 내용이 소개되었다. 요코야마는 특히 기전지역의 연천, 의정부, 구리, 고양, 양주, 남양주, 파주, 포천 등지의 고인돌 유적을 집중적으로 조사하여 그 결과를 자료화 하였다. 또 도리이 류조(鳥居龍藏)는 조선 전역의 고인돌을 조사하면서 기전지역의 광주와 김포, 강화지역의 고인돌에 대한 조사도 함께 하여 그 결과를 발표하였다.[7] 그리고 손진태는 외국인의 고인돌 답사에 대한 소개와 평안도 지역의 고인돌 유적 답사에 관한 몇 가지를 보고하면서 지명과 관련된 파주 지석리, 이천 지석리, 용인 상하동 고인돌에 대하여 언급하고 있다.[8] 인천지역 고인돌에 대한 이 시기의 대표적인 조사는 1927년 조선총독부에서 학익동에 있는 탁자식 고인돌 7기 가운데 3기를 시굴한 것이다. 시굴 결과 무덤방에서 민무늬 토기 조각, 돌화살촉, 반달돌칼, 간돌도끼, 숫돌 등을 찾기도 하였다.[9]

한편 이 시기에 고인돌 유적 이외에 몇몇 돌널무덤과 석광묘(石壙墓)가 의정부시 금오동, 구리시 사노동, 양평군 조현리, 화성 병점리에서 찾아져 간단한 내용이 보고되기도 하였다.

2. 1945년 이후부터 1960년대

광복 이후 북한의 고고학 및 민속학연구소에서 간행한 『조선원시유적지명표』(1959년 발간)에는 기전지역의 청동기시대 유적이 소개되면서 무덤 유적도 부분적으로 포함되어 있다. 이것은 주로 일제 강점기에 소개된 자료를 기초로 한 것이다. 김원룡은 『韓國史前遺蹟遺物地名表』(1953년, 유인물)를 간행하면서 기전

7) R. Torii, 1926. "Les Dolmens de la Corée", *Memories of the Research Department of the Toyo Bunko* 1 ; 1946.「中國石棚之研究」『燕京學報』31, 5~13쪽.
8) 손진태, 1934.「朝鮮 Dolmen考」『開闢』1, 16~26쪽 ; 1948.「앞 글」, 40쪽.
9) 이경성, 1959.「仁川의 先史遺蹟遺物地名表槪要」『梨大史苑』1, 69쪽.

지역의 여러 청동기시대 유적을 개략적으로 소개하고 행정구역별로 분포 관계를 밝혔다. 주로 일본 학자들이 조사한 자료를 기본적으로 활용하면서 무덤-특히 고인돌-관련 유적의 분포 상황을 자세히 소개하고 있다. 이어 1964년에는 그 이후의 관련 자료를 보완하여 『韓國史前遺蹟遺物地名表』(서울대학교 출판부)를 발간하였다.

한편 1961년 기전지역의 선사시대 유적 자료가 정리되어 지명표가 만들어졌다. 이 자료는 김원룡의 자료와 고려대학교 인류고고회에서 1950년대 후반 한강유역을 중심으로 활발한 지표조사를 실시하여 새로 찾은 유적과 유물을 종합화하여 만든 것이다. 이 지명표는 기전지역의 선사유적에 대한 조사자료를 처음으로 체계화한 것인데 여기에 경기지역의 고인돌 유적이 몇 곳 소개되어 있다.[10]

인천지역에서는 1957년 인천 주안동 탁자식 고인돌이 발굴되었다.[11] 마을 사람들이 "너분바위"라고 불렀던 이 고인돌은 주변 지형 때문에 땅 속에 묻혀 있었다. 발굴 결과, 양쪽 굄돌(동, 서쪽)은 물론 남쪽의 막음돌(문돌)까지 찾아져 탁자식 고인돌의 축조 형태를 알 수 있었다.

이 시기에 용인 상하동의 고인돌 유적이 조사되었다. 외형적인 지표조사이기는 하지만 고인돌 조사에 있어서 하나의 기준을 제시한 중요한 보고이다. 무엇보다 고인돌이 위치한 곳에 대한 지명 유래와 자세한 외형적인 특징 그리고 고인돌에 전해오고 있는 토착신앙과의 관계 등을 당시 연구 수준으로는 상당한 위치에서 해석을 진행하여 문화사적 의미를 살펴본 점이 주목된다.[12] 최근 이 고인돌은 발굴조사(2013년) 되었지만 축조되었던 당시의 위치를 찾지는 못하였다.

1960년대 들어와 기전지역에 분포하는 고인돌 유적을 지역단위별로 조사한 보고가 있다. 주로 경기지역의 파주 교하, 연천, 용인 모현, 시흥 등지의 탁자식

----

10) 오상화, 1961. 「京畿道 先史時代 遺蹟地名表」 『史叢』 6, 78~83쪽.
11) 이경성, 1959. 「앞 글」, 65~76쪽.
12) 전길희, 1959. 「용인군 구성면 소재 Dolmen 조사보고」 『梨大史苑』 1, 77~83쪽.

고인돌의 분포 현황을 조사하였다.[13]

국립박물관에서는 1962년부터 1967년까지 전국의 중요한 고인돌 유적 13곳을 발굴조사하였는데 기전지역에서는 파주 교하리와 옥석리 고인돌 그리고 강화 삼거리와 황촌리 고인돌이 발굴되었다.[14] 발굴 결과 모두 고인돌과 같은 시기의 집터가 찾아져 당시의 살림살이는 물론 연대를 알 수 있는 자료가 밝혀지게 되어 한국 청동기시대 연구의 새로운 전기를 마련하는 계기가 되었다.

특히 옥석리 유적의 집터에서 나온 숯을 방사성탄소 연대측정한 결과, 2590±105bp로 밝혀졌다. 이것은 이 집터와 이곳에서 나온 간돌검을 비롯한 여러 간석기의 연대를 알 수 있게 한다. 또한 간돌검의 조형(祖形) 문제와 시기를 보다 객관적으로 알 수 있게 되어 청동기시대의 연대 설정에 하나의 기준이 되었다. 또 이 절대연대는 간돌검은 세형동검을 모방하여 만들었다고 주장하던 종래의 일본 학자들의 견해가 잘못된 것임을 밝히는 계기가 되기도 하였다.

3. 1970년대~1990년대

1970년대 접어들어 기전지역의 청동기시대 무덤에 대한 조사는 팔당댐, 반월지구 공업단지 조성 등이 진행되면서 긴급 발굴이 본격적으로 이루지게 되었다.

1972년 문화재관리국(현 문화재청)이 주관하여 주로 팔당·소양댐 건설로 인하여 수몰되는 남양주(양주), 양평지역의 고인돌 유적에 대하여 발굴조사를 실시

---

13) 김무룡, 1961ㄱ. 「坡州 交河面의 支石」『考古美術』 2-1 ; 1961ㄴ. 「漣川郡 漣川面 支石墓群」『考古美術』 2-5 ; 1961ㄷ. 「龍仁 慕賢面 支石墓」『考古美術』 2-9 ; 1961ㄹ. 「京畿 始興郡 支石墓」『考古美術』 2-11 참조.
14) 김재원·윤무병, 1967. 『韓國支石墓研究』, 국립박물관 참조.

하였다. 이 발굴조사에는 대학 박물관과 국립박물관, 문화재관리국 등 9개의 조사기관이 연합발굴단을 구성하여 참가하였다. 이때 발굴된 유적은 양평 상자포리 고인돌(국립중앙박물관·단국대학교·이화여자대학교)을 비롯하여 양평 앙덕리 고인돌(연세대학교), 양평 대심리 고인돌(서울대학교), 양평 양수리 고인돌(문화재연구소), 양평 문호리 고인돌(경희대학교), 남양주 금남리 고인돌(고려대학교), 남양주 진중리 고인돌(숭실대학교) 등이다.[15] 이 조사는 남·북한강 하류지역의 고인돌 문화 성격을 밝히는데 새로운 전기를 마련하였다. 특히 이화여자대학교에서 발굴한 상자포리 고인돌에서는 비교적 이른 시기의 세형동검이 발견되어 여러 가지로 시사하는 점이 많다. 또한 양수리 고인돌에서는 무덤방에 있던 숯을 방사성탄소 연대측정한 결과 3900±200bp라는 측정값을 얻게 되었다.

팔당·소양댐의 건설로 인한 수몰지역 조사는 강을 중심으로 분포하고 있던 고인돌에 대한 것으로 다른 어떤 조사보다도 고인돌의 성격을 파악하고 이해하는데 큰 도움이 되었다. 또한 이 조사는 그 다음의 대청댐·대초댐·장성댐·남강댐·동복댐·충주댐 발굴에 하나의 길잡이 역할을 하게 되었다.

1978년에는 서울대 박물관이 주축이 되어 기전 남부지역에서는 처음으로 국토개발로 인한 주변지역의 현상 변경에 따른 긴급 발굴의 일환으로 반월공업단지 조성지역에 대한 조사가 이루어졌다.[16] 이 조사에서는 안산 양상동과 월피동 고인돌(경희대학교, 건국대학교) 유적과 안산 관모봉 돌무지 움무덤(경희대학교)이 발굴되었다.

관모봉 돌무지 움무덤은 기전지역에서 조사된 유일한 무덤 구조로 돌무지무덤과 움무덤이 결합된 특이한 구조다. 청동기시대 무덤 가운데 이러한 예가 거의 없어 비교자료가 한정되어 있지만 앞으로 무덤 구조의 전이 과정을 이해할 수 있는 자료가 된다는 점에서 중요한 의미가 있다.

||||||||||||||||||||

15) 문화재관리국 엮음, 1974.『八堂·昭陽댐 水沒地區遺蹟發掘綜合調査報告』 참조.
16) 반월지구 유적 발굴조사단, 1978.『牛月地區遺蹟發掘調査報告』 참조.

1980년대에 들어와서는 광명 철산동과 파주 다율리·당하리 고인돌, 중부고속도로 건설지역의 광주 궁평리 고인돌 그리고 서울 외곽순환고속도로 건설지역의 성남 수진동과 태평동, 의왕 삼동, 군포 부곡동 고인돌 유적이 발굴조사 되었다. 수진동 고인돌에서는 묻힌 사람의 머리 방향을 규명하기 위하여 무덤방 안의 토양을 가지고 P_2O_5 검출 방법으로 분석을 시도하였다.

또한 평촌과 분당 지역의 신도시 건설에 따른 문화유적 조사 과정에서도 고인돌 유적이 발굴되었다. 평촌지역에서는 12기의 고인돌이 발굴되었는데 평촌 3호와 4호, 신촌 1호 고인돌에서는 하나의 덮개돌 밑에 여러 기(2~3기)의 무덤방이 조사되어 덮개돌의 기능 문제에 대한 새로운 해석의 필요성을 제기하고 있다.[17] 이곳에 묻힌 사람들은 서로 친연성이 있는 가족관계로 보여 이 고인돌은 가족무덤일 가능성이 많다. 그리고 분당지역의 도촌동에서도 고인돌이 발굴되었다.

1990년대에 들어서는 전국적으로 나타나는 현상이지만 기전지역에서도 대규모의 조사가 실시되면서 여러 고인돌 유적이 발굴되어 많은 성과를 얻게 되었다. 이 시기에 발굴된 유적으로는 안산 선부동 고인돌, 파주 당하리·다율리 고인돌, 광명 가학동 고인돌, 하남 광암동 고인돌, 시흥 조남동과 계수동 고인돌 등이 있다.

선부동 유적의 고인돌은 구릉의 능선을 따라 한 곳에 탁자식과 개석식이 섞여 있으면서 서로 혼합된 독특한 형식으로 주목된다. 그리고 기전지역에서 발굴된 고인돌 가운데 간돌검, 반달돌칼, 돌창, 구멍무늬토기+골아가리토기, 빗살무늬토기 등 가장 다양한 종류의 껴묻거리가 찾아져 고인돌의 연대·축조 집단 등 상당히 여러 가지 면에서 문제점을 시사하고 있다.[18] 가학동과 조남동, 계수동 고인돌은 기전 남부지역에서 조사된 흔치 않은 탁자식이면서 덮개돌에 비하여

<hr>

17) 명지대학교 박물관·경기도, 1990. 『安養 平村의 歷史와 文化遺蹟』, 198~199쪽.
18) 명지대학교 박물관·경기도, 1991. 『安山 仙府洞 支石墓 發掘調査報告書』 참조.

굄돌의 높이가 상당히 낮다는 구조적인 특이성을 지니고 있다. 또 광암동 고인돌은 굄돌을 세워 놓지 않고 뉘어 놓아서 양쪽이 균형을 이루게 한 특이한 구조로 밝혀졌는데 이런 것이 오산 외삼미동, 화성 병점리와 수기리 고인돌에서도 찾아지고 있어 구조적인 변천 과정을 규명할 수 있는 하나의 자료로 여겨진다. 한편, 이 시기에 있었던 한국 고인돌 유적에 대한 종합조사와 연구과정에 기전지역의 고인돌 유적도 포함되었다.[19]

4. 2000년대 이후

1990년대 후반에 매장문화재의 보호와 관리에 대한 법적 제도화가 강화되면서 전국적으로 대규모 발굴조사가 실시되었다. 이에 따라 기전지역에서도 국토개발에 따른 긴급 발굴이 활발하게 이루어졌다. 특히 이 시기에 조사된 청동기시대의 무덤은 고인돌을 비롯하여 돌덧널무덤, 돌널무덤 그리고 여러 구조의 움무덤 등 상당히 다양한 편이다.

또한 이러한 발굴조사 결과를 토대로 한 관련 연구 논문이 발표된 것도 주목된다.

이 시기에 발굴된 대표적인 고인돌 유적으로는 이천 수하리와 현방리 고인돌 유적(2000년), 연천지역의 여러 고인돌(2002년), 파주 당하리 고인돌(2004년), 평택 양교리 고인돌(2004년), 평택 수월암리 고인돌(2010년), 하남 하사창동 고인돌(2012년) 등이 있다.

이천지역 고인돌 조사에서는 덮개돌의 원산지와 이동 예상 추정지역에 대해 지리·지질환경적인 연구 방법으로 시론적인 연구를 시도하였다.[20] 이 연구에서

19) 홍형우, 1999. 「경기도(서울, 인천 포함)」 『한국 지석묘(고인돌) 유적 종합조사 연구』, 문화재청·서울대학교 박물관, 601~672쪽.

는 원격탐사(RS)와 지리정보시스템(GIS)의 분석 방법을 통해 고인돌 유적의 분포 지역에 대한 지형 분석과 통계적 기법을 이용하여 덮개돌의 채석장과 운반 경로 및 당시 사람들의 예상 주거지역을 추정하였다. 지형에서는 지형적인 특성과 수리적 특성, 지질 관계를 분석하였고 위성 영상자료 분석은 밴드 조합에 의한 영상 합성기법과 영상 압축기법을 이용하여 고인돌 유적 주변 지형을 살펴보았다. 덮개돌을 채석한 원산지 추적은 지형 분석과 암석 시료의 박편 분석 결과를 토대로 선정하였다. 그리고 산록 완사면에 퇴적된 사면 붕적물과 지형 경사 및 고도 분포 특성으로 뒷받침하였다. 덮개돌의 운반에 따른 최소 비용 거리를 산출하는 방법은 미국 ESRI사의 Arc View 프로그램의 서브모듈인 공간 분석을 이용하였다. 이 방법으로 누적 거리와 누적 표면에 대한 최소 거리를 산출하였다. 또 덮개돌의 외형적인 형태 분류를 객관화하고 기준을 세우기 위하여 징(Zingg)에 의하여 연구된 다이아그램 분석 방법을 시론적으로 적용하였다.

하지만 이 연구는 덮개돌의 채석지를 단일지역으로 제한하여 분석하였기에 현실적인 문제가 있고 추정한 예상 주거지역에 대한 발굴조사가 이루어지지 않았다는 점에서 한계가 있다.

연천지역에 대한 조사는 통현리를 비롯한 학곡리·진상리 지역의 고인돌에 대한 발굴조사와 더불어 임진강·한탄강 유역의 고인돌 분포 관계를 파악하는 것이었다.[21] 이 과정에 특히 학곡리의 탁자식 고인돌 무덤방 주변에 돌을 깔거나 쌓아 묘역을 만든 특이한 구조가 알려져 주목되었다.

지리정보시스템을 이용한 고인돌의 분포 위치와 범위 파악 결과 연천 지역의 고인돌 유적은 주로 해발 12.8~80.0m에 분포하고 평균 고도는 41.7m로 파악되

20) 하문식·김주용, 2001. 「고인돌의 덮개돌 운반에 대한 연구」 『韓國上古史學報』 34, 53~80쪽.
21) 세종대학교 박물관·연천군, 2001. 『연천지역 고인돌 조사보고서』 ; 2003. 『연천지역 고인돌 유적-시·발굴조사보고서』 참조.

었다. 또 고인돌 유적의 경사는 평균 4.6°로 대부분 완경사를 이루고 있었다. 이러한 결과는 앞으로 다른 지역의 조사에서도 활용할 필요가 있는 것으로 판단된다.

이 시기 강화도 지역의 고인돌에 대한 조사와 함께 심화된 연구 논문이 발표되었다.

고인돌 유적에 대한 발굴조사는 강화 오상리 유적(2000년)과 점골 유적(2009년)에서 진행되었다. 오상리 유적의 발굴 결과 무덤방은 돌널 형태의 'Ⅱ' 모습이고 굄돌을 세울 때 튼튼하게 하기 위하여 쐐기돌을 사용한 것으로 알려졌다. 오상리 탁자식 고인돌에서 찾아지는 특징 가운데 하나는 굄돌의 높이가 50㎝ 안팎으로 덮개돌의 크기에 비하여 고인돌의 전체 높이가 비교적 낮은 모습이다. 고인돌의 무덤방 주변에는 돌을 깔거나 쌓아 놓아 무덤방을 보호하면서 동시에 하나의 묘역을 형성하고 있어 주목된다.[22]

또한 1992년에 진행된 고인돌 조사 결과를 토대로[23] 강화도 전역에 걸쳐 광범위한 지표조사가 실시되어 전체적인 분포 관계가 어느 정도 밝혀지기도 하였다.[24] 이와 더불어 정밀지표조사와 실측조사가 함께 진행되었다.[25] 정밀지표조사에서는 고인돌의 현황은 물론 정확한 위치 확인을 위하여 GPS 좌표 정보를 측점하였다.

한편 2000년대에 접어들어 강화지역의 고인돌에 대한 심화된 연구 결과가 발표된 점도 주목된다.

강화지역 고인돌의 공간적인 분포 자료를 토대로 정치체의 형성 과정을 분석

22) 이형구, 2002. 『江華 鼇上里 支石墓』, 선문대 고고연구소·강화군.
23) 이형구, 1992. 『江華島 고인돌무덤(支石墓) 調査研究』, 한국정신문화연구원.
24) 김석훈, 2000. 「강화도의 선사문화」 『博物館誌』 3, 인하대학교 박물관, 73~108쪽 : 인하대학교 박물관, 2002. 『江華地域의 先史遺蹟·遺物』 : 인천광역시·대한불교조계종 문화유산 발굴조사단, 2002. 『강화의 문화유적』.
25) 세종대학교 박물관, 2005. 『강화지역 고인돌 실측보고서』.

한 연구 결과가 있다. 고인돌을 특정 집단의 표지적 무덤으로 인식하고 지리적 분포, 축조 입지의 성격, 밀집 분포 관계, 배치 형태의 사회적 성격 등을 고려하여 축조한 집단의 정치적 통제 능력을 분석하고 있다. 고인돌의 덮개돌 크기(무게)가 축조 집단의 사회적 신분 지위를 나타내는 것으로 해석하였고 고인돌의 분포는 축조 집단의 공간적 활동 범위 및 친족관계와 연관되는 것으로 이해하고 있다.[26]

강화지역 고인돌의 형식과 구조적인 속성을 분석하여 분포 유형을 설정한 연구도 있다. 이 연구에서는 간척 이전의 해안지역에 대한 지세의 복원을 통하여 고인돌의 분포와 입지 특성을 검토하여 3가지 유형 설정을 하였다. 그리고 최근에 보다 심화된 연구를 통해 강화지역 고인돌과 관련 집터 유적, 서북한지역의 고인돌과 비교한 연구 성과까지 발표되었다.[27]

또한 고려산을 중심으로 분포한 고인돌을 바탕으로 추장사회의 형성과 구조에 대한 연구를 한 것도 있다. 서해와 한강을 이용한 교류의 거점으로 삼거리 지역에서 처음 추장사회가 형성되어 점차 정치권력을 지닌 추장의 통치 중심지역이 성장하였다는 것이다.[28] 이러한 연구는 아직은 강화지역의 고인돌 유적에 대한 발굴조사가 거의 이루어지지 않았고 시기 문제, 출토 유물을 통한 유적의 성격이 밝혀지지 않은 상태이기 때문에 앞으로의 노력이 기대된다. 이런 가운데 기전지역의 고인돌 연구를 종합화한 학위논문이 나왔고[29] 뒤이어 이 논문을 수정·보완한 『경기지역의 고인돌 연구』(2006년)가 간행되었다. 이 연구는 기전지역의 3대 하천인 한강, 임진강, 안성천 유역을 중심으로 고인돌의 분포와 형식, 껴묻거

---

26) 유태용, 2003. 「支石墓의 築造와 族長社會의 形成-江華島 地域을 中心으로」 『韓國支石墓 研究』, 408~478쪽.

27) 강동석, 2003. 『江華 北部地域 支石墓 社會의 聚落 類型 研究』, 성균관대학교 석사학위 논문 ; 2021. 「강화도 지석묘 사회의 형성과 발전 과정 재고」 『고고학』 20-1, 41~56쪽.

28) 홍인국, 2006. 「江華地域 酋長社會의 形成과 構造의 變化」 『先史와 古代』 25, 409~426쪽.

29) 우장문, 2004. 『경기지역의 고인돌문화 연구』, 경기대학교 박사학위논문.

리와 연대, 문화 성격을 검토하여 지역별 특징을 비교한 연구 결과서이다.

고인돌에 대한 이런 여러 조사와 연구 성과에 대한 종합화된 연구보고서가 경기도 박물관에 의해서도 간행되었다.[30] 2000년부터 2006년까지 경기지역에서 조사된 고인돌의 현황을 파악하고 각 시·군별로 분포 상황을 자세히 수록한 것으로 1차적인 자료의 성격이 강하다. 특히 경기지역과 그 주변의 고인돌 문화에 대한 성격을 파악하기 위하여 북한강·남한강·강화지역의 고인돌을 거시적인 관점에서 분석한 것은 시사하는 점이 많다.

2010년에는 평택 수월암리의 탁자식과 개석식 고인돌 24기가 발굴되어 경기 남부지역의 고인돌 성격을 규명하는데 좋은 자료가 되고 있다. 이 조사 결과 고인돌 유적 주변의 청동기시대 집터, 축조에 사용된 덮개돌과 굄돌의 채석장이 조사되어 축조 상황을 어느 정도 살펴볼 수 있게 되었다. 그리고 화장(火葬)과 같은 당시 사회의 장제도 파악할 수 있어 상당히 중요한 자료로 평가된다.[31]

한편 기전지역의 청동기시대 무덤 가운데 고인돌을 중심으로 환경 요인, 문화 요인, 경관 등을 시·공간적으로 분석한 연구 결과가 발표되어 주목을 받고 있다.[32] 이 연구에서 공간 분석은 지리정보시스템(GIS)을, 시간 분석에는 베이지안 모델링(Bayesian modelling)을 활용하였다.

매장문화재 보호와 관리에 관한 제도 강화에 따라 긴급 발굴조사가 이루어지면서 기전지역에서도 눈에 띄게 발굴이 활성화 되었다. 그 결과 청동기시대의 돌널과 돌덧널무덤, 여러 움무덤이 거의 대부분 이 시기에 조사되어 유적의 성격이 밝혀지게 되었다.

먼저 인천 원당동 돌널무덤(2002년) 발굴을 시작으로 평택 토진리와 양교리 돌널무덤(2004년), 군포 당동 돌덧널무덤(2008년), 광주 역동 돌덧널무덤(2010

---

30) 경기도 박물관, 2007. 『경기도 고인돌』.
31) 경동나비엔·겨레문화유산연구원, 2013. 『평택 수월암리 유적』.
32) 김선우, 2016. 『한국 청동기시대 공간과 경관』, 주류성.

년), 평택 용이동 돌널무덤(2015년)이 조사되었다. 이들 돌무덤은 모두 택지 조성에 따른 지형 변화 과정에 발굴되었기 때문에 바로 옆이나 인근 지역에서 같은 시기의 집터, 움 유구 등과 함께 찾아졌다. 따라서 이러한 여러 유구들을 종합적으로 분석하면 청동기시대 무덤의 실체에 보다 더 가까이 다가갈 수 있을 것이다.

또한 다양한 구조를 지닌 움무덤도 이 시기에 있었던 택지 조성과 도로 건설 등의 과정에 발굴되었다. 발굴조사된 현황을 보면 2010년 이전에는 안성 반제리 유적을 제외하고는 주로 1기씩 부분적으로 조사되던 것이 그 이후에는 조사 구역이 대규모로 확대되면서 한 곳에서 여러 기의 움무덤이 발굴되어 유적 성격을 이해하는데 적지 않은 도움이 되고 있다.

몇 유적의 조사 시기를 보면 수원 율전동 유적(2003년)이 발굴되기 시작하면서 뒤이어 안성 반제리 유적(2004년), 화성 발안리 유적(2005년), 화성 동화리 유적(2006년)이 찾아졌다. 그리고 안성천 유역의 안성 신기와 용인 농서리 유적(2007년), 수원 서천동과 평택 소사벌 유적(2008년)이 조사되었다.

안성 반제리 유적에서는 말 안장 모양의 능선을 중심으로 나무널을 이용한 움무덤, 같은 시기의 집터, 제의와 관련 있는 환호 시설이 조사되어 당시 사회의 사회상을 재구(再構)해 볼 수 있는 다양한 자료를 얻게 되었다. 특히 이 유적이 조사되면서 안성천을 중심으로 한 낮은 구릉지대의 유적 분포 가능성과 인접 지역-아산만 지역-과의 관련성에 대한 관심이 대두되었다.

2010년대 접어들면서 기전지역에서는 대규모의 산업단지 건설과 신도시 건설사업이 활성화되면서 여러 지역에서 긴급 발굴이 이루어지게 되었다. 판교 신도시 건설지역과 그 부근에서는 성남 판교동 유적(2010년)과 성남 여수동 유적(2010년), 용인 동천동 유적(2016년)이 발굴되었고 검단 신도시 지역의 인천 불로동 유적과 당하동 유적(2017년), 고덕 국제 신도시 지역에서 평택 해창리 유적을 비롯하여 두릉리 유적, 당현리 유적(2017년)이 조사되었다.

기전지역에서 이들 유적이 발굴되기 시작하면서 청동기시대 늦은 시기의 움무덤에 대한 전반적인 양상이 조금씩 드러나게 되었다. 더불어 이들 무덤과 축조 집단-특히 점토띠 토기 문화의 전파와 이주 주체-에 관하여 여러 견해들이 밝혀 지게 되는 계기가 마련되었다.

이렇게 활발한 발굴조사가 이루어지는 동시에 이들 발굴 성과에 대한 의미를 되짚어 보는 연구 결과가 발표되었다. 먼저 기전지역에서 발굴조사된 고인돌, 돌 널무덤의 자료를 분석하여 고인돌에 묻힌 사람의 위계, 연대, 무덤의 변천 과정 을 분석한 연구 결과가 있다.[33] 여기서는 고인돌 입지나 덮개돌의 크기를 고려하 여 묻힌 사람의 위계를 분석하였는데 껴묻거리가 뒷받침되지 않는다는 점에서 근거가 불분명한 것으로 보인다. 그리고 고인돌 다음 단계의 움무덤이 등장하는 배경에 대하여는 점토띠 토기 시기의 마을 입지와 관련시키고 있다. 한편 경기지 역의 민무늬토기 시기의 무덤 분포, 밀집도, 군집 관계, 형식 등에 관하여 지역성 을 분석한 연구 성과도 있다.[34] 지역별로 나타나는 무덤의 형식과 축조 시기 차 이를 사회 체제의 변화와 관련시킨 점은 주목되지만 이러한 문제를 문화지체로 인식하는 것은 성급하다고 생각되므로 더 많은 근거 자료를 필요로 한다.

이밖에도 기전지역의 고인돌을 비롯한 청동기시대 전반에 걸친 무덤, 점토띠 토기 문화기의 무덤 등을 분석한 학위논문이 있다.

고인돌에 관하여는 한강 본류 지역을 중심으로 분포 현황과 형식, 밀집 정도 등을 분석하여 축조 집단의 사회 발전 단계를 추론한 연구가 있다.[35] 또한 북한 지역(이천, 판교, 철원)이 포함된 임진강 유역의 고인돌에 대한 입지 조건, 구조, 껴묻거리 등을 분석하여 축조 시기를 서기전 10세기 경으로 파악한 연구도 있 다.[36] 기전지역의 민무늬토기 문화기 무덤(고인돌, 돌널무덤, 돌덧널무덤, 움무

33) 이형원, 2007. 「京畿地域 靑銅器時代 墓制 試論」『고고학』 6-2, 5~17쪽.
34) 황재훈, 2009. 「경기지역 무문토기시대 묘제의 형식과 지역성 검토」『고고학』 8-1, 27~46쪽.
35) 오대양, 2006. 『한강 본류 유역의 고인돌 연구』, 단국대학교 석사학위논문.
36) 최민정, 2004. 『임진강 유역의 고인돌 연구』, 세종대학교 석사학위논문.

덤)에 대한 연구·분석도 있다.[37] 이 연구에서는 무덤의 축조 시기에 따른 종류와 형식, 묻기 방법, 껴묻거리 등을 지역별로 분석하여 그 축조 시기는 서기전 12세기부터 5세기 사이라는 의견을 제시하였다.

한편 중·남부지역의 점토띠 토기 문화기 무덤의 분석 과정에 기전지역의 몇몇 움무덤을 포함하여 구조와 축조 문제, 사회 변화 과정을 살펴본 것이 있다.[38] 그리고 점토띠 토기 문화기의 무덤에 대하여 종합적으로 분석한 연구 성과도 있다.[39] 이 연구에서는 기전지역의 파주 당하리, 안성 반제리, 용인 농서리 유적 등을 포함시켜 분석을 하였다. 연구 결과, 반제리와 농서리 유적의 연대를 서기전 450년쯤으로 보고 있다.

지금까지 기전지역의 청동기시대 무덤에 대한 조사와 연구 성과를 시기별로 구분하여 설명하였다. 이 지역의 무덤들은 일제강점기 이전부터 외국인에 의하여 조사가 시작된 이래 현재까지 많은 조사·연구가 진행되어 왔지만 아직까지 그 성격을 뚜렷하게 파악하기에는 어려운 점이 많다. 또한 이러한 여러 조사 결과를 바탕으로 이루어진 연구 성과도 제한적인 범위에서 이루어진 것이 많으므로 앞으로의 연구 결과를 기대한다.

37) 김종오, 2019. 『우리나라 무문토기 문화기 무덤 연구-경기지역을 중심으로』, 세종대학교 석사학위논문.
38) 최우림, 2014. 『墳墓를 통해 본 中西南部地域 粘土帶土器文化』, 충북대학교 석사학위논문.
39) 서길덕, 2018. 『한국 점토띠토기 문화기 무덤 연구』, 세종대학교 박사학위논문.

참고문헌

강동석, 2003.『江華 北部地域 支石墓 社會의 聚落 類型 硏究』, 성균관대학교 석사
　　학위논문.

강동석, 2021.「강화도 지석묘 사회의 형성과 발전 과정 재고」『고고학』20-1.

경기도 박물관, 2007.『경기도 고인돌』.

경동나비엔·겨레문화유산연구원, 2013.『평택 수월암리 유적』.

김무룡, 1961ㄱ.「坡州 交河面의 支石」『考古美術』2-1.

김무룡, 1961ㄴ.「漣川郡 漣川面 支石墓群」『考古美術』2-5.

김무룡, 1961ㄷ.「龍仁 慕賢面 支石墓」『考古美術』2-9.

김무룡, 1961ㄹ.「京畿 始興郡 支石墓」『考古美術』2-11.

김석훈, 2000.「강화도의 선사문화」『博物館誌』3, 인하대학교 박물관.

김선우, 2016.『한국 청동기시대 공간과 경관』, 주류성.

김재원·윤무병, 1967.『韓國支石墓硏究』, 국립박물관.

김종오, 2019.『우리나라 무문토기 문화기 무덤 연구-경기지역을 중심으로』, 세
　　종대학교 석사학위논문.

명지대학교 박물관·경기도, 1990.『安養 平村의 歷史와 文化遺蹟』.

명지대학교 박물관·경기도, 1991.『安山 仙府洞 支石墓 發掘調査報告書』.

문화재관리국 엮음, 1974.『八堂·昭陽댐 水沒地區遺蹟發掘綜合調査報告』.

반월지구 유적 발굴조사단, 1978.『半月地區遺蹟發掘調査報告』.

서길덕, 2018.『한국 점토띠토기 문화기 무덤 연구』, 세종대학교 박사학위논문.

세종대학교 박물관, 2005.『강화지역 고인돌 실측보고서』.

세종대학교 박물관·연천군, 2001.『연천지역 고인돌 조사보고서』.

세종대학교 박물관·연천군, 2003.『연천지역 고인돌 유적-시·발굴조사보고서』.

손진태, 1934.「朝鮮 Dolmen考」『開闢』1.

손진태, 1948.「朝鮮 Dolmen에 關한 調査 硏究」『朝鮮 民族文化의 硏究』, 을유문

화사.

오대양, 2006. 『한강 본류 유역의 고인돌 연구』, 단국대학교 석사학위논문.

오상화, 1961. 「京畿道 先史時代 遺蹟地名表」 『史叢』 6.

오영찬, 2012. 「19세기 말 윌리엄 고우랜드의 한국 고고학 탐구」 『韓國上古史學報』 76.

우장문, 2004. 『경기지역의 고인돌문화 연구』, 경기대학교 박사학위논문.

우장문, 2006. 『경기지역의 고인돌 연구』, 학연문화사.

유태용, 2003. 「支石墓의 築造와 族長社會의 形成-江華島 地域을 中心으로」 『韓國支石墓研究』.

이경성, 1959. 「仁川의 先史遺蹟遺物地名表槪要」 『梨大史苑』 1.

이형구, 1992. 『江華島 고인돌무덤(支石墓) 調査研究』, 한국정신문화연구원.

이형구, 2002. 『江華 鰲上里 支石墓』, 선문대 고고연구소·강화군.

이형원, 2007. 「京畿地域 靑銅器時代 墓制 試論」 『고고학』 6-2.

인천광역시·대한불교조계종 문화유산 발굴조사단, 2002. 『강화의 문화유적』

인하대학교 박물관, 2002. 『江華地域의 先史遺蹟·遺物』.

전길희, 1959. 「용인군 구성면 소재 Dolmen 조사보고」 『梨大史苑』 1.

최민정, 2004. 『임진강 유역의 고인돌 연구』, 세종대학교 석사학위논문.

최우림, 2014. 『墳墓를 통해 본 中西南部地域 粘土帶土器文化』, 충북대학교 석사학위논문.

하문식, 2002. 「서울·경기지역의 청동기시대 연구 현황」 『고고학』 1-1.

하문식, 2005. 「청동기시대 연구사-경기지역을 중심으로」 『韓國先史考古學報』 5.

하문식, 2020. 「기전지역 탁자식 고인돌의 성격」 『하남역사총서』 2.

하문식·김주용, 2001. 「고인돌의 덮개돌 운반에 대한 연구」 『韓國上古史學報』 34.

홍인국, 2006. 「江華地域 酋長社會의 形成과 構造의 變化」 『先史와 古代』 25.

홍형우, 1999. 「경기도(서울, 인천 포함)」 『한국 지석묘(고인돌) 유적 종합조사 연구』, 문화재청·서울대학교 박물관.

황재훈, 2009. 「경기지역 무문토기시대 묘제의 형식과 지역성 검토」 『고고학』 8-1.

鳥居龍藏, 1946. 「中國石棚之研究」 『燕京學報』 31.

Emile Bourdaret, 1903. "Note sur les Dolmens de la Corée", *Société d'Anthropologie de Lyon* XXI.

R. Torii, 1926. "Les Dolmens de la Corée", *Memories of the Research Department of the Toyo Bunko* 1.

W. Gowland, 1895. "The Dolmens and Other Antiquities of Korea", *The Journal of the Anthropological Institute of Great Britain and Ireland* XXIV.

Ⅲ
고인돌
무덤

① 여주 신접리　⑱ 안양 평촌동　㉟ 인천 문학동
② 이천 수하리　⑲ 의왕 삼동　㊱ 인천 학익동
③ 이천 현방리　⑳ 군포 산본동　㊲ 인천 운남동
④ 광주 궁평리　㉑ 파주 옥석리　㊳ 강화 삼거리
⑤ 양평 앙덕리　㉒ 파주 교하리　㊴ 강화 정골
⑥ 양평 상자포리　㉓ 파주 다율리　㊵ 강화 오상리
⑦ 양평 대석리　㉔ 파주 당하리　㊶ 평택 수렬암리
⑧ 가평 읍내리　㉕ 연천 통현리　㊷ 평택 양교리
⑨ 남양주 금남리　㉖ 연천 은대리　㊸ 안성 만정리 신기
⑩ 남양주 진중리　㉗ 연천 차탄리　㊹ 오산 두곡동
⑪ 양평 문호리　㉘ 연천 학곡리
⑫ 양평 양수리　㉙ 안산 선부동
⑬ 하남 광암동　㉚ 안산 월피동
⑭ 하남 감이동　㉛ 안산 양상동
⑮ 하남 하사창동　㉜ 시흥 조남동
⑯ 성남 도촌동　㉝ 시흥 계수동
⑰ 성남 수진동　㉞ 시흥 목감동
⑱ 성남 태평동　　　인천 대곡동
⑲ 광명 가학동　　　인천 불로동
⑳ 광명 철산동　　　인천 주안동

기전지역의 주요 고인돌유적 위치도

고인돌은 한국 청동기시대의 대표적인 무덤이다. 커다란 돌을 이용하여 만든 선사시대의 구조물이기에 그 모습이 밖으로 드러나 있고 축조 방법에 따라 웅장한 모습을 보여주기도 하여 상당히 일찍부터 많은 사람들의 관심을 끌어 왔다.

기전지역의 고인돌은 전지역에 걸쳐 분포하고 있으며 큰 물줄기를 따라 지역적인 특성을 지니고 있어 선사고고학의 주요한 연구 주제가 되기도 하였다. 특히 한강을 중심으로 고인돌의 문화 성격과 형식, 자리한 곳의 지세들은 점이적인 특성을 가진 것으로 밝혀지고 있어 주목된다.

여기에서는 기전지역에서 지금까지 발굴조사된 유적의 대개를 소개하고 그 조사 결과를 바탕으로[1] 이 지역의 고인돌 분포와 자리한 곳의 지세, 형식과 무덤방 구조, 묻기와 제의, 껴묻거리 그리고 축조 연대를 중점적으로 살펴보고자 한다.

1. 발굴조사된 고인돌의 대개

고인돌을 축조한 청동기시대 사람들은 생활을 하는데 있어서 물이 중요하였다. 당시 사람들은 농경 위주의 살림을 꾸려 왔기에 물이 지니는 의미는 매우 컸으며, 발굴조사 결과 물과 더불어 터전을 잡고 살았던 것으로 밝혀지고 있다. 그러므로 당시 사람들의 사후 공간이었던 무덤도 물(강)과 밀접한 연관성을 가지고

---

1) 기전지역의 고인돌 분석 과정에 있어 발굴조사된 자료를 기준으로 여러 성격을 밝히겠지만, 경우에 따라 지표조사 과정에 확인된 고인돌 유적(자료)이 분석 과정에 필요하다면 부분적으로 연구 대상으로 활용할 계획이다.

있음을 쉽게 알 수 있다.

따라서 발굴조사된 기전지역의 고인돌 유적을 이 지역의 3대 하천인 한강, 임진·한탄강, 안성천 유역 그리고 서해안 지역으로 구분하여 설명하도록 하겠다.

1) 한강 유역

여기에서의 한강 유역은 북한강과 남한강 그리고 한강 본류를 포함한 지역이다.

이곳의 물줄기는 기전지역의 중심을 가로질러 흐르고 있기 때문에 북부와 남부지역의 점이지대에 자리한다. 이런 점에서 다양한 고인돌 문화상(文化相)을 파악할 수 있는 지리적인 위치에 속하기에 오래전부터 고인돌 유적에 대한 조사와 연구가 이루어진 곳이다.

① 여주 신접리 유적

접줄마을 입구에 있는 민가의 담장 옆에서 탁자식 고인돌 1기가 조사되었다.[2]

덮개돌 밑의 동·서쪽에 굄돌이 자리하고 있는데 서쪽 굄돌은 안쪽으로 조금 기울어진 상태이므로 덮개돌도 자연스럽게 비스듬히 놓여 있었다. 덮개돌의 평면 생김새는 네모꼴이고 거정화강암질로 200×184×30~40㎝ 크기이다. 그리고 가장자리와 옆면에는 손질을 많이 하여 다듬은 흔적이 뚜렷하며 채석한 자국도 남아 있다.

굄돌의 간격은 130㎝이며 동쪽 굄돌(201×185×20~30㎝)이 서쪽 것(197×150×30~40㎝)보다 높아 덮개돌이 수평으로 놓이지 못했던 것 같다. 굄돌은 구덩이를 파고 세웠는데 쓰러지지 않도록 바닥과 벽 쪽은 찰흙 다짐을 하여 단단하

----

2) 세종대학교 박물관·여주군, 2005. 『여주 신접리 - 고인돌 발굴조사 보고서』.

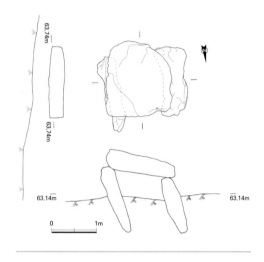

그림 1. 여주 신접리 고인돌 평·단면도

게 하였고 가장자리에는 돌을 채워 넣었다. 이러한 축조 방법은 다른 탁자식 고인돌에서도 조사되고 있다.

발굴조사에서 껴묻거리는 찾아지지 않았다.

② 이천 수하리 유적

방아다리들의 논 가운데에 위치하며, 일찍부터 널리 알려진 탁자식 고인돌 1기가 파괴된 채 자리하고 있었다.[3]

덮개돌의 평면 생김새는 네모꼴이고 화강암질 편마암이며, 416×334×95㎝ 크기다. 발굴 결과 굄돌은 동쪽(길이 250㎝)과 서쪽(길이 160㎝)에 1매씩 쓰러진 채 풍화암반층 위에 놓여 있었고 막음돌은 없었다. 무덤방으로 해석되는 굄돌 사이에는 이미 홍수와 경작으로 인하여 쌓인 모래가 있었다.

일제강점기 때 이곳에서 화살촉과 간돌검이 수습되었다는 이야기가 마을 사람들에게 전해져 오고 있다. 그리고 발굴 과정에 조선시대 백자 밑 부분이 찾아졌는데 바닥에 희미하게 묵서(墨書)로 「×」 표시가 새겨져 있었다. 이것의 의미는 '없다는 것'이나 '죽음'을 나타내는 것으로 화순 대전이나 옥천 안터 고인

사진 1. 이천 수하리 고인돌출토 백자 바닥(「×」자 표시)

---

3) 세종대학교 박물관·이천시, 2000. 『이천 지역 고인돌 연구』, 30~32쪽.

돌에서도 조사되어 서로 비교된다.

③ 이천 현방리 유적

백사면 사무소 앞의 약간 높은 구릉지대인 선린회 공원 안에 있었던 개석식 고인돌 8기가 발굴되었다. 고인돌이 있는 곳은 조선시대 서원이 자리하고 있어 그 건물과 관련된 유구도 확인되었다.[4)]

고인돌은 구릉의 흐름과 같은 동서 방향으로 2줄로 분포하고 있었는데 유적 바로 옆의 송말천 흐름과 나란하여 지세와의 관련성을 짐작할 수 있다.

유적의 가장 남쪽에 위치한 3호 고인돌의 덮개돌은 타원형으로 화강암질 편마암을 이용하였으며, 250×240×150㎝ 크기이다. 무덤방은 부분적으로 파괴가 되었지만 막돌을 쌓은 돌덧널로 170×120㎝이다. 그리고 무덤방의 양쪽 끝에는 비교적 큰 돌이 놓여져 있었고 바닥에는 납작한 돌을 깔았다. 껴묻거리는 무덤방 옆에서 돌도끼와 민무늬토기 조각, 유리구슬이 찾아졌다. 또한 덮개돌의 남쪽에는 백자 대접과 청자 단지가 함께 놓여 있어 후대의 거석 숭배 행위로 해석된다.

현방리 고인돌의 발굴 결과 대부분의 무덤방 벽에는 큰 돌이 놓여 덮

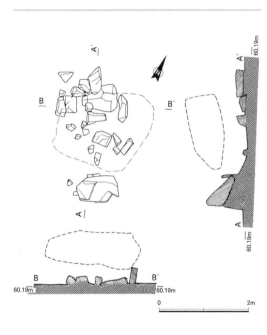

그림 2. 이천 현방리 3호 고인돌 평·단면도

4) 세종대학교 박물관·이천시, 2000. 『위 책』, 33~57쪽.

개돌을 받치고 있는 것이 확인되었다. 이것은 부분적으로 덮개돌의 하중을 분산시키기 위한 것으로 보인다. 또한 비교적 좁은 범위에 고인돌이 자리하고 있어 묻힌 사람은 서로 친연성이 있는 것으로 해석된다.

④ 광주 궁평리 유적

중부고속도로 건설에 따라 발굴이 이루어져 3기의 고인돌이 조사되었다. 유적 옆으로는 곤지암천의 샛강인 노곡천이 흐르고 있으며, 고인돌은 강 흐름을 따라 나란히 줄지어 있었다. 유적의 퇴적 상황을 분석한 결과, 옛 물길 위에 형성된 강자갈이 깔린 층에 고인돌이 축조된 것으로 밝혀졌다.[5]

고인돌의 분포는 1호를 중심으로 동북쪽으로 9m 떨어져 2호가 있고 3호는 2호에서 남쪽으로 8.5m 되는 거리에 위치한다.

1호 고인돌의 덮개돌은 편마암 계통으로 460×350×35㎝ 크기이다. 굄돌이 넘어지면서 덮개돌이 남서쪽으로 기울어진 것이 발굴 과정에 밝혀졌으며, 북쪽 굄돌은 이미 없어진 상태였다. 무덤방을 조사한 결과 굄돌로 보이는 판자돌 조각들이 깨어져 있어 굄돌의 높이가 낮은 탁자식이었던 것 같다. 무덤방의 북동쪽에서 붉은 간토기 조각이 찾아졌다. 밑에서 몸통으로 꺾어지는 부분으로 겉면에는 붉은 덧칠을 하였다.

2호는 3호처럼 경작을 하는 과정에 이미 파괴된 것으로 밝혀졌다. 1호처럼 무덤방으로 추정되는 자리에 굄돌로 보이는 판자돌 조각이 흩어져 있어 탁자식이었던 것으로 짐작된다. 그리고 무덤방에서 북쪽으로 7m 떨어진 지점에서 민무늬토기의 바닥이 찾아졌다.

궁평리 유적의 고인돌 축조에 이용되었던 덮개돌과 굄돌은 흑운모 편마암이었던 것으로 밝혀졌다. 이에 따라 남서쪽으로 약 500m쯤 떨어진 얕은 야산의 기

5) 손보기·장호수·최삼용, 1986. 「廣州 宮坪里遺蹟 發掘調査 報告」 『中部高速道路文化遺蹟 發掘調査報告書』, 21~83쪽.

슭이 유적 주변에서 가까운 채석장이었을 것으로 추정된다.

⑤ 양평 앙덕리 유적

앙덕리 유적이 자리한 남한강가에는 강물을 따라 고인돌이 줄을 지어 분포하고 있었다. 이 가운데 'ㄷ21호 고인돌'이라고 이름 붙인 것을 팔당댐 수몰지역 조사의 일환으로 1972년 발굴하였다.[6]

덮개돌의 재질은 견운모편암이고 크기는 220×170×30~50㎝이다. 가장자리를 많이 손질하여 가운데 쪽이 불룩하게 솟아오른 모습으로 거북 모양과 비슷하다. 고인돌 그 자체를 거북이라고 부르거나("거북바위", "龜岩") 덮개돌을 손질하여 상징적으로 거북을 나타낸 것은 주변지역의 고인돌 유적에서 쉽게 찾아볼 수 있다. 거북이 상징하는 의미는 장수와 관련성이 있는 것으로 보이며 고인돌의 영원성과 연결시킬 수 있다.

덮개돌 위에는 지름 2.0~11.5㎝ 되는 구멍이 70여 개 파여 있었다. 이들 구멍은 주로 덮개돌의 동쪽과 남쪽에 집중되어 있었으며, 발굴 보고자는 묻힌 사람이 속한 당시 사회의 가족 구성과 관련시키고 있다.

발굴조사된 고인돌은 개석식으로 무덤방은 강돌로 이루어졌다. 강돌을 쌓은 밑부분의 받침돌에서는 수평을 유지하여 무덤방의 구조를 튼튼하게 하기 위한 쐐기돌이 발견되어 당시

사진 2. 양평 앙덕리 고인돌 (발굴 전)

6) 손보기·이융조, 1974. 「양평군 양근리·앙덕리 지역 유적 발굴 보고」 『八堂·昭陽댐 水沒地區遺蹟發掘綜合調査報告』, 147~169쪽(다음부터는 『八堂·昭陽댐 報告』로 줄임) : 이융조, 1975. 「양평 앙덕리 고인돌 발굴보고」 『韓國史研究』 11, 55~99쪽.

사람들의 축조 기술을 이해할 수 있게 한다. 균형 유지를 위해 수평을 맞추려고
한 쐐기돌은 탁자식 고인돌인 안악 노암리나 용강 석천산 12호의 굄돌 밑에서도
찾아져 서로 비교된다. 무덤방의 바닥에는 붉은 흙을 깔아 놓았다. 무덤방의 길
이는 160㎝(바깥쪽 180㎝)로 묻힌 사람은 바로펴묻기를 하였다. 머리 방향은 강
물의 흐름과 나란한 남서쪽이었다. 그리고 무덤방에서는 발목뼈, 손목뼈 등 묻힌
사람의 뼛조각이 조사되었다.

　껴묻거리로는 붉은 간토기 조각을 비롯하여 흑요석으로 만든 긁개, 구멍 뚜
르개와 쪼으개, 여러 점의 뗀돌도끼, 돌대패, 돌끌과 돌자귀, 갈돌판 등이 나왔다.
이 가운데 반암·사암·석영으로 만들어진 구멍 뚜르개와 쪼으개는 덮개돌의 구
멍을 파는데 사용되었을 가능성이 있다. 돌대패와 끌, 자귀 등은 나무를 가공하
고 손질하는데 쓰였을 것이다. 또 자갈돌을 쪼으거나 갈아서 움푹하게 홈을 낸
돌들이 무덤방 가장자리에서 여러 점 찾아졌다. 발굴자는 이것의 쓰임새를 무덤
방을 지키는 지킴돌, 둘레돌로 보고 있다.

　⑥ 양평 상자포리 유적
　남한강을 따라 고인돌이 집중 분포하고 있어 국립중앙박물관, 이화여대 박물
관, 단국대 박물관에서 구역별로 발굴하였다.

　ㄱ. 국립중앙박물관 조사[7]
　3지구 1호 고인돌의 덮개돌은 화강암을 재질로 이용하였고, 무덤방은 납작
한 판자돌로 만든 돌널이다. 120×50×30㎝ 크기로 바닥에는 납작한 돌과 막돌
을 섞어 깔아 놓았다. 껴묻거리는 구멍무늬 토기, 뗀돌도끼가 있고 작은 사람 뼛
조각이 찾아졌다.

||||||||||||||||||||

7) 한병삼·김종철, 1974. 「楊平郡 上紫浦里 支石墓(石棺墓) 發掘報告」『八堂·昭陽댐 報告』,
　　13~30쪽.

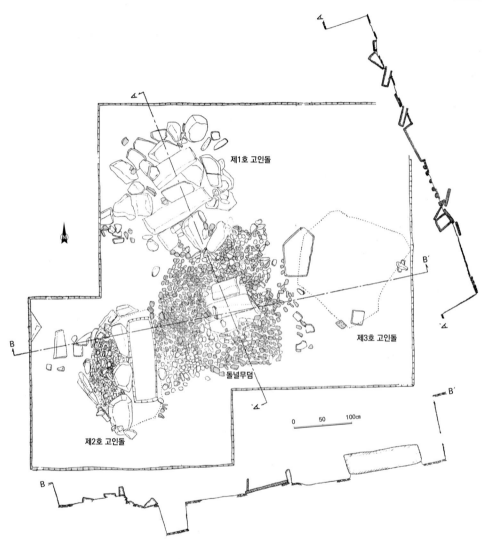

제1호 고인돌

제3호 고인돌

돌널무덤

제2호 고인돌

0   50   100cm

그림 3. 양평 상자포리 제 3지구 고인돌과 돌널 (국박)

2호는 덮개돌이 미끄러지는 것을 막기 위하여 아래쪽에 커다란 막돌을 놓았다. 무덤방은 구덩이로 160×50×45㎝이다. 주변의 자갈 속에서 구멍무늬 토기 조각이 찾아졌다.

2호와 3호 고인돌 사이에서 발굴된 돌널무덤은 납작한 판자돌을 가지고 만들었는데 70×25×20㎝ 크기로 매우 작은 편이다. 그런데 이 돌널무덤은 주변의 지형, 고인돌의 분포 모습, 돌널의 구조로 볼 때 덮개돌이 없어진 고인돌일 가능성이 많다.

이곳의 덮개돌은 크기가 비교적 작고 강물의 영향으로 묻혀 있었다. 그리고 강가의 지반을 고려하여 강자갈을 깔고 갓돌을 놓아 돌이 흩어지는 것을 방지하였다.

3지구의 고인돌은 무덤방이 한 묘역 안에 있어 묻힌 사람들은 친연성이 있는 가족이었던 것으로 해석되어 가족무덤일 가능성이 높다.

ㄴ. 이화여대 박물관 조사[8]

1호 고인돌은 동·서·남쪽에 ㄷ자 모양으로 큰 돌이 놓여 있었고 그 주변에 막돌이 쌓인 상태였다. 무덤방은 구덩이로 크기는 길이 200㎝, 너비 50~60㎝이며, 뚜껑돌 대신 강자갈을 두텁게 쌓아 놓았다. 이 자갈층 속에서 비교적 이른 시기의 세형동검과 천하석제 옥이 찾아졌고 돌가락바퀴와 덜된 돌도끼, 민무늬토기 바닥 등이 조사되었다.

4호의 덮개돌은 화강암이며 90×90×40㎝로 매우 작은 편이다. 덮개돌 주변에는 지반을 고려하여 넓은 범위(200×160㎝)에 돌을 깔아 놓았다.

무덤방의 크기는 160×44㎝쯤 되며 뚜껑돌은 부분적으로 놓여 있었고 그 위에 자갈을 쌓아 놓았다. 돌화살촉 11점이 3개 층으로 구분되어 자갈층에서 찾아진 것을 비롯하여 판자돌 위에서 간돌검, 숯, 사람 뼈조각이 확인되었다. 돌무지

||||||||||||||||||||

8) 진홍섭·최숙경, 1974. 「楊平郡 上紫浦里 支石墓 發掘報告」『八堂·昭陽댐 報告』, 37~70쪽.

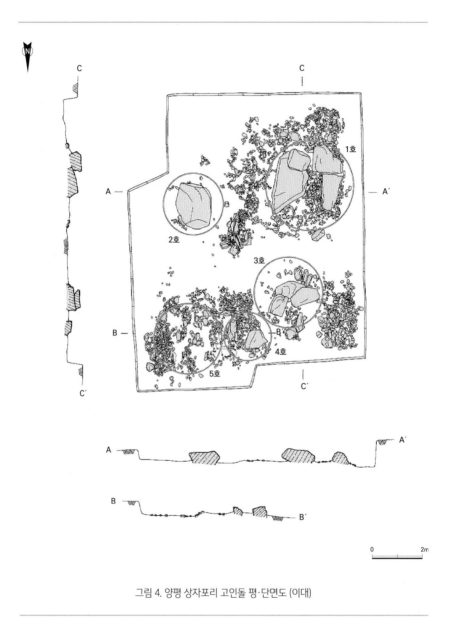

그림 4. 양평 상자포리 고인돌 평·단면도 (이대)

속에 층을 달리 하여 화살촉을 껴묻기한 장례습속은 영동 유전리 고인돌에서도 조사되어 서로 비교된다.[9]

한편 4호 고인돌에서 찾은 숯을 방사성탄소 연대 측정한 결과, 2170±60bp 로 밝혀졌다.

ㄷ. 단국대 박물관 조사[10]

6기의 고인돌이 발굴되었지만 덮개돌과 무덤방의 파괴가 심한 편이다.

탁자식과 개석식 고인돌이 함께 있었던 것 같으며, 무덤방은 대부분 강돌을 이용하여 만들었다. 껴묻거리는 붉은 간토기 조각, 반달돌칼, 돌가락바퀴, 돌화살촉과 돌도끼 등이 조사되었다.

사진 3. 양평 상자포리 고인돌의 돌깔림 (단국대)

⑦ 양평 대석리 유적

남한강의 샛강인 용담천 가장자리에 "오형제 바위"라고 부르는 고인돌 7기가 강물의 흐름과 나란히 한 줄로 위치하고 있다.[11] 유적이 위치한 이곳은 소규모 범람원에 해당하며 모두 강물로 인한 자연퇴적층인 하상퇴적층 위에 무덤방이

9) 김원룡, 1960. 「永同 楡田里 支石墓의 特異構造와 副葬品」『歷史學報』 12, 123~137쪽.
10) 정영호, 1974. 「楊平郡 上紫浦里 支石墓群 發掘報告」『八堂·昭陽댐 報告』, 77~113쪽.
11) 서울문화유산연구원, 2021. 『양평 대석리 지석묘군 정비 사업부지내 유적 학술자문회의 자료집』 참조.

사진 4. 양평 대석리 고인돌 분포 모습

자리하고 있었다.

1호 고인돌은[12] 유적의 끝부분인 남서쪽에 위치한다. 편마암으로 만들어진 덮개돌은 570×184×65㎝로 이 유적에서 가장 큰 편이다. 윗면의 가운데에는 구멍이 1개 파여 있다. 무덤방은 자갈과 모래가 쌓인 하상퇴적층을 고른 다음, 주변에서 구하기 쉬운 강자갈돌과 막돌을 가지고 돌덧널을 만들었다. 그리고 돌덧널의 가장자리에는 224×89㎝ 범위에 돌들을 깔아 놓았다.

4호의 덮개돌은 편마암이며 284×210×55㎝ 크기다. 무덤방은 1호처럼 하상퇴적층을 손질한 다음 길이 100㎝ 안팎의 작은 돌덧널을 만들었다. 그리고 주위에는 강돌과 막돌을 깔거나 낮게 쌓아 놓은 모습이었다.

⑧ 가평 읍내리 유적

가평천이 북한강에 흘러드는 두물머리에 위치하며, 개석식 고인돌 2기가 조사되었다.[13] 주변에는 청동기시대의 돌널무덤들이 자리하고 있어 이곳이 당시의 무덤 공간이었음을 알 수 있다.

1, 2호 고인돌은 상당히 가까운 거리인 0.5m 사이를 두고 위치한다. 모두 강

<hr>

12) 자료집에는 1호를 A호, 4호를 D호라고 하였음.
13) 가평군·기호문화재연구원, 2016. 『가평 읍내리 유적』.

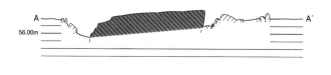

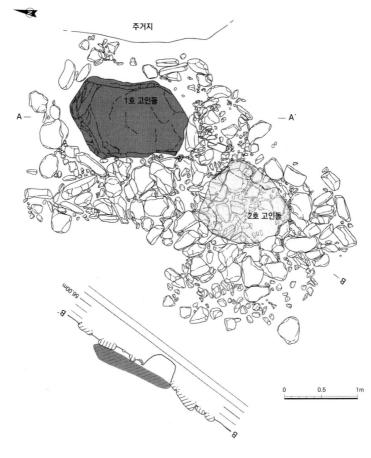

그림 5. 가평 읍내리 고인돌 평·단면도

돌과 모래가 쌓인 강안 퇴적층 위에 축조되었으며, 덮개돌의 가장자리를 돌아가면서 큰 강돌들을 둘러 놓았다. 덮개돌은 비교적 작으며(길이 161㎝, 114㎝) 둘려진 강돌은 지반 문제가 고려된 것으로 해석된다.

고인돌 주변에서 간화살촉이 수습되었다.

⑨ 남양주 금남리 유적

새터에서 검터에 이르는 북한강 언저리에서 팔당댐 수몰로 인하여 5기의 고인돌이 발굴조사되었다.[14]

모두 개석식 고인돌이며, 덮개돌의 재질은 유적 주변에서 구하기 쉬운 편마암과 규암을 이용하였고 길이는 164~320㎝로 다양한 편이다. 무덤방은 강물의 영향으로 파괴가 많이 되었지만 덮개돌 밑에 모난돌이 흩어져 있는 것으로 보아 돌덧널일 가능성이 많다.

껴묻거리는 민무늬토기, 돌그물추 그리고 경질 토기와 삿무늬가 있는 토기조각이 찾아졌다. 삿무늬 토기가 고인돌에서 출토되었다는 것은 축조 시기를 가늠하는 기준이 될 것으로 보인다.[15]

한편 새터마을 끝에서도 고인돌 1기가 발굴조사되어 보고되었다.[16] 편마암을 재질로 한 덮개돌은 122×88×17㎝ 크기이며, 위쪽에 지름 4~8.5㎝ 되는 구멍이 50여 개 파여 있었다. 덮개돌 아래에 4개의 받침돌이 있는 바둑판식 고인돌로 원래 위치에 놓여 있었다. 무덤방은 남북 방향으로 구덩이이며, 215×70×70㎝ 크기이다. 무덤방의 바닥은 5㎝ 정도 고운 찰흙을 깔아 놓았으며 뼛조각이 찾아졌다. 무덤방과 덮개돌 사이에는 10~20㎝ 크기의 강돌을 지름 3m 범위에 깔아 놓았는데 이것은 무덤방의 뚜껑돌 역할을 하였던 것으로 해석된다.

14) 김정배, 1974. 「楊州郡 琴南里 고인돌 發掘略報」 『八堂·昭陽댐 報告』, 379~399쪽.
15) 김원룡, 1961. 「金海土器片을 내는 潭陽 文學里의 一支石墓」 『美術資料』 3, 10~12쪽.
16) 황용훈, 1972. 「楊州 琴南里 支石墓 調査報告」 『慶熙史學』 3, 97~106쪽.

이 돌깔림 속에서 민무늬토기 조각이 찾아졌다.

⑩ 남양주 진중리 유적

진중리 마을 앞의 북한강 언저리에 있던 3기의 고인돌이 발굴조사되었다.[17]

개석식인 1호 고인돌의 덮개돌은 평면 생김새가 세모꼴이며, 220×151×20㎝ 크기다. 무덤방은 강안 퇴적으로 쌓인 강자갈층을 파고 만든 구덩이이며 120×40×50㎝ 크기이다. 바닥은 강자갈을 깔아 놓았는데 그 위쪽에서 유기물질이 함유된 자취가 찾아졌다. 그리고 무덤방의 위쪽에도 주검을 놓은 다음 강돌을 한 층 깔았던 것 같다. 이처럼 강안 퇴적층 위에 고인돌을 축조한 것은 광주 궁평리·양평 대석리 유적과 비교된다.

껴묻거리는 간돌도끼, 점판암으로 만든 화살촉, 민무늬토기 조각 등이다. 2호와 3호 고인돌은 발굴 결과 탁자식으로 밝혀졌으며 파괴가 심하여 굄돌이나 막음돌은 깨어진 상태였다.

⑪ 양평 문호리 유적

하문호리 마을 남쪽 끝의 충적대지 위에서 탁자식(1호)과 개석식(2호) 고인돌이 발굴조사되었다.[18]

1호는 발굴 전에 마을 사람들에 의하여 덮개돌이 파괴되었지만 동·서쪽의 굄돌과 남·북쪽의 막음돌은 남아 있었다. 크기는 굄돌(동 : 150×85×18㎝, 서 : 100×90×30㎝)이 막음돌(남 : 80×90×22㎝, 북 : 100×40㎝)보다 약간 큰 편이다. 동·서 굄돌의 아래쪽에는 30㎝ 안팎의 자갈돌을 고여 놓은 것이 확인되었는데 이것은 쓰러지지 않도록 보강하기 위한 것으로 파악된다. 무덤방의 크기는 160×73㎝이며, 바닥은 납작한 판자돌 2매를 깔고 그 사이 틈에는 강자갈돌을

17) 임병태, 1974. 「楊州郡 鎭中里 先史遺蹟 發掘報告」『八堂·昭陽댐 報告』, 401~425쪽.
18) 황용훈, 1974. 「양평군 문호리 지구 유적 발굴보고」『八堂·昭陽댐 報告』, 329~378쪽.

사진 5. 양평 문호리 2호 고인돌 덮개돌과 돌깔림

메웠다. 판자돌 위에는 유기물질의 흔적이 뚜렷하게 남아 있었다.

껴묻거리는 굄돌 주변에서 반달돌칼, 돌도끼, 돌화살촉이 찾아졌다.

2호 고인돌은 1호에서 서쪽으로 2m 떨어진 곳에 자리한다. 덮개돌은 규암을 재질로 이용하였고 200×180×20㎝ 크기다. 덮개돌 아래와 주위에는 400×340㎝의 범위에 5~8㎝ 크기의 강자갈돌이 깔려 있었고 그 아래에 구덩이의 무덤방이 있었다. 무덤방의 크기는 180×86×68㎝ 정도 되기 때문에 묻힌 사람은 바로펴묻기를 하였을 것으로 해석된다.

껴묻거리는 자갈층에서 점판암으로 만든 슴베 달린 화살촉 3점이 찾아졌다.

⑫ 양평 양수리 유적

두물머리 마을 근처의 남한강 언저리에서 5기의 고인돌을 발굴하였다.[19]

1호 고인돌은 탁자식이며 덮개돌은 350×210×30~50㎝ 크기로 평면 생김새는 부채꼴이었다. 덮개돌 위에는 지름 10㎝ 미만의 구멍이 7개 파여 있었다. 굄돌은 동쪽(185×120×15㎝)과 서쪽(170×125×18㎝)에 있었는데 동쪽으로 무너진 상태였다. 고인돌이 위치한 곳이 강가임을 감안하여 30㎝ 안팎 되는 커다

19) 이호관·조유전, 1974. 「楊平郡 兩水里 支石墓 發掘報告」 『八堂·昭陽댐 報告』, 283~325쪽.

란 강돌을 주변에 깔아 지반을 단단하게 한 것으로 밝혀졌다.

2호의 덮개돌은 200×200×110㎝ 크기이며, 양쪽 굄돌과 막음돌이 조사되어 탁자식임을 알 수 있다. 1호처럼 고인돌 주변(300×150㎝ 범위)에 강돌을 깔아 지반을 다진 것이 조사되었다. 껴묻거리는 빗살무늬토기 계통의 바탕흙을 사용한 민무늬토기 조각, 붉은 간토기 조각 등이 찾아졌다.

사진 6. 양평 양수리 1호 고인돌 (무너진 모습)

고인돌의 덮개돌 밑 15㎝ 되는 무덤방 안에서 나온 숯으로 방사성탄소 연대 측정을 한 결과 3900±200bp로 나와 고인돌의 연대를 이해하는데 참고가 된다.

⑬ 하남 광암동 유적

이성산성의 서남쪽에 위치한다. 유적 주변으로는 산과 계곡이 발달해 있으며 그 계곡 사이에 비교적 넓은 평지와 나지막한 구릉이 형성되어 있어 고인돌이 자리하기에 비교적 좋은 입지조건을 지니고 있다.

너분바위[廣岩] 마을과 남밖 마을에는 고인돌이 여러 기 있었으나 도시화로 인하여 너분바위의 고인돌은 이미 파괴되었고 남밖 마을에서 한 줄로 분포한 4기가 발굴조사되었다.[20]

1호는 북서쪽의 구릉 꼭대기에 위치하며, 마을 사람들이 "5형제 바위"라고 부른다. 거정화강암으로 된 덮개돌은 270×196×60~88㎝ 크기이고 가장자리를 돌아가면서 손질한 흔적이 뚜렷하다. 위쪽에는 지름 5~6㎝ 되는 구멍이 6개 있다. 굄돌은 105㎝ 간격으로 동쪽(70×60×15㎝)과 서쪽(145×70×30㎝)에 있는

||||||||||||||||||

20) 세종대학교 박물관·하남시, 1998. 『河南市 廣岩洞 支石墓』

데 구릉의 경사면에 놓여 있기 때문에 균형을 맞추기 위하여 서쪽 것을 더 크게 만든 것으로 보인다. 판자꼴의 양쪽 굄돌은 세워져 있던 것이 쓰러진 상태가 아니고 처음부터 뉘어 놓았던 것으로 밝혀졌다. 이렇게 덮개돌 밑에 판자돌이 뉘어져 있는 것이 기전지역의 화성 병점동·수기동, 오산 외삼미동, 평택 양교리 등에서도 조사되고 있어 주목된다. 발굴에서 찾아진 껴묻거리는 숫돌과 갈돌이 있다.

한편 3호 고인돌도 덮개돌 밑에 길쭉한 판자돌이 뉘어져 있어 1호와 같은 모습으로 해석된다.

2호 고인돌은 3호의 동남쪽에 위치하며 덮개돌은 1호와 같이 거정화강암으로 크기는 160×140×30~60㎝이다. 무덤방은 모난돌로 축조한 돌덧널이며 160×140×45㎝ 크기다. 경작으로 인하여 무덤방의 동쪽 벽은 파괴되었지만 나머지 3벽은 비교적 큰 돌이 돌려져 있거나 세워진 상태이다. 무덤방의 긴 방향은 남북쪽이며 바닥은 부분적으로 모난돌을 깔아 놓았다. 개석식 고인돌이지만 벽석을 이룬 큰 돌들이 덮개돌을 받치고 있는 모습이다.

무덤방을 이룬 서쪽 벽석(65×45㎝) 가운데 사람 얼굴 모양이 새겨진 것(23×22㎝)이 찾아져 주목된다. 편평한 면을 이용하여 두 눈과 입은 음각을 하였고 코 부분은 돌의 각진 부분을 손질하여 돋보이게 하였다. 얼굴의 전체적인 모습은 장방형이다. 이러한 얼굴 모양 조각품은 다른 바위그림 유적의 자료와 비교되며 당시 사람들의 장례습속을 이해하는데 도움이 된다.

⑭ 하남 감이동 유적

천마산과 금암산으로 둘러싸인 분지형 구릉에 있는 탁자식 고인돌 1기가 조사되었다.[21]

덮개돌의 재질은 화강암이었으며 290×228×90㎝ 크기다. 발굴 전 서쪽의

21) 고려문화재연구원·한국토지주택공사, 2019. 『하남 감일 공공주택지구내 문화재 발굴 조사 약보고서』, 218~219쪽.

굄돌이 무덤방 안쪽으로 기울어진 상태라 덮개돌은 남서쪽으로 많이 기울어진 모습이었다. 굄돌은 동쪽(180×65×50㎝)과 서쪽(130×50×50㎝)에 있었으며, 남쪽에 막음돌로 보이는 길쭉한 돌이 놓여진 상태였다. 굄돌의 평면 생김새는 사다리꼴로 덮개돌과 맞닿는 부분이 넓적한 모습이다.

사진 7. 하남 감이동 1호 탁자식 고인돌

무덤방은 경작으로 인하여 파괴된 상태고 껴묻거리는 없었다.

⑮ 하남 하사창동 유적

객산(해발 292m) 서쪽 기슭 끝자락의 작은 둔덕 위에 있던 개석식 고인돌 1기가 발굴조사되었다.[22] 유적 옆으로는 덕풍천이 흐르고 있으며, 주변이 평지이므로 마을이 형성되기 이전에는 어디서나 바라볼 수 있는 조망이 상당히 좋은 곳이다.

덮개돌은 크기가 171×146×59㎝로 두터운 느낌이지만 작은 편이다.

무덤방은 풍화암반층을 파서 무덤구덩[墓壙]을 만든 다음 주변에 막돌을 놓았다. 크기는 120×41×10~15㎝로 얕으면서 상당히 작다. 따라서 두벌묻기를 했거나 어린 아이가 묻혔을 가능성이 많다. 바닥에서는 숯이 찾아졌고 부분적으로 불에 탄 흔적이 있었다.

한편 무덤방의 북쪽에서 지름 25㎝, 깊이 15㎝ 되는 작은 움이 조사되었으며 이곳에서 민무늬토기 조각이 출토되었다.

22) 서해문화재연구원, 2014. 『하남 하사창동 유적』 Ⅳ.

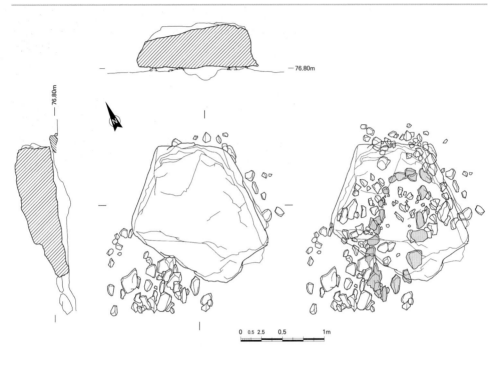

그림 6. 하남 하사창동 고인돌 평·단면도

⑯ 성남 도촌동 유적

"섬말"이라고 부르는 마을의 여수천 언저리에 위치한 고인돌이 분당 신도시 건설 과정에 발굴조사되었다.[23] 고인돌은 모두 탄천의 샛강인 여수천 옆의 논가에 자리하고 있었는데 후대의 지형 변화와 홍수 때문에 많이 파괴된 것으로 밝혀졌다.

<hr />

23) 숭실대학교 박물관, 1991. 「島村洞 支石墓 A·B群 發掘調査報告」『盆唐地區 文化遺蹟 發掘調査 報告書』, 29~52쪽.

이 가운데 A군의 6·7·9·11호 고인돌의 덮개돌 밑에서는 부분적으로 막돌을 가지고 돌덧널을 만들었던 흔적들이 찾아졌다. 그러나 무덤방의 파괴 정도가 심하여 구조나 크기는 알 수 없는 상황이었다.

껴묻거리는 민무늬토기 조각, 숫돌, 작은 돌창 등이 찾아졌다.

⑰ 성남 수진동 유적

얕은 야산 기슭의 경사진 밭에 위치한 개석식 고인돌 1기가 발굴조사되었다.[24] 유적이 자리한 곳은 주위보다 높은 산자락이기 때문에 주변 어디에서나 쉽게 바라볼 수 있으며, 앞으로는 서울공항이 한눈에 들어온다.

덮개돌의 재질은 화강암질 편마암이며 200×130×100㎝ 크기로 전체적인 생김새는 손질을 많이 하여 두루뭉술하다. 무덤방은 아무런 시설이 없는 구덩이이며 덮개돌이 미끄러지는 것을 방지하기 위하여 경사진 곳에 머리 크기만한 돌이 놓여 있었다. 무덤방의 크기(225×165×30~40㎝)로 볼 때 바로펴묻기를 하였던 것 같으며, 긴 방향은 산줄기의 흐름과 나란하다. 한편 P_2O_5의 분석 결과 묻힌 사람의 머리 방향은 자연지세가 고려된 산꼭대기 쪽인 것으로 밝혀졌다. 껴묻거리는 덜된 석기(녹리석 천매암 조각)와 민무늬토기가 찾아졌다.

⑱ 성남 태평동 유적

새터말의 나지막한 구릉 위에 위치하며, 서쪽 끝에는 탄천으로 흘러드는 숫내가 북쪽으로 흐르고 있다. 개석식 고인돌 1기가 발굴조사되었다.[25]

구릉의 능선과 나란한 방향으로 놓인 덮개돌의 재질은 화강암질 편마암이고

24) 이융조·하문식·조상기, 1988.「城南 壽進洞 支石墓 發掘調査 報告」『板橋~九里·新葛~牛月間 高速道路 文化遺蹟 發掘調査 報告』, 51~77쪽(다음부터는『板橋~九里·新葛~牛月間 報告』로 줄임).

25) 최완기·박희현·이강근, 1988.「城南 太平洞 支石墓 發掘調査 報告」『板橋~九里·新葛~牛月間 報告』, 81~99쪽.

258×167×80㎝ 크기다. 가장자리에는 손질한 흔적이 뚜렷하게 남아 있다.

덮개돌 아래에는 화강암질의 또 다른 판자돌이 1매(160×84×36㎝) 놓여 있었고 그 밑은 풍화암반층이었다. 이런 점에서 이 고인돌은 무덤방을 마련하지 않고 맨땅 위에 간단히 묻기를 한 다음 판자돌을 덮고 그 위에 덮개돌을 놓은 것으로 판단된다.

껴묻거리는 주변에서 대패날 1점이 찾아졌다.

⑲ 광명 가학동 유적

마을 사람들이 "장사바위"라고 부르는 이 유적은 벌말 마을의 터골산과 북쪽의 나지막한 야산을 연결하는 구릉의 꼭대기에 위치한다. 고인돌은 모두 10여 기가 조사되었는데 가장 서쪽에 이 유적에서 제일 큰 탁자식 고인돌(경기도 기념물 제58호)이 있고 나머지는 동서 방향으로 줄을 지어(2줄) 분포하는 모습이다.[26]

이곳의 고인돌은 발굴조사 결과 탁자식이었던 것으로 밝혀졌지만, 대부분 굄돌이 쓰러진 채 한쪽으로 무너진 모습이었다.

덮개돌의 크기는 200㎝ 안팎이고 평면 생김새는 타원형과 한쪽 면만 손질한 삼각형으로 구분된다. 조사된 굄돌의 크기로 보아 고인돌의 높이는 100㎝ 이내였던 것으로 추정된다. 11호의 경우 굄돌을 세울 때 구덩이를 파고 막돌을 넣은 다음 진흙을 다진 흔적이 조사되어 당시 사람들의 축조 기술 수준을 가늠해 볼 수 있다.

민무늬토기 조각과 구멍무늬토기 조각, 가락바퀴, 화살촉, 반달돌칼, 간돌검 조각 등 비교적 여러 가지 껴묻거리가 찾아졌다.

한편 고인돌 유적 바로 아래에서는 같은 시기의 움집터가 발견되었다. 이렇게 고인돌 밑에서 청동기시대의 집터가 조사된 유적으로는 파주 당하리와 옥석

─────────────

26) 한양대학교 박물관·광명시, 1997. 『光明 駕鶴洞 支石墓』.

리 유적이 있다.

⑳ 광명 철산동 유적

탁자식 고인돌이 자리하던 곳은 경사
진 언덕 중턱으로 주변지역의 어디에서
나 바라볼 수 있는 조망이 매우 좋은 곳
이었다.[27]

사진 8. 광명 철산동 고인돌

화강암질의 덮개돌은 292×185×
72~88㎝ 크기이며, 길이에 비하여 매우
두터운 느낌을 준다. 가장자리를 돌아가
면서 손질한 자취가 뚜렷하게 남아 있는
데 떨어진 격지를 보면 거의가 세모꼴인
점으로 보아 상당히 날카로운 연모를 사
용하였던 것으로 추정된다.

괴돌은 70㎝ 사이를 두고 남쪽(165×40~45×50㎝)과 북쪽(153×40×49㎝)
에 있었는데 반달 모양으로 배가 부른 모습이다. 북쪽 괴돌을 세울 때 주위에 모
난돌을 쌓아 놓았는데 이것은 지형을 고려하여 쓰러지는 것을 막기 위한 축조 기
술의 활용으로 해석된다. 바닥은 돌을 깐 다음 고운 모래가 섞인 흙을 채워 놓았
다.

껴묻거리로는 청자와 백자 조각, 기와 조각들이 찾아졌다. 이 고인돌은 입지
조건, 껴묻거리, 덮개돌과 괴돌의 크기와 축조 방법 등 전체적으로 볼 때 무덤보
다는 제단의 기능을 가지고 있었을 가능성이 많다.

|||||||||||||||||||||||

27) 한양대학교 박물관, 1985. 『光明 鐵山洞 支石墓』.

㉑ 안양 평촌동 유적

평촌 신도시 건설지역의 평촌 마을에서 6기, 귀인 마을에서 1기, 신촌 마을에서 4기, 갈산 마을에서 1기 등 모두 12기의 고인돌을 발굴조사하였다.[28] 평촌 마을의 고인돌은 경작지(논)에 있었고 나머지는 낮은 산꼭대기나 산기슭의 끝자락에 위치하였다. 그리고 귀인 마을의 고인돌을 마을 사람들은 "신선바위"라고 불렀다.

이 지역 고인돌의 덮개돌은 화강암 또는 화강암질 편마암을 재질로 이용하였고 가장자리를 돌아가면서 손질을 많이 하여 그 흔적이 뚜렷하게 남아 있다. 평촌 1호 덮개돌은 가운데 부분에 손질을 많이 하여 거북 등처럼 솟아오르게 의도적으로 만든 모습이다. 그리고 대부분 윗면에 구멍이 1~3개 정도 파여 있었다.

무덤방은 거의 10~20㎝ 크기의 막돌을 쌓아 만든 돌덧널이고 드물게는 판자돌을 이용한 돌널(평촌 2호)도 있다. 무덤방의 크기는 바로펴묻기를 할 수 있는 길이 200㎝ 정도 되는 것도 있지만 100㎝ 안팎도 있어 다양한 묻기가 이루어졌던 것으로 보인다. 긴 방향은 유적 주변의 물줄기와 나란한 것으로 조사되었는데 고인돌을 축조한 당시 사람들의 자연지세에 대한 관심을 이해할 수 있게 하는 하나의 자료이다. 그리고 평촌 5호의 경우 판자돌을 이용한 뚜껑돌(75×50×15~20㎝)로 무덤방을 덮은 것으로 밝혀졌다.

한편 평촌 3호와 4호, 신촌 1호 고인돌에서는 하나의 덮개돌 밑에 3~4기의 무덤방이 조사되어 주목된다.

평촌 3호는 무덤방(으뜸널)의 남쪽과 북쪽에 딸린널이 있었다. 무덤방은 20㎝ 안팎의 막돌을 쌓은 돌덧널이며 250×60㎝로 어른을 바로펴묻기할 수 있는 크기이다. 긴 방향은 주변의 물줄기와 나란하다. 딸린널은 길이가 135㎝, 140㎝로 두벌묻기를 하였거나 어린이가 묻혔을 가능성이 많다. 그리고 남쪽 것에는 뚜껑돌이 있었다.

||||||||||||||||||

28) 명지대학교 박물관·경기도, 1990. 『安養 坪村의 歷史와 文化遺蹟』.

그림 7. 안양 평촌동 고인돌 유적 평·단면도

4호는 덮개돌의 가장자리를 돌아가면서 4기의 무덤방이 조사되었다. 구조는 길이 120㎝ 안팎의 구덩이를 파고 그 위에는 막돌을 채워 덮은 모습이었다. 이러한 무덤방의 구조와 그에 따른 묻기, 한꺼번에 축조한 점으로 보아 가족이나 혈연을 기반으로 한 친연성이 있는 가족무덤으로 해석된다.

신촌 1호는 무덤방은 파괴되었지만 서쪽과 남쪽에 딸린널이 있었다. 서쪽 것은 판자돌을 이용한 돌널인데 80×60×30㎝ 크기이다. 축조 방법을 보면 무덤 구덩이를 파고 판자돌을 세웠는데 그 사이에 10~20㎝의 막돌을 쌓아 보강하였고 바닥에는 의도적으로 고운 흙을 깔아 놓았다. 남쪽은 막돌을 쌓아 만든 돌덧널이었다.

이렇게 하나의 덮개돌 밑에 여러 기의 무덤방이 축조되었을 경우 고인돌의 덮개돌은 어떠한 기능을 하였을까? 평촌동 유적의 경우는 덮개돌이 이러한 무덤방을 직접 덮고 있기 때문에 뚜껑돌의 역할을 하면서 묘표석(墓標石)이나 표지석(標識石)의 기능을 하였을 것이다.

신촌 3호 고인돌은 덮개돌 밑의 남·북쪽에 납작한 판자돌 2매가 세워져 있지 않고 뉘어져 있어 주목된다. 덮개돌(화강암)과는 달리 편마암을 재질로 이용하였고 크기는 90×30㎝이다. 그리고 전면에 걸쳐 손질을 아주 많이 하여 그 흔적이 잘 남아 있다. 특히 북쪽 것은 가운데 부분이 오목하게 손질된 모습이다. 이러한 독특한 형식의 고인돌은 판자돌(굄돌) 사이에 일정한 공간을 만들기 위하여 의도적으로 손질하였기 때문에 한강 이남지역에서 조사되고 있는 변형 탁자식 고인돌일 가능성이 많다.

평촌동 유적에서는 고인돌의 무덤방 안팎에서 민무늬토기를 비롯하여 흙가락바퀴, 돌도끼, 돌화살촉, 숫돌 등이 찾아졌다.

㉒ 의왕 삼동 유적

금천 마을의 길 옆에 있는 구릉의 끝자락에 있던 개석식 고인돌 1기를 발굴조사하였다.[29] 유적 옆에는 왕송 저수지로 흘러드는 금천이 동쪽에서 서쪽으로 흐르고 있으며 유적 앞으로는 넓은 들판이 펼쳐져 있다.

거정화강암을 재질로 이용한 덮개돌은 220×160×60㎝ 크기이며, 윗면과 옆면에서는 채석 흔적으로 보이는 지름 6~12㎝의 큰 구멍 13개가 확인되었다.

무덤방은 아무런 시설도 하지 않은 구덩이(190×150×17~20㎝)로 밝혀졌으며 크기로 보아 묻힌 사람은 바로펴묻기를 하였을 것으로 판단된다.

껴묻거리는 찾아지지 않았다.

㉓ 군포 산본동 유적

수리산 남쪽 기슭의 끝자락에 해당하는 낮은 구릉지대와 논에 위치한다. 산본지구 택지 개발사업이 이루어지기 이전의 골안 마을에서 2기, 광정 마을에서 5기, 문화촌 마을에서 4기 등 11기의 개석식 고인돌이 발굴되었다.[30]

이 지역 고인돌의 덮개돌은 유적 주변에서 비교적 쉽게 구할 수 있는 화강암을 재질로 이용하였고 가장자리를 비롯한 여러 곳에 손질한 흔적이 뚜렷하게 남아 있다. 특히 골안 마을의 1호 고인돌은 손질을 많이 하여 덮개돌의 가운데 부분이 거북등처럼 솟아오른 모습이다.

무덤방은 대부분 막돌을 쌓은 돌덧널 형태이지만 경작과 유적의 지형조건에 의하여 후대에 파괴가 많이 되어 거의가 제 모습이 남아 있지 않다. 특히 광정 2호 고인돌은 돌덧널 형태의 무덤방 2기가 조사되어 주목된다. 이처럼 하나의 덮개돌 밑에 복수의 무덤방이 있는 것은 묻힌 사람의 관계는 물론 덮개돌의 기능을 해석하는데 시사하는 점이 많다.

발굴조사에서 껴묻거리는 찾아지지 않았다.

----

29) 임효재·하문식·조상기, 1988. 「始興 三里 支石墓 發掘調査 報告」『板橋~九里·新葛~半月間 報告』, 495~514쪽.
30) 명지대학교 박물관·호암미술관·경기도, 1990. 『山本地區 文化遺蹟 發掘調査 報告書』, 151~207쪽.

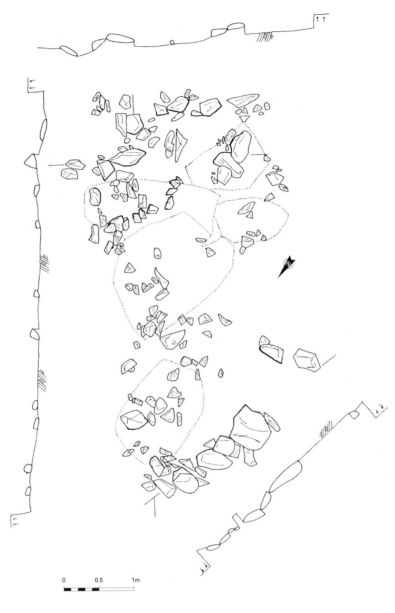

그림 8. 군포 산본동 광정 2호 고인돌 무덤방

㉔ 파주 옥석리 유적

마을 뒷산의 높다란 구릉지 대에 작은 탁자식 고인돌이 몇 기씩 떼를 지어 군데군데 분포하고 있다.[31] 이곳은 한강과 임진강이 합하여지는 곳 근처로 선사시대 사람들이 생활하기에 좋은 지리적인 환경을 갖추고 있다.

사진 9. 파주 옥석리 B II 호 고인돌

고인돌의 덮개돌 긴 방향이 구릉의 능선과 대체로 나란하여 자연 지세와의 관련성을 짐작할 수 있다. 발굴조사 결과 밝혀진 고인돌의 축조 방법은 먼저 양쪽 굄돌을 세우고 그 위에 덮개돌을 얹은 다음 막음돌을 막았던 것 같다.

껴묻거리는 돌화살촉, 외날 돌도끼, 돌칼, 숫돌 등이 찾아졌다.

한편 B I 고인돌 아래에서는 청동기시대의 움집터가 발굴되었다. 이 집터에서는 간돌검 조각을 비롯하여 구멍무늬 토기, 화살촉, 숫돌, 갈돌 등이 찾아졌다. 그리고 방사성탄소 연대측정 결과 2590±105bp로 밝혀져 고인돌의 축조 시기는 물론 간돌검의 기원 문제를 밝히는데 중요한 자료이다.

㉕ 파주 교하리 유적

이곳은 해발 60~70m 되는 산능선으로 주변에는 한강의 샛강인 공릉천이 흐르고 있으며 유적 부근에서는 한강과 임진강이 서로 만나 서해로 흘러 들어간다. 유적의 동북쪽 공릉천 언저리에는 넓은 들판이 펼쳐져 있어 선사시대 유적이 많다.

장명산의 능선이 동남쪽으로 뻗어내린 교하리·다율리·당하리 지역에는 120

31) 김재원·윤무병, 1967. 『韓國支石墓硏究』, 13~49쪽.

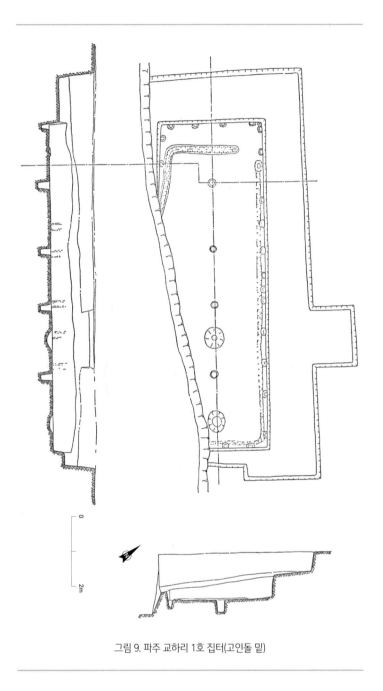

그림 9. 파주 교하리 1호 집터(고인돌 밑)

여 기의 고인돌이 분포하고 있는 것으로 알려져 있다. 이 가운데 1965년 5월 국립박물관에서는 고인돌 4기를 발굴조사하였다.[32] 발굴 결과 탁자식 고인돌은 군부대 시설 공사와 채석으로 인하여 대부분 파괴된 것으로 밝혀졌다. 덮개돌 주변에서 반달돌칼이 찾아지기도 하였다. 그리고 고인돌 아래에서 청동기시대 집터 2기를 조사하여 무덤인 고인돌과 살림터인 집터와의 선후 관계는 물론 당시 사람들의 주거 환경과 입지를 이해하는데 많은 도움이 되고 있다.

한편 유적이 지속적으로 파괴되고 있어 1993년에 발굴조사가 실시되었는데 조사된 고인돌은 많이 파괴되었고 4호와 11호는 무덤방이 확인되었다.[33]

4호 고인돌은 동북쪽 산마루에 자리한다. 덮개돌의 크기는 263×229×22㎝이다. 부분적으로 파괴된 흔적들이 조사되었으며 판자돌이 덮개돌 밑이나 주변에 부서진 채 흩어져 있어 개석식이면서 무덤방은 돌널이었던 것으로 보인다. 무덤방의 바닥에는 호박돌 크기의 둥근 돌과 판자돌을 깔았던 것 같다. 껴묻거리는 바닥 부분에서 간돌검의 끝부분과 화살촉이, 동남쪽 판자돌 위에서 돌끌이 1점씩 찾아졌다.

11호 고인돌은 4호에서 남쪽으로 20m 떨어진 산골짜기 쪽의 비탈에 자리한다. 덮개돌에서 북쪽으로 8m 되는 곳에 판자꼴의 굄돌 2개가 있다. 발굴 결과 동·서쪽에 굄돌을 세우고 남쪽에 막음돌을 놓은 탁자식으로 밝혀졌다. 굄돌은 화강암질 편마암이며 길이 141㎝, 높이 81㎝쯤 되는 것이다. 양쪽 굄돌은 덮개돌의 하중을 잘 지탱하고 고인돌의 전체적인 안정감을 유지시키기 위한 안기울임(10° 안팎)을 한 모습이다. 북한지역의 탁자식 고인돌에서도 이러한 안기울임이 많이 조사되었다. 북쪽 막음돌은 길이 136㎝, 높이 82㎝로 남쪽 것(61㎝, 74㎝)보다 훨씬 크고 굄돌과 비슷하였다.

32) 김재원·윤무병, 1967. 『위 책』, 51~64쪽.
33) 손보기·장호수, 1994. 「교하리 고인돌 무덤 발굴보고」 『多栗里·堂下里 支石墓 및 住居址』, 103~135쪽.

무덤방의 바닥에는 주먹 크기의 강자갈돌과 납작한 돌을 깔았는데 4호와 비슷한 모습이다. 또한 북쪽에서는 베갯돌이 찾아져 묻힌 사람의 머리 방향을 알 수 있었다. 동·서쪽 굄돌과 북쪽 막음돌의 높이가 비슷한 점으로 보아 먼저 무덤방의 3면을 만든 다음 덮개돌을 얹고 나머지 쪽(남쪽)을 막아 고인돌을 축조하였던 것으로 여겨진다.

㉖ 파주 다율리 유적

교하리 유적에서 서쪽으로 500m쯤 떨어진 곳에서 탁자식 고인돌 1기를 발굴하였다.[34] 수습 발굴된 이 고인돌의 덮개돌은 237×187×60㎝ 크기이며 굄돌과 막음돌은 높이가 아주 낮은 편이었다. 껴묻거리는 주변에서 민무늬토기 바닥, 구멍

사진 10. 파주 다율리 고인돌 무덤방

무늬 토기 입술 부분, 돌자귀와 뗀석기 전통이 남아 있는 긁개가 1점씩 찾아졌다.

파괴되거나 발굴된 고인돌은 경기도 박물관, 통일로의 고인돌 공원, 온양 민속박물관으로 옮겨져 교육용 자료로 활용되고 있다.

그리고 장명산 서쪽 기슭에서 남쪽으로 뻗은 가지능선의 끝자락에 있던 2기의 개석식 고인돌이 발굴조사되었다.[35] 청동기시대 집터(나-2호)를 파괴하고 무덤방을 축조한 것으로 판자돌을 가지고 만든 돌널이다.

꠹꠹꠹꠹꠹꠹꠹꠹꠹꠹

34) 손보기·장호수·편준규, 1994. 「1988년 다율리 고인돌 무덤 발굴보고」 『위 책』, 141~154쪽.

35) 경기문화재연구원, 2017. 『파주 운정3 택지개발지구 문화재 시굴조사(B구역) 약보고서』.

껴묻거리는 간돌검과 화살촉이 출토되었다.

⑳ 파주 당하리 유적

장명산에서 뻗어나온 낮은 야산의 북서쪽 능선에 자리하며, 주변에 군부대가 있어 부분적으로 원지형의 변화가 많이 이루어졌다.[36]

5호 고인돌은 개석식이며 교하중학교 옆 능선의 꼭대기에 위치한다. 덮개돌은 둥근꼴로 지름 160㎝, 두께 64㎝이며 화강암을 재질로 이용하였다. 무덤방은 모난돌을 이용하여 만든 돌덧널이지만 막음돌만 제자리에 있을 뿐 파괴가 심한 상태다.

껴묻거리는 슴베 있는 화살촉이 찾아졌다.

7호의 덮개돌 재질은 화강암이며 235×130×43㎝ 크기다. 덮개돌 바로 밑의 가장자리에는 200×100㎝ 범위에 30㎝ 두께쯤 작은 모난돌을 깔아 놓았다. 따라서 무덤방은 얇은 구덩이를 판 다음 바깥 주변으로 돌을 깔아 만든 특이한 구조로 판단된다. 껴묻거리는 간돌검 조각, 돌화살촉, 숫돌 등이 있다.

한편 장명산 남쪽의 가지능선 기슭에서도 2기의 고인돌 무덤방이 발굴되었다.[37] 이들 고인돌의 덮개돌은 후대의 고묘(古墓) 조성시 파괴된 것으로 밝혀졌고 능선의 같은 높이에서 무덤방 2기가 나란히 조사되었다.

1호는 구릉 기슭의 편평한 곳에 위치하며 주변에서 청동기시대의 집터와 움이 발굴되었다.

무덤방은 먼저 풍화암반층에 둥근꼴의 무덤구덩이(168×160×30㎝ 크기)를 판 다음 막돌을 쌓아 돌덧널을 만들었다. 무덤방의 벽은 세워쌓기(북벽)와 가로쌓기(동벽)를 하였으며 바닥에는 납작한 막돌을 깐 다음 그 위에 다시 주먹 크기

36) 김병모·고재원, 1994. 「多栗里·堂下里 支石墓 및 住居址」『多栗里·堂下里 支石墓 및 住居址』, 19~34쪽.
37) 기선문화재연구원·(주)금강수택, 2006. 『坡州 堂下里 遺蹟』.

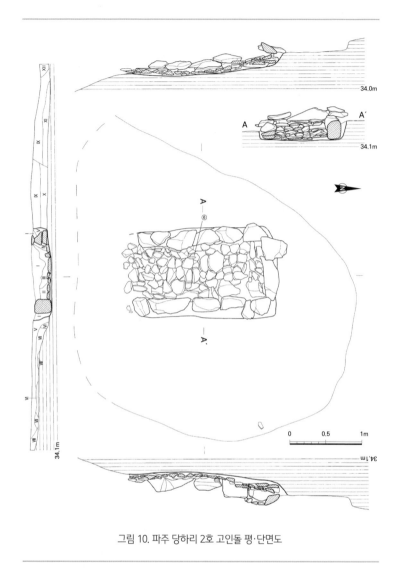

그림 10. 파주 당하리 2호 고인돌 평·단면도

의 납작한 돌을 놓았다. 묻힌 사람의 머리 방향은 구릉 꼭대기인 북쪽으로 판단
된다.

껴묻거리는 민무늬토기 조각이 발굴되었다.

2호도 움 안에 막돌을 쌓아 무덤방(199×124×29㎝)을 만들었다. 무덤방의 벽은 세로쌓기(동벽)와 가로쌓기(북벽과 서벽)를 하였고 바닥에는 납작한 돌들을 깔아 놓았다. 특히 북벽 쪽에는 납작한 막돌 위에 주먹 크기의 둥근 돌을 의도적으로 깔아 놓은 것으로 보아 묻힌 사람의 머리가 놓인 것으로 판단된다.

껴묻거리는 무덤방과 움 안에서 민무늬토기 조각을 비롯하여 홈자귀, 안팎날 도끼, 반달돌칼, 슴베 있는 화살촉, 돌가락바퀴 등 비교적 여러 가지가 찾아졌다. 특히 민무늬토기 조각은 크기가 너무 작아 의도적으로 파쇄한 다음 껴묻기한 것으로 해석된다.

2) 임진·한탄강 유역

① 연천 통현리 유적

통현리 지역은 얕은 구릉지대가 넓게 펼쳐져 있고 주변에 한탄강과 차탄천이 흐르고 있어 선사시대 사람들이 터전을 잡고 생활하기에는 더없이 좋은 환경 조건을 갖추고 있었던 곳이다. 10여 기의 탁자식·개석식 고인돌이 집중 분포하고 있는 지역으로 일찍부터 학계에 알려져 왔다.

2호 고인돌은 통재고개[通峴]라고 부르는 구릉지대의 밭에 위치한다. 덮개돌과 굄돌 일부가 드러나 있었으며 발굴 결과 탁자식으로 밝혀졌다.[38]

덮개돌의 재질은 유문암질 응회암으로 315×265×50㎝ 크기고 가장자리를 돌아가면서 손질한 흔적이 뚜렷하다. 굄돌은 동쪽(215×176×20~30㎝)과 서쪽(240×180×15~20㎝)에 있었는데 세운 자리는 경작으로 인하여 이미 파괴된 상태였다. 무덤방은 160×110×15㎝ 정도이고 긴 방향은 덮개돌과 나란한 남북쪽이다. 바닥에는 넓적한 돌을 깔아 놓았다.

껴묻거리는 뗀석기, 구멍이 뚫린 유리제품(치레걸이?), 사슴 손목뼈 등이다.

---

38) 세종대학교 박물관·연천군, 2003. 『연천지역 고인돌 유적』, 39~44쪽.

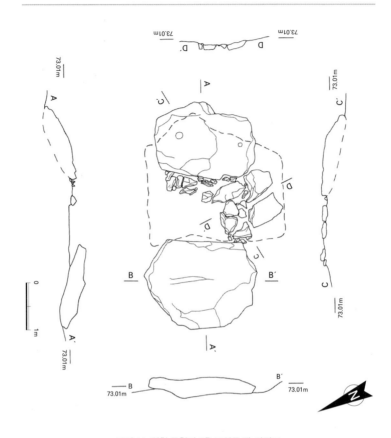

그림 11. 연천 통현리 2호 고인돌 평·단면도

3호는 2호 고인돌에서 서쪽으로 8m 떨어진 곳에 있는 개석식이다. 덮개돌의 크기는 390×350×45㎝이며 구릉과 나란한 방향으로 놓여 있었다. 덮개돌의 북쪽 면에는 가로 방향으로 길쭉한 줄홈(너비 2~4㎝, 깊이 1.5~2㎝)이 2줄 있는데 덮개돌을 운반하는 과정에 끈을 매었던 것과 관련이 있는 것으로 해석된다.

무덤방은 주변에서 구하기 쉬운 막돌을 쌓았던 돌덧널이었고 160×70×20㎝ 크기이며 응회암의 얇은 뚜껑돌이 있었다.

껴묻거리는 황갈색의 연질토기 조각이 찾아졌다.

② 연천 은대리 유적

은대리 성벽 옆의 용암대지 위에는 한탄강을 따라 여러 기의 고인돌이 분포하고 있었지만 대부분 파괴되고 2기가 발굴되었다.[39]

1호 고인돌은 2호의 동쪽에 위치하며 발굴 결과 개석식으로 밝혀졌다. 덮개돌의 평면 생김새는 긴 네모꼴이고 재질은 다공성 현무암으로 216×180×26~46㎝ 크기다. 놓인 긴 방향은 무덤방과 함께 한탄강의 흐름과 나란한 점이 주목된다.

무덤방은 주변의 막돌을 쌓아 만든 돌덧널이며 130×80~90㎝ 크기이다. 2매의 얇은 판자돌(70×64×10㎝, 90×60×12㎝)로 무덤방을 덮은 뚜껑돌이 동·서쪽에서 찾아졌다. 바닥은 맨바닥을 그대로 이용하였고 껴묻거리는 없었다.

2호는 덮개돌이 2조각으로 깨어져 있었는데 크기는 160×120×30~54㎝이고 다공성 현무암이다. 무덤방은 1호와 비슷한데 모난돌을 쌓았고 그 위에 뚜껑돌을 덮었다. 크기는 140×80×20㎝로 작은 편이며 굽혀묻기나 두벌묻기의 가능성을 시사한다.

껴묻거리는 슬레이트를 재질로 한 간돌검 몸통조각이 찾아졌다.

③ 연천 차탄리 유적

연천군청 부근의 평지에 위치하고 있는 탁자식 고인돌이다. 유적의 동쪽으로는 차탄천이 북쪽에서 남쪽으로 흐르고 있으며 주변으로는 군자산의 능선이 뻗어 있다.[40]

안산암질 응회암을 재질로 이용한 덮개돌은 긴 방향이 차탄천의 흐름과 나란

---

39) 『위 책』, 47~49쪽.
40) 연천군·세종대학교 박물관, 2014. 『연천 차탄리 고인돌 발굴조사 보고서』.

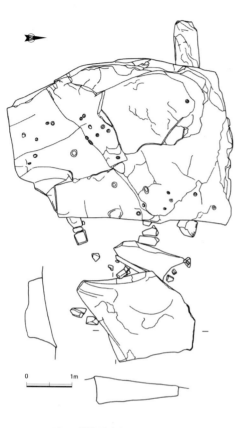

그림 12. 연천 차탄리 고인돌 평·단면도

하며, 560×320×20~60㎝ 크기다. 윗면과 옆면에는 지름 3~10㎝ 되는 구멍이 2~3개씩 짝을 이루어 30여 개가 있다. 차탄리 고인돌의 덮개돌은 기전지역 고인돌에서 대형에 속하는 대표적인 것으로 한탄강 지역 고인돌 문화를 이해하는 데 참고가 된다. 발굴 결과 굄돌은 동쪽(200×40×30㎝)과 서쪽(190×180×70㎝)에 있었던 것으로 추정되며 암질은 서쪽 것이 녹니석 편암으로 차이가 있다. 그리고 서쪽 굄돌 옆에 작은 판자돌(130×60×30㎝)이 놓여 있었는데 막음돌일 가능성이 있다.

한편 덮개돌 바로 밑에는 판자돌 1매(250×180×25~45㎝)가 있는데 이것의 쓰임새는 뚜껑돌로 보여 이 차탄리 고인돌의 구조는 특이한 탁자식의 한 유형으로 판단된다.

껴묻거리는 고인돌 주변에서 숫돌 조각과 덜된 석기, 빗살무늬토기 조각, 연질토기 조각, 자기 등 여러 시기의 유물이 찾아졌다. 이렇게 여러 시기의 유물이 찾아진 점으로 보아 고인돌이 축조된 다음 거석 숭배의 행위가 지속적으로 이루어져 왔음을 알 수 있다.

④ 연천 학곡리 유적

이곳은 임진강을 따라 야트막한 구릉이 펼쳐져 있고 그 언저리에는 충적대지

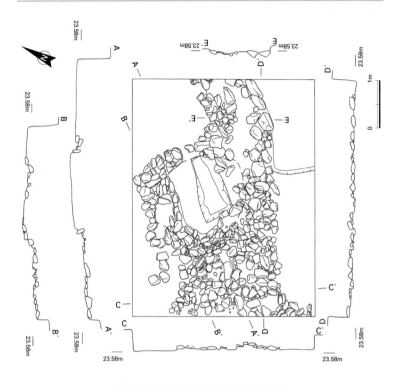

그림 13. 연천 학곡리 2호 고인돌 평·단면도

가 발달하였다. 따라서 터전을 잡고 살기에는 더없이 좋은 조건이기에 주변에서 많은 선사 유적들이 조사되고 있다. 학곡리 마을 주변에는 5기의 고인돌이 분포하는데 마을 사람들에 의하면 더 많은 고인돌이 있었던 것으로 알려지고 있다.[41]

2호는 1호 고인돌(경기도 기념물 제158호)의 북쪽에 위치하며, 발굴 결과 덮개돌이 쓰러진 채 굄돌이 묻혀 있던 탁자식 고인돌로 밝혀졌다.

다공성 현무암을 재질로 이용한 덮개돌의 평면 생김새는 타원형으로 210×

41) 세종대학교 박물관·연천군, 2003. 『앞 책』, 54~61쪽.

185×20~40㎝ 크기다. 가장자리를 돌아가면서 손질한 자취가 뚜렷이 남아 있고 윗면에는 지름 5~9㎝의 정교하게 판 구멍 3개가 있다.

괸돌은 남쪽(170×120~130×20㎝)과 북쪽(90×70×20㎝)에 있었고 남쪽 괸돌 아래에서 동쪽 막음돌(100×40~45×15㎝)이 찾아졌다. 북쪽 괸돌이 남쪽 것에 비하여 상당히 작은 편인데 발굴 조사 전에 이미 깨어진 것으로 밝혀졌다. 무덤방은 160×60×15~20㎝로 크지 않은 편이고 모래층인 맨바닥을 그대로 사용하였다.

양쪽 괸돌과 막음돌 주변에는 5.4×3.0m 범위에 걸쳐 20~30㎝ 크기의 강돌을 쌓거나 깔아 놓은 것이 조사되었다. 이것은 고인돌이 자리한 곳이 강 언저리이므로 모래가 쌓인 지반이 단단하지 못하기 때문에 괸돌이 쓰러지지 않도록 보강하는 동시에 무덤방을 보호하기 위한 당시 사회의 축조 기술로 이해된다.

껴묻거리는 무덤방 안팎에서 민무늬토기 조각을 비롯하여 돌가락바퀴, 반달돌칼, 숫돌 조각 등이 찾아졌다.

3) 서해안 지역

① 안산 선부동 유적

군자봉(해발 196m) 남쪽 기슭의 끝자락에 있는 구릉에 위치하며 능선을 따라 고인돌이 분포하고 있었다. 160m 거리를 두고 '가'지구와 '나'지구로 구분되며 각각 4기, 7기 등 모두 11기가 발굴되었다.[42]

'가'지구 1호는 이 유적의 가장 서쪽 구릉 능선에 자리하며 탁자식과 개석식 고인돌이 연결된 것으로 밝혀져 주목된다.

탁자식 고인돌의 덮개돌은 재질이 화강암이며, 137×90×36㎝ 크기로 상당히 작은 편이다. 가장자리를 돌아가면서 손질을 많이 하였고 옆면은 거북 등 모

----

42) 명지대학교 박물관·경기도, 1991. 『安山 仙府洞支石墓 發掘調査 報告書』.

사진 11. 안산 선부동 고인돌 무덤방 (가지구 1호, 나지구 2호)

양을 하고 있다. 굄돌은 북·남쪽에 자리하였는데 편마암인 북쪽 것은 99×17×59㎝이며 밑부분이 반달 모양이다. 남쪽 것은 화강암이며 93×20×39㎝로 쓰러지지 않고 곧게 서 있었다. 그리고 동쪽에는 38×12×64㎝의 판자돌이 양쪽 굄돌 사이에 끼어 있었는데 막음돌 역할을 하였던 것 같다. 무덤방을 복원해 보면 80×40×60~70㎝ 크기이고 바닥은 고운 찰흙을 깔았으며 긴 방향은 동서쪽이었다. 껴묻거리는 구멍무늬 토기, 민무늬토기, 숫돌 등이 찾아졌다.

개석식 고인돌은 탁자식의 동남쪽에 위치하며 화강암질 편마암인 덮개돌은 133×62×14㎝ 크기이다. 무덤방은 구덩이(90×40×10㎝)이고 그 옆에서 넓적한 모난돌을 깐(범위 100×50㎝) 돌 유구가 찾아졌다. 껴묻거리는 반달돌칼 조각이 출토되었다.

가-2호 고인돌은 1호에서 동쪽으로 8.6m 떨어져 위치한다. 덮개돌의 재질은 화강암이며 크기는 161×110×25~30㎝로 가장자리에 손질한 흔적이 뚜렷하다. 덮개돌의 남쪽에는 길쭉한 막돌이 놓여 있었고 북쪽에서는 구덩이(길이 120㎝)가 확인되었다.[43] 무덤방의 크기는 150×100㎝이며 버들잎 모양 간화살촉 1점

━━━━━━━━━━━━

43) 발굴 보고서에서는 남쪽에 놓은 막돌과 북쪽의 구덩이를 근거로 이 고인돌을 바둑판식으로 해석하고 있지만 받침돌로 볼 수 있는 근거가 없어 개석식으로 판단하는 것이 합리적일 것으로 보인다.

이 찾아졌다.

한편 고인돌의 북동쪽에서는 동서 방향으로 줄을 지어 돌널 5기가 조사되었다. 돌널은 길이가 45㎝ 안팎으로 비교적 작은 편이며 껴묻거리는 없었다. 다만 4호 돌널의 경우 바닥돌 밑에서 불에 그을린 흔적이 찾아져 주목된다.

'나'지구 1호는 선부동 유적에서 제일 큰 탁자식 고인돌이다. 발굴 전 덮개돌이 남쪽으로 기울어진 상태에서 조사되었다.

덮개돌의 재질은 편마암으로 285×190×65㎝ 크기이며 평면 생김새는 긴 네모꼴이다. 덮개돌의 남쪽에는 지름 5~8㎝ 크기의 구멍이 10여 개 있다. 굄돌은 동·서쪽에 있는데 동쪽 것은 편마암으로 140×50×88㎝ 크기이며, 서쪽 것은 크기가 126×30×90㎝이다. 그런데 양쪽 굄돌을 세우면서 주위에 돌을 끼워 넣어 보강한 흔적이 조사되었다.

무덤방은 120×100×50㎝이며, 굄돌 옆에서 민무늬토기 조각과 숫돌이 찾아졌다.

나-2호 고인돌은 1호에서 북쪽으로 15m 떨어져 있으며 덮개돌은 북동쪽 가장자리에 위치한다. 덮개돌의 재질은 편마암이고 크기는 190×176×46㎝이다.

2호의 무덤방은 덮개돌의 남서쪽에 위치한 10.0×2.8×0.4~0.5m 크기의 길쭉한 구덩이 안에서 4기의 돌덧널이 찾아졌다. 돌덧널은 주변에서 구하기 쉬운 막돌을 가지고 만들었으며 크기는 1호가 길이 100㎝로 가장 작고 대부분 180㎝ 이상으로 비교적 큰 편이다. 껴묻거리는 간돌검을 비롯하여 돌창, 돌화살촉, 반달돌칼, 돌끌, 숫돌 등 여러 석기가 찾아졌으며 토기는 구멍무늬 토기, 골아가리 토기, 민무늬토기 등이 조사되었다.

이 고인돌은 덮개돌과 무덤방이 자리한 위치로 볼 때 묘표식(墓標式)일 가능성이 많은 것으로 해석된다.

조사 결과 선부동 고인돌 유적은 기전지역에서는 드물게 다양한 형식이 조사되었으며, 무덤방의 구조, 껴묻거리로 볼 때 새로운 사실들이 밝혀져 시사하는 점이 많다.

② 안산 월피동 유적

얕은 야산의 계곡 언저리에 위치하던 개석식 고인돌 2기가 발굴되었다.[44]

편마암을 재질로 이용한 1호의 덮개돌 크기는 282×186×44㎝이다. 윗면에는 지름이 3~6㎝ 되는 구멍이 40여 개 파여 있었다. 무덤방은 긴 원형의 구덩이로 밝혀졌는데 너비 65㎝, 깊이 68㎝이며 껴묻거리는 없었다.

2호의 덮개돌은 석영질 규암이며 210×160×44㎝ 크기이다. 무덤방은 1호와 같은 구덩이고 크기는 178×89×55㎝이다. 껴묻거리는 민무늬토기와 돌도끼, 돌망치 등이 찾아졌다.

③ 안산 양상동 유적

광덕산(光德山) 능선의 끝부분에 있던 개석식 고인돌이 발굴조사되었다.[45]

1호 고인돌의 덮개돌은 편마암을 재질로 이용하였으며 332×240×50㎝ 크기이다. 무덤방은 아무런 구조물이 없는 타원형의 구덩이며 긴 방향은 동서쪽이고 214×74×25~30㎝로 상당히 큰 편에 해당한다. 무덤 구덩이의 가장자리에는 10㎝ 크기의 자갈돌을 지름 370㎝ 범위에 깔아 놓았고 그 위에 무덤방의 뚜껑돌(230×200×50㎝)을 덮었다. 덮개돌 바로 밑에 놓인 뚜껑돌 위쪽의 모퉁이에는 수평 유지를 위하여 그 사이에 쐐기돌을 끼워 놓아 주목된다.

껴묻거리는 민무늬토기 조각과 숫돌, 돌자귀 등이 찾아졌다.

2호의 덮개돌은 200×198×70㎝ 크기로 1호에 비하여 두터운 편이다. 무덤방은 1호와 같이 타원형의 구덩이이며(198×74㎝), 토기 조각이 조사되었다.

44) 황용훈, 1978. 「楊上里·月陂里 遺蹟 發掘調査 報告」『半月地區遺蹟發掘調査報告』, IV-13~IV-20쪽.
45) 황용훈, 1978. 「위 글」, IV-4~IV-13쪽.

④ 시흥 조남동 유적

'안골'과 '허가마골'이라 불려지는 작은 골짜기가 만나는 지점의 들판에서 탁자식 고인돌 1기가 발굴되었다.[46]

발굴조사 전 고인돌은 북동쪽으로 기울어진 상태였으며, 발굴 과정에 굄돌이 위치한 곳의 지반이 원층이 아닌 것으로 밝혀졌다.

섬록편마암을 재질로 이용한 덮개돌의 평면 생김새는 네모꼴이고 크기는 410×296×83㎝로 두툼한 느낌을 준다. 그리고 덮개돌의 남동쪽 위에는 지름 1.3~10.6㎝ 되는 구멍 20여 개가 파여 있어 주목된다.

굄돌은 남쪽과 북쪽에 놓여 있었는데 재질은 편암이고 단면은 사다리꼴에 가까운 직사각형으로 크기는 각각 233×62×90㎝, 246×48×92㎝이다. 또 양쪽 굄돌 사이의 동쪽에서는 84×24×82㎝ 크기의 판자돌이 찾아졌는데 막음돌로 보인다.

사진 12. 시흥 조남동 고인돌 근경

이 고인돌의 무덤방은 경작으로 인하여 이미 파괴된 것으로 밝혀졌으며 껴묻거리는 없었다.

⑤ 시흥 계수동 유적

안골 마을의 동쪽 구릉 끝자락에 있던 바둑판 고인돌 1기가 발굴조사되었다.[47]

46) 한양대학교 박물관·시흥시, 1999. 『始興市 鳥南洞 支石墓』.

편마암(banded gneiss)을 재질로 이용한 덮개돌은 동쪽으로 약간 기울어진 상태였다. 315×262×55㎝ 크기이며 평면 생김새는 마름모꼴이다. 놓인 긴 방향은 남북쪽으로 유적 바로 옆의 작은 물줄기와 나란하였다.

사진 13. 시흥 계수동 고인돌 모습

덮개돌 밑에는 서쪽, 북쪽, 북서쪽에 3개의 굄돌이 놓여 있었는데 서쪽 것은 녹니석 편암이고 나머지는 덮개돌과 같은 암질로 확인되었다. 무덤방은 부분적으로 파괴가 된 상태였지만 굄돌 밑에 아무런 구조물이 없는 것으로 보아 구덩이일 가능성이 많다.

껴묻거리는 무덤방 안에서 찾아진 것이 없고 바로 옆에서 돌끌과 민무늬토기 조각이 조사되었다.

⑥ 시흥 목감동 유적

얕은 야산의 끝자락에서 5기의 개석식 고인돌이 발굴조사되었다.[48]

고인돌의 축조에 이용된 암질은 유적 주변에서 쉽게 구할 수 있는 화강암질 편마암이며, 판자꼴 막돌을 가지고 만든 무덤방은 대부분 파괴된 상태였다.

3호 고인돌의 덮개돌 위에는 가로 방향으로 길이 115㎝, 120㎝ 되는 2줄의 홈이 파여 있었는데 이것의 쓰임새는 덮개돌의 운반과 관련된 것으로 해석된다.

목감동 유적 고인돌의 대개는 다음과 같다.

47) 시흥시·한양대학교 박물관, 1999.『始興市 桂壽洞 支石墓』.
48) 제3경인고속도로·한백문화재연구원, 2010.『제3경인고속도로 건설구간내 시흥 월곶·군자·하상·금이·목감동 유적』, 228~238쪽.

표 1. 시흥 목감동 고인돌 유적의 현황

호수	덮개돌		무덤방	껴묻거리	비고
	크기(㎝)	평면 생김새			
1	176×150×41	오각형	돌널	민무늬토기 반달돌칼	
2	244×140×41	마름모꼴	돌널(?)	돌도끼	
3	170×119×32	타원형	돌덧널(?)		덮개돌에 홈
4	?		돌덧널	반달돌칼	
5	136×135×42		돌덧널		

⑦ 인천 대곡동 유적

가현산(해발 215m) 동쪽 기슭인 안산과 도라지골 사이의 나지막한 능선 끝자락에는 5곳에 100여 기의 고인돌이 분포하고 있다. 이곳은 주변의 김포 마산리·석모리 고인돌 유적과 함께 기전지역에서 최대의 고인돌이 밀집 분포하고 있는 지역이다.[49]

발굴조사는 황곡 마을의 나지막한 구릉에 위치하고 있는 탁자식 고인돌 2기를 대상으로 실시되었다.[50]

1호는 '대곡동 지석묘 E군'이 위치하는 구릉의 서쪽에 자리하며 덮개돌이 북쪽으로 기울어진 상태이고 그 아래에 굄돌(동쪽?) 1매가 놓여 있었다.

화강암질 편마암을 재질로 이용한 덮개돌은 341×314×30~42㎝ 크기이고 가장자리에는 손질한 흔적이 뚜렷하게 남아 있다. 특히 북쪽 모서리 쪽에는 채석

49) 인천광역시 서구청·인하대학교 박물관, 2005. 『대곡동 지석묘-인천 대곡동 지석묘 정밀 지표조사』.
50) 한울문화재연구원, 2020. 『인천 대곡동 지석묘군 복원 정비 사업부지내 유적 정밀 발굴조사 약식 보고서』.

할 때 판 구멍이 관찰된다.

굄돌은 1매만 확인되었는데 재질은 덮개돌과 같고 178×167×22~35㎝ 크기다. 굄돌 주변에서는 작은 막돌들이 찾아졌는데 굄돌을 세울 때 쓰러지지 않도록 보강을 한 것으로 해석된다.

껴묻거리는 찾아지지 않았다.

6호는 1호 고인돌이 있는 구릉의 동쪽 끝자락에 위치한다. 덮개돌의 재질은 1호와 같고 400×296×45㎝ 크기다. 덮개돌이 남동쪽으로 밀린 상태였고 동·서쪽의 굄돌은 드러난 상태였다.

발굴 결과 동·서쪽 굄돌과 남·북쪽의 막음돌이 모두 조사되었다. 동쪽 굄돌은 바깥쪽(동쪽)으로 기울어진 상태였고 크기는 290×198×37㎝, 서쪽은 267×190×20~30㎝이며 똑바로 서 있었다. 막음돌의 평면 생김새는 마름모꼴이고 북쪽은 120×65~72×15~18㎝, 남쪽은 142×32~75×12~15㎝ 크기다. 굄돌과 막음돌 주변에도 막돌을 쌓은 흔적이 조사되었고, 특히 서쪽 굄돌의 밑자락에는 수평을 유지하기 위한 쐐기돌이 찾아졌다.

무덤방은 115×72×44㎝ 크기이며 긴 방향은 북서-남동쪽이다. 무덤방 안에서는 뚜껑돌로 추정되는 판자돌(104×76×10㎝)이 확인되었고 북쪽에는 묻힌 사람의 베갯돌(32×22×2㎝)로 추정되는 납작한 돌이 놓여 있었다. 이런 몇 가지 정황을 보면 묻힌 사람의 머리 방향은 북서쪽이었던 것 같다.

껴묻거리는 무덤방과

사진 14. 인천 대곡동 6호 고인돌 무덤방

굄돌 언저리에서 돌도끼, 돌화살촉, 돌창 조각, 민무늬토기 조각 등이 찾아졌다.

⑧ 인천 불로동 유적

금정산(해발 151.2m)에서 뻗은 가지능선 끝자락에 위치하는 탁자식 고인돌 1기가 발굴조사되었다.[51]

발굴조사 전에 덮개돌은 2조각으로 깨어져 있었고 굄돌은 1매가 지표에 드러나 있었지만 다른 1매는 묻힌 상태였다.

덮개돌의 재질은 화강암이고 크기(복원)는 460×340×74㎝이며 가장자리에는 손질한 흔적이 뚜렷하다. 굄돌은 덮개돌과 같은 재질이며 크기는 221×134×30㎝, 204×135×30㎝로 생김새와 크기가 거의 같다. 굄돌(동쪽) 아래에서 292×274×10㎝ 되는 얕은 움이 조사되었는데 막돌들이 채워져 있어 고인돌의 축조와 관련이 있는 것으로 판단된다.

껴묻거리는 민무늬토기 바닥이 찾아졌다.

한편 금정산으로 이어지는 구릉 꼭대기와 능선에서도 서로 1기씩 모두 2기의 고인돌이 발굴되었다.[52]

1호(Ⅱ-5지점) 고인돌은[53] 구릉 꼭대기의 편평한 대지 위에 자리하고 있었다.

덮개돌의 크기는 254×165㎝이며, 평면 생김새는 타원형이다. 덮개돌 바로 아래와 북쪽에는 넓적한 판자돌이 1매씩 뉘여 있었다.

껴묻거리는 찾아지지 않았다.

2호(Ⅱ-7지점) 고인돌은 구릉의 능선에 위치하고 있었는데, 이곳은 1호와 마

51) 한국토지주택공사·대동문화재연구원, 2019. 『仁川 黔丹地區 遺蹟』 Ⅰ, 266~267쪽.
52) 호남문화재연구원·인천도시공사·한국토지주택공사, 2020. 『仁川 黔丹 麻田洞·元堂洞·不老洞 遺蹟 : 不老洞 Ⅱ』, 31~32쪽 ; 429~430쪽.
53) 지금까지 이 고인돌은 "원당동 고인돌"로 알려져 왔지만 이번 인천 검단지구 발굴조사에서 정확한 위치가 밝혀졌다.

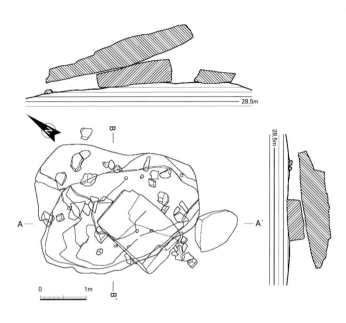

그림 14. 인천 불로동 1호 고인돌 평·단면도

찬가지로 주변이 한눈에 바라보이는 조망이 아주 좋은 곳이다.

덮개돌은 345×260×64㎝ 크기이며 윗면에는 여러 곳에 많은 구멍이 파여 있다. 1호처럼 덮개돌 밑에 넓적한 판자돌 1매(162×116×38~49㎝)가 뉘여 있었고 덮개돌 바깥의 남쪽에 크기가 좀 작은 판자돌이 있었다.

발굴조사 결과 덮개돌과 판자돌 밑에서 바로 풍화암반층(기반토)이 확인되었다. 따라서 이들 고인돌의 덮개돌 밑에 놓여진 판자돌은 세워져 있던 것이 후대에 쓰러진 것으로 보이지 않는다. 그렇다면 판자돌을 세웠던 구덩이가 없다는 점, 놓여진 간격이 일정한 것으로 보아 처음부터 뉘어 놓았던 것 같다. 이런 몇 가지 점에서 이 고인돌은 '변형 탁자식'일 가능성이 있는 것으로 해석된다.

⑨ 인천 주안동 유적

주안동의 사미(새미) 마을에 있던 "너분바위"라고 부르는 탁자식 고인돌 1기가 1957년 발굴조사되었다.[54]

덮개돌은 188×141×35~60㎝ 크기이며 윗면의 북동쪽에는 줄을 지어 많은 구멍이 파여 있다. 고인돌의 높이는 165㎝이고 무덤방의 너비는 132㎝이다. 그리고 긴 방향은 남북쪽이며 동·서쪽에 굄돌이 있었는데 서쪽 것은 무덤방 안으로 기울어진 상태였다. 남쪽에 있던 막음돌은 발굴 전에 묻힌 상태로 확인되었지만 제자리에 똑바로 서있어 무덤방의 구조와 크기를 알 수 있었다.

껴묻거리는 찾아지지 않았다.

⑩ 인천 문학동 유적

되찬이고개[禱天峴]의 남쪽 언덕 위에 있던 개석식 고인돌 1기가 발굴되었다.[55]

덮개돌의 크기는 340×220×35~60㎝이며, 평면 생김새는 마름모꼴이었다. 덮개돌의 윗면에는 채석을 위하여 판 구멍이 한 줄로 남아 있다.

껴묻거리는 찾아지지 않았다.

⑪ 인천 학익동 유적

문학산 북쪽 기슭의 끝자락에 7기의 고인돌이 있었는데 일제강점기 때 조선총독부와 경성제국대에서 실시한 2차례의 조사가 있었다.[56]

조선총독부에서는 1927년 3기의 탁자식 고인돌을 조사하여 민무늬토기,[57]

54) 이경성, 1959. 「仁川의 先史遺蹟遺物 調査槪要」 『梨大史苑』 1, 69~70쪽.

55) 인천광역시립박물관, 2003. 『인천남부 종합학술조사』, 132~133쪽.

56) 이경성, 1959. 「앞 글」, 69쪽 ; 김석훈, 1997. 「황해 중부지역의 선사문화 : 인천지역을 중심으로」 『仁荷史學』 5, 37쪽.

57) 야요이 토기[彌生土器]로 알려져 있으나, 지금까지 한국 고인돌 무덤에서 이런 토기가

사진 15. 인천 학익동 탁자식 고인돌

돌화살촉, 숫돌, 반달돌칼 등의 껴묻거리를 수습하였다. 그리고 경성제국대에서도 3기의 고인돌을 조사하여 편마암으로 만든 돌도끼와 갈돌 등을 찾았다.

한편 조사된 고인돌 1기의 구조와 규모를 보면 다음과 같다. 덮개돌은 280×169×50㎝ 크기이며 고인돌의 높이는 150㎝쯤 된다. 동·서쪽에 굄돌이 있었다. 한쪽은 판자돌 1매로 이루어져 있지만 다른 쪽은 막돌 2매로 한쪽 벽을 만들었다. 굄돌 사이의 거리는 56㎝이며, 무덤방의 긴 방향은 남북쪽이다.

⑫ 인천 운남동 유적

석화산(石花山) 능선의 서쪽 끝에 있는 나지막한 구릉에 있던 탁자식 고인돌 1기가 발굴되었다. 고인돌이 위치한 이곳을 마을 사람들은 "곤돌고개(고인돌 고개)"라고 부른다.[58] 고인돌의 양쪽으로 백화산과 백운산 줄기가 펼쳐져 있고 앞쪽으로 바다가 바라보이는 조망이 아주 좋은 곳이다.

덮개돌의 재질은 규암이고 160×130×

사진 16. 인천 운남동 고인돌 모습

찾아진 예가 없고 당시 시대적인 상황을 감안할 때 민무늬토기일 가능성이 많다.

58) 최숙경, 1966.「永宗島 雲南里 支石墓 - 放射性炭素 測定 結果 高麗 年代를 낸 例」『金愛麻博士梨花勤續40周年紀念論文集』, 261~271쪽.

16~30㎝ 크기다. 굄돌은 동쪽(93×68×12~20㎝)과 서쪽(112×84×17㎝)에 있었으며 서로의 간격은 55㎝쯤 된다. 발굴조사 과정에 묻혀 있던 남쪽과 북쪽의 막음돌이 찾아졌다.

굄돌의 바닥쪽과 무덤방 아래쪽에서는 두께 12㎝ 안팎의 숯층이 찾아져 주목된다. 이 숯을 방사성탄소 연대 측정한 결과 720±100, 880±110bp로 밝혀졌다.

껴묻거리는 납작밑 병과 고려 청자 사발이 찾아졌다.

이 고인돌은 껴묻거리와 절대연대 측정값이 모두 고려시대로 밝혀져 주목된다. 이런 점을 고려하여 발굴 보고자는 이미 축조되어 있던 고인돌을 고려시대에 숯을 사용하여 당시의 무덤 축조 방식으로 재이용한 것으로 해석하고 있다.

⑬ 강화 삼거리 유적

고려산 북쪽 기슭의 끝자락에 있는 밭에 위치한 탁자식 고인돌 5기를 발굴조사하였다.[59] 삼거리 유적이 자리한 고려산 일대에는 강화지역에서 고인돌이 가장 많이 집중 분포하고 있는 곳으로 일찍부터 조사가 진행되어 왔다.

이곳의 지세를 보면 고려산의 산자락이 경사를 완만하게 이루면서 넓은 곡간지대를 이루는 한편 작은 물줄기가 여러 곳에 흐르고 있어 선사시대 유적이 자리하기에 좋은 조건을 갖추고 있다.

1호(A호) 고인돌은 덮개돌이 서쪽으로 기울어진 탁자식이다. 덮개돌의 크기는 245×180×25~55㎝이고, 동·서쪽에 굄돌이 있었다. 동쪽 것은 200×60×15~20㎝이고, 서쪽 것은 한쪽이 깨어졌으며 200(?)×60×10㎝ 크기다. 북쪽 막음돌은 이미 파괴되었고 남쪽 것도 일부 깨어졌지만 남은 것은 너비 47㎝, 높이 25㎝, 두께 6㎝로 아주 얇은 것이 특징이다. 굄돌이 묻힌 가장자리와 무덤방 바닥 아래에서는 모난돌이 쌓여 있었는데 이것은 축조와 관련된 것으로 해석된다.

||||||||||||||||||||

59) 김재원·윤무병, 1967. 『앞 책』, 65~78쪽.

다시 말하여 굄돌이 쓰러지지
않도록 균형을 잡기 위하여 굄
돌 둘레에 돌을 놓았던 것이다.

　무덤방은 긴 방향이 북서-
남동쪽으로 크기는 130×47㎝
이다. 무덤방의 크기로 볼 때 이
곳에 묻힌 사람은 두벌묻기를
하였을 가능성이 아주 많다. 껴
묻거리는 슴베 있는 화살촉 2점
이 찾아졌다.

　삼거리 고인돌 유적 바로 옆
에서는 팽이형 토기가 출토되는
집터가 조사되었고, 부근에서
팽이형 토기는 물론 그와 관련
된 돌창 등이 찾아지고 있어 강
화지역 고인돌의 성격을 가늠하
는데 참고가 된다.

　⑭ 강화 점골 유적
　고려산에서 북쪽으로 이어
지는 능선의 끝자락에 위치한
탁자식 고인돌 1기를 발굴하였
다.[60] 유적이 자리한 곳은 강화지역이 간척되기 이전에는 바닷가 옆의 높다란 구
릉지대였을 것으로 보인다.

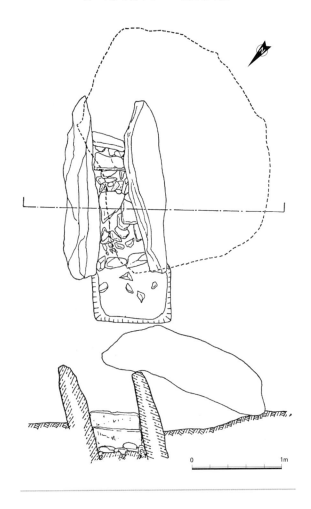

그림 15. 강화 삼거리 1호 고인돌 평·단면도

ꞏꞏꞏꞏꞏꞏꞏꞏꞏꞏꞏꞏꞏꞏꞏꞏꞏꞏꞏꞏꞏꞏꞏꞏ

60) 국립문화재연구소, 2011. 『강화 점골 지석묘 調査報告書』.

조사 전 고인돌의 덮개돌과 굄돌은 동쪽으로 기울어진 상태였으며, 덮개돌을 중심으로 지름 5m 범위에 걸쳐 높다란 봉토가 이루어진 상태였다. 이러한 봉토는 이 고인돌이 탁자식이기 때문에 축조 과정을 고려하여 덮개돌을 굄돌 위에 쉽게 올려 놓기 위한 시설물로 이해된다.

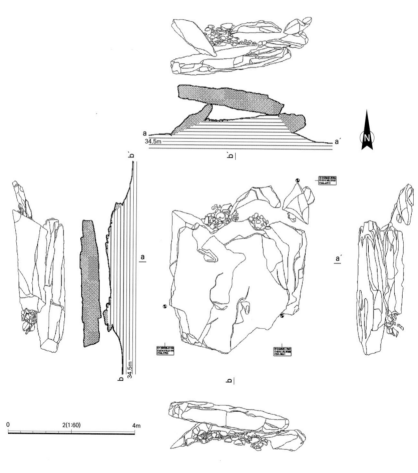

그림 16. 강화 점골 고인돌 평·단면도

덮개돌의 재질은 편암이며 370×360×40㎝ 크기다. 평면 생김새는 마름모꼴이고 긴 방향은 남북쪽이다. 굄돌은 덮개돌과 같은 암질을 사용하였고 동·서쪽에 세워져 있었다.

동쪽 것은 250×180×40㎝ 크기고 서쪽은 290×190×60㎝이며, 동쪽 굄돌 옆에는 판자돌 1매(170×90×25㎝)가 있었는데 발굴 결과 굄돌을 잇대었던 것으로 해석된다.

한편 굄돌을 세웠던 구덩을 조사한 결과 서쪽 것을 동쪽보다 약 30㎝ 정도 깊이 판 것으로 밝혀졌다. 이것은 고인돌의 축조 과정에 굄돌의 높낮이를 맞추기 위해 의도적으로 했던 것 같다.

껴묻거리는 무덤방에서 슴베 있는 화살촉, 돌끌, 민무늬토기 등이 찾아졌다.

⑮ 강화 오상리 유적

고려산 서쪽의 낙조봉(落照峰) 서남쪽 능선 끝자락에 위치하며 12기의 탁자식 고인돌이 발굴조사되었다.[61] '내가 고인돌'로 알려진 큰 것이 산능선 쪽에 있고 그 아래쪽으로 비교적 덮개돌이 작은 고인돌이 좁은 범위에 밀집 분포하고 있다.

덮개돌은 대체로 가장자리를 돌아가면서 손질하였고, 평면 생김새는 판자돌 모양이다. 크기는 길이가 335~130㎝로 상당히 다양한 편이며 재질은 흑운모 편마암 계통이다. 무덤방은 판자돌을 굄돌과 막음돌로 이용한 돌널 형태이며, 고인돌의 높이가 50㎝ 안팎으로 낮아 전체적인 크기도 작아 보인다. 굄돌을 세울 때 주변에 막돌을 깔거나 쌓아 무덤방을 보호한 점이 특이하며, 일정한 범위에 걸쳐 묘역(墓域)을 형성한 것으로 판단된다. 무덤방의 바닥은 대부분 맨바닥이지만 판자돌이나 막돌을 깔아 놓은 것(1·4·9호)도 있다. 무덤방의 길이가 1m 안팎인 점을 고려해 보면 오상리 고인돌에 묻힌 사람은 두벌묻기에 의한 것으로 해석된다.

<hr>

61) 선문대학교 고고연구소·강화군, 2002. 『江華 鰲上里 支石墓』.

껴묻거리는 무덤방의 안팎에서 모두 찾아졌는데 비교적 여러 가지가 조사되었다. 토기는 민무늬토기와 붉은 간토기 그리고 팽이형 토기의 입술 부분이 출토되었다. 석기는 화살촉이 가장 많으며 간돌검, 달도끼, 돌도끼, 반달돌칼, 홈자귀, 갈판 등이 있다. 화살촉은 대부분 버들잎 모양이며, 단면은 몸통이 마름모꼴이고 슴베 부분은 육각형, 사각형, 원통형 등 여러 가지다. 이밖에도 대롱 옥구슬이 찾아졌다.

4) 안성천 유역

① 평택 수월암리 유적

말 안장 모양의 구릉 기슭 꼭대기에 위치하며, 유적 앞으로는 들판이 펼쳐져 있고 오산천이 흐른다. 이곳에서는 탁자식과 개석식 고인돌 24기가 발굴조사 되었다.[62]

덮개돌은 유적 주변에서 구하기 쉬운 화강암이나 거정화강암을 재질로 이용하였으며, 크기는 거의가 길이 100~150㎝쯤 되었다. 유적이 경사진 곳에 위치하였기 때문에 대부분 흙 속에 묻힌 상태이거나 옆으로 옮겨진 채 조사되었으며, 긴 방향은 구릉의 흐름과 나란하였다. 그리고 2호 고인돌의 덮개돌은 가장자리와 가운데 부분을 손질하여 거북 모양을 연상하게 하였다.

탁자식 고인돌의 굄돌을 세운 방법을 보면 서로 차이가 있다. 1호는 홈을 파 굄돌을 세운 다음 그 주변에 막돌과 흙을 넣고 다져 보강을 하였고 2호는 구덩이 (236×182×16㎝)를 판 다음 굄돌과 마구리돌을 설치한 것으로 밝혀졌다.

4호와 10호는 탁자식인데 무덤방은 굄돌과 마구리돌로 만든 것이 아니고 그 아래에 다시 구덩이(4호 : 90×59×10㎝, 10호 : 99×58×22㎝)를 파 무덤방으로 이용한 것 같다. 이런 예가 지금까지 보고되지 않아 앞으로 자료가 모아지면

‖‖‖‖‖‖‖‖‖‖‖‖‖‖‖

62) 경동 나비엔·겨레문화유산연구원, 2013. 『평택 수월암리 유적』.

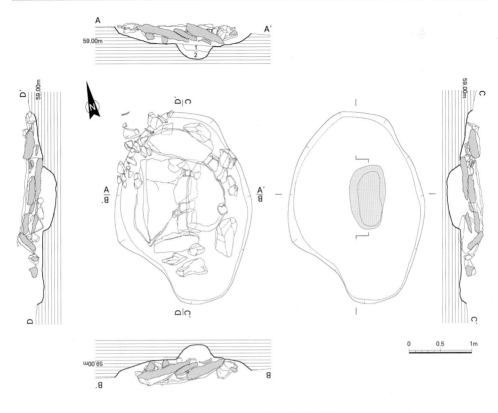

그림 17. 평택 수월암리 10호 고인돌 평·단면도

새로운 해석이 가능할 것으로 기대된다.

　개석식 고인돌의 경우 무덤방은 판자돌을 가지고 만든 돌널(7, 8, 11, 12, 14, 15호), 막돌을 쌓아서 만든 돌덧널(3, 6, 16, 18, 21호) 등으로 구분된다. 크기는 길이가 거의 50㎝ 안팎으로 다른 지역의 고인돌 무덤방보다 작은 점이 수월암리 고인돌의 한 특징으로 보인다. 이것은 무덤방이나 무덤 구덩이에서 찾아진 숯이나 재, 불탄 흙 그리고 사람 뼛조각과 밀접한 관련이 있을 것이다. 다시 말하여 무덤방의 크기가 이렇게 작다는 것은 바로펴묻기보다는 화장(火葬)과 같은 두벌묻기를 하였음을 알려주는 것이며 그러한 사실을 뒷받침하는 것은 숯이나 불탄 흙이 찾아지고 있다는 것이다. 화장의 흔적으로 보이는 이러한 숯이나 재, 사람 뼈가 수월암리 고인돌의 대부분 무덤방에서 조사되었기 때문에 이곳에서는 하나의 보편적인 묻기의 행위였던 것으로 해석된다.

한편 2호 고인돌의 마구리돌(남쪽) 아래에서는 작은 구덩(109×68×15㎝)이 찾아졌다. 구덩 안에는 숯과 재가 가득 채워져 있어 주목된다. 이러한 시설은 고인돌의 축조 과정에 있었던 장례습속과 관련이 있을 것으로 보인다. 불은 고고민속 신앙의 관점에서 생명의 원동력인 동시에 정화력을 상징하고 있다. 따라서 마구리돌 밑의 불탄 흔적은 벽사(辟邪)의 의미와 관련시켜 무덤의 축조 과정에 있었던 제의의 한 행위로 해석된다.

껴묻거리는 민무늬토기 조각을 비롯하여 간돌검(7호), 화살촉, 돌도끼, 반달돌칼, 돌칼, 가락바퀴 등이 찾아졌다. 특히 간돌검은 3조각으로 부러진 채 무덤방에서 찾아졌는데 이것은 의례 행위와 관련 있는 의도적인 파괴 행위로 여겨진다.

고인돌의 축조 연대는 방사성탄소 연대측정 결과 2490±40bp~2240±50bp로 밝혀져 서기전 7세기~4세기쯤으로 보인다. 그리고 고인돌의 형식과 연대측정값을 비교하여 보면 탁자식 고인돌이 먼저 축조되었고 그 다음 일정 기간 동안 개석식과 함께 만들어졌던 것으로 밝혀졌다.

수월암리 고인돌 유적이 위치한 능선의 꼭대기 쪽에는 암석이 드러나 있다. 이곳의 암반을 자세히 보면 고인돌의 축조에 필요한 돌을 채석하기 쉽게 편리(片理)가 있으며 실제로 계단형으로 채석한 흔적이 확인된다. 이런 몇 가지 점에서 덮개돌이나 굄돌 등은 약 150m쯤 떨어진 곳에서 옮겨 왔을 가능성이 높다.

또한 채석장으로 추정되는 꼭대기 쪽에서는 네모꼴의 움(210×166×13㎝)이 찾아졌는데 이곳은 주변의 어디나 바라볼 수 있는 조망이 좋은 곳이다. 움의 안팎에서는 골아가리 토기 조각, 석기, 그물추 등 여러 유물이 찾아져 채석과 관련된 의례 행위가 있었던 것으로 추론된다.

② 평택 양교리 유적

구릉 꼭대기(해발 64m)에서 2기의 고인돌이 발굴조사 되었다. 유적 주변으로는 진위천이 흐르고 있다.[63]

1호 고인돌의 바로 옆에는 청동기시대 집터가 위치하며 2호와 6m쯤 떨어져 자리한다.

덮개돌의 재질은 화강암질이며 크기는 143×126×71㎝로 평면 생김새는 타원형이다. 덮개돌의 가장자리에는 손질한 흔적이 뚜렷하게 남아 있으며 특히 동쪽과 북쪽 면을 많이 다듬었다. 덮개돌이 놓인 긴 방향은 진위천과 나란하여 주변의 지세를 고려한 것으로 판단된다.

덮개돌 밑의 남·북쪽에는 넓적한 판자돌(남 : 화강편마암, 60×40×20㎝, 북 : 편마암, 80×35×10㎝)이 놓여 있었다. 이들 판자돌은 세워져 있는 것이 아니고 덮개돌 밑에 뉘여 있는 위치와 모습으로 볼 때 처음부터 이렇게 놓여 있었던 것 같다. 이처럼 고인돌의 덮개돌 밑에 놓인 판자돌이 세워져 있지 않고 뉘어 있는 것은 하남 광암동 1호 고인돌을 비롯하여 경기 남부지역에서 조사되고 있는 '변형 탁자식' 고인돌과 관련있는 것으로 해석된다.

2호 고인돌은 1호와 비교적 가까운 거리에 위치하며 그 북서쪽에서 매납 유구가 조사되었다. 화강암을 덮개돌의 재질로 이용하였고 136×125×57㎝ 크기이다. 놓인 긴 방향은 진위천의 흐름과 비스듬한 쪽이다.

덮개돌 밑에서 69×43×19㎝ 크기의 작은 구덩이가 조사되었으며 껴묻거리는 없었다.

한편 고인돌 옆에서는 2기의 매납 유구가 조사되었다. 고인돌과 같은 높이에 위치하며 모두 맨땅을 판 긴 네모꼴의 움(1호 : 65×42×13㎝, 2호 : 50×38×18㎝)이다. 껴묻거리는 간돌검을 비롯하여 외날 돌도끼, 홈자귀, 돌칼 등이다. 고인돌 바로 옆에서 이러한 매납 유구가 조사된 예가 없어 이것의 성격을 밝히는

---

63) 고려문화재연구원·경기도시공사, 2010.『平澤 梁橋里 遺蹟』.

데에는 어려움이 있지만 직접적인 관련성이 있는 것으로 해석된다.

③ 안성 신기 유적

완만한 구릉지역 북쪽 기슭의 높다란 곳에 있던 개석식 고인돌과 그 둘레의 돌널무덤이 발굴조사되었다.[64] 유적 옆으로는 승두천이 남쪽으로 흐르고 있다.

화강암질 편마암을 재질로 이용한 고인돌의 덮개돌은 304×166×131㎝ 크기다. 덮개돌 위에는 지름 10㎝, 깊이 8㎝ 되는 채석 흔적의 구멍이 남아 있다.

무덤방은 판자꼴의 막돌을 세워서 만들었는데 튼튼하게 하기 위하여 주변에

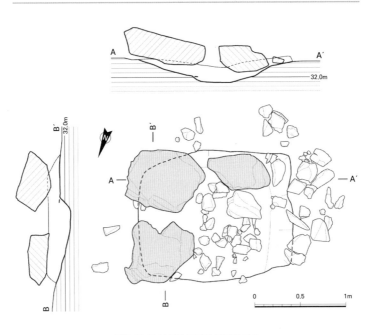

그림 18. 안성 신기 고인돌 무덤방 모습

||||||||||||||||||||

64) 기전문화재연구원·경기도시공사, 2009. 『安城 萬井里 신기 遺蹟』.

표 2. 안성 신기 고인돌 옆의 돌널과 돌덧널

호수	위치	긴 방향	무덤 구덩이(㎝)	돌(덧)널(㎝)	무덤방 구조	묻기	껴묻거리
1	구릉 꼭대기	등고선과 직교	205×83×40	127×56×30	돌덧널		
2	〃	〃	209×106×70	178×67	돌널		
3	〃	〃	108×68×26	83×58×40	돌널 바닥돌과 뚜껑돌	화장	
4	〃	등고선과 나란	74×59×15	56×54×20	돌널	화장	
5	〃	등고선과 직교	88×81×46	51×33×27	돌덧널		구멍무늬토기 조각

돌들을 깔거나 쌓았다. 바닥은 맨바닥이었으며 180×80㎝ 크기다. 무덤방의 긴 방향은 승두천의 흐름과 나란하지 않고 직교하는 상태다.

껴묻거리는 민무늬토기 바닥, 간돌검 조각 그리고 목 짧은 항아리, 분청사기 접시와 대접 등이다. 이렇게 덮개돌 아래에 자기와 도기가 껴묻기된 것은 후대의 거석 숭배와 관련이 있는 것으로 해석된다.

한편 고인돌에서 북동쪽으로 5m쯤 떨어져 3~4m 간격으로 위치한 5기의 돌널(돌덧널)이 찾아졌다.

3호와 4호에서는 사람뼈, 숯, 불탄 흙이 찾아져 화장을 하였던 것으로 판단된다. 3호의 경우 이러한 사람뼈와 숯 등이 돌널 안에서 조사되었지만, 4호는 바닥돌 없이 무덤 구덩이 안에서 사람뼈와 불탄 흙이 발견되어 이곳에서 직접 화장을 하였던 것으로 해석하고 있다. 하지만 무덤 구덩이의 크기, 화장의 직접 흔적(불탄 벽, 많은 양의 숯) 등을 고려해 볼 때 외부에서 1차적으로 화장을 한 것으로 판단하는 것이 합리적이다.

④ 오산 두곡동 유적

구릉 꼭대기(해발 52.7m)에 위치하며 주변에서는 청동기시대 집터와 삼국시대 움무덤이 발굴되었다.[65]

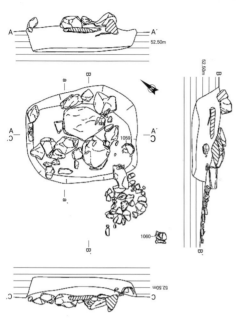

그림 19. 오산 두곡동 고인돌 평·단면도

덮개돌은 이미 3조각으로 깨어졌으며, 큰 것이 165×105×71㎝이다. 무덤방은 풍화암반층을 파 등고선과 나란한 모줄인 긴 네모꼴(178×146×33㎝)의 무덤 구덩이를 만든 다음 모난돌을 가지고 110×55×20㎝ 크기의 돌덧널을 만들었다. 바닥에는 70×52×2~6㎝ 되는 넓적한 돌을 깔아 놓았다. 바닥돌 밑의 황갈색 모래찰흙층에는 숯과 아주 작은 사람 뼛조각이 들어 있었다. 또한 바닥돌 밑의 찰흙층에는 완전한 간돌검 1점이 껴묻기되어 있었다. 무덤방 밖의 남서쪽 가장자리에는 80×70㎝ 범위에 강돌과 막돌이 깔려 있었다.

껴묻거리는 무덤방 밖에서 붉은 간토기 1점이 찾아졌다.

무덤방에서 조사된 숯을 방사성탄소 연대측정한 결과 2520±40bp로 밝혀졌다.

한편 무덤구덩이에 숯과 작은 뼛조각이 흩어져 있는 것으로 보아 돌덧널을 축조하기에 앞서 먼저 이곳에서 화장을 한 다음 무덤을 만들었을 가능성이 있다. 또한 무덤방 바닥 아래에서 출토된 간돌검은 무덤의 축조 과정에 있었던 제의의 한 행위로 해석된다.

65) 한국토지주택공사·기호문화재연구원, 2013. 『烏山 塔洞·斗谷洞 遺蹟』, 53~54쪽.

2. 유적의 분포와 지세

1) 유적의 분포와 지세

기전지역의 고인돌 분포는 동북아시아 지역에서 볼 때 상당히 중요한 의미를 가진다. 지금까지의 조사와 연구 결과에 따르면 한반도에는 약 3만여 기의 고인돌이 분포하고 있는 것으로 알려지고 있다. 이 가운데 지리적으로 허리 역할을 하고 있는 한강을 중심으로 한 경기, 인천, 서울 지역 고인돌은 입지와 분포, 형식, 묻기 그리고 연대 문제에 있어 점이적인 성격을 지니고 있다.

기전지역에서 현재까지 확인된 고인돌은 1,100여 기이지만[66] 대부분 지표조사된 것이고 발굴이 이루어진 것은 280기쯤 된다.[67] 지금까지 보고된 내용을 근거로 지역별 분포 현황을 보면, 한강 유역에 420여 기, 임진·한탄강 유역에 60여 기, 서해안 지역 290여 기, 안성천 유역에 50여 기가 자리하는 것으로 분석된다.[68] 고인돌 유적의 성격으로 볼 때 지표조사된 자료를 분석에 그대로 활용하기에는 분명히 한계가 있다.

---

66) 여기에는 임진강 유역에 분포하고 있는 북한지역의 280여 기를 포함한 것이며(석광준, 2002. 『각지 고인돌 무덤 조사 발굴 보고』, 白山, 374~396쪽), 판교 지하리 지역에만 남북 2km, 동서 1km 범위에 116기의 고인돌이 분포하고 있다(최민정, 2006. 「임진강 유역의 고인돌 분포 연구」 『先史와 古代』 25, 392쪽).

67) 기전지역의 고인돌 분포에 대한 기준은 다음의 자료를 참고하였다.
우장문, 2006. 『경기지역의 고인돌 연구』, 학연문화사 : 경기도 박물관, 2007. 『경기도 고인돌』 : 김선우, 2016. 『한국 청동기시대 공간과 경관』, 주류성 : 오대양, 2007. 「한강 본류 유역 고인돌 유적의 성격」 『白山學報』 79, 52~57쪽.

68) 서해안 지역에 이렇게 많은 고인돌이 분포하는 것은 강화지역의 고인돌 170여 기가 포함되었기 때문이다. 강화지역의 고인돌에 대하여는 156~168기까지 다양한 조사 결과가 발표되고 있어 여기에서는 170여 기로 잠정적인 결정을 하였다(하문식, 2018. 「고인돌 그리고 강화」 『강화도 지오그래피』, 작가정신, 116쪽).

사진 17. 파주 당하리·다율리 고인돌 유적 원경

　　이들 지역의 분포 양상을 자세히 보면 서로 조금씩 차이가 있다. 한강 유역은 파주 교하 지역처럼 하류의 서해안과 가까운 곳에 집중 분포하는 것으로 밝혀졌다. 이곳은 장명산(해발 102m) 언저리인 파주 옥석리·교하리·다율리·당하리에 120여 기 이상의 고인돌이 집중되어 있다. 장명산에서 동남쪽으로 뻗어내린 산 능선과 끝자락 곳곳에는 탁자식과 개석식 고인돌이 있다. 이 지역은 산능선의 가장자리에 공릉천이 흐르고 있으며 그 언저리에는 넓은 평야가 형성되어 있으므로 옛부터 사람들이 터전을 잡고 살림을 꾸리기에는 아주 좋은 자연 조건을 갖추고 있다. 그리고 남한강과 북한강 유역에서는 거의가 큰 물줄기 옆의 하상퇴적층 위에 고인돌이 축조되었지만 한강 본류에서는 주변보다 샛강의 언저리에 몇 기씩 떼를 지어 분포하는 것으로 조사되었다. 이렇게 샛강의 가장자리에 고인돌이 주로 분포하는 것은 1차적으로 당시 사람들의 생활환경과 깊은 관련이 있으며, 그 다음으로는 강의 범람과 물 흐름, 퇴적 환경 등 지세 조건과 연관되었을 것으로 해석된다.

　　임진·한탄강 유역은 강의 하류보다 주로 중·상류 지역에 떼를 지어 분포하는 것으로 조사되었다. 이러한 분포 양상은 주변의 지형 조건이 직접적으로 영향을 미친 것 같다. 강 주변으로 상당히 험준한 산줄기가 있고 지질 환경의 영향으

1. 금현리, 2. 수입리, 3. 자작리

사진 18. 영평천 유역 탁자식 고인돌

로 강가에는 단애면이 발달하여 강물의 흐름이 빠르고 범람이 잦은 이곳의 지세
와 연관이 있을 것이다. 또한 한탄강 유역의 고인돌 분포에서 조사된 여러 특징
가운데 하나는 영평천을 중심으로 샛강의 언저리에 일정한 거리를 두고 탁자식
고인돌이 자리하고 있다는 점이다. 여기에 해당하는 대표적인 고인돌 유적은 포
천 수입리(수입천), 자작리(포천천), 금현리(우금천) 유적 등이다.

　서해안지역의 고인돌 분포에서 나타나는 특징 가운데 하나는 개석식 또는 탁
자식과 개석식이 한 곳에 5~20기씩 떼를 지어 군집으로 유적을 이루고 있다는
것이다. 대표적으로는 광
명 가학동(20기), 안산 선
부동(16기)과 양상동(13
기), 시흥 목감동(5기), 인
천 학익동(7기) 유적이 있
다. 이렇게 한 곳에 떼를 이
루고 있는 것은 당시 사회
에서 고인돌을 축조한 집
단의 규모는 물론 그들의
활동 범위를 알 수 있게 해
주는 것으로 보인다. 고인

사진 19. 광명 가학동 고인돌 유적

사진 20. 파주 당하리 집터 모습 (고인돌 밑)

돌을 만든 청동기시대의 생업경제는 농경을 바탕으로 하기 때문에 당시 사람들의 살림살이 공간과 무덤의 공간은 비교적 가까운 거리에 위치하고 있었을 것이다. 실제로 고인돌 옆에서 당시의 집터가 발견되고 있는 점으로 보아 생활에 필요한 여러 자원을 획득하는 생활공간(catchment area)은 이런 것을 중심으로 파악해 볼 수 있다.[69]

또한 지리적인 관점으로 볼 때 서해안 지역에서 고인돌이 집중 분포하고 있는 인천 대곡동 유적과 강화도 지역이 주목된다.

인천 대곡동 유적은 가현산 기슭 끝자락과 평지가 이어지는 동서 1km 범위의

69) Hassan, F. A., 1981. *Demographic Archaeology*, New York : Academic Press, pp.54~62 : Chapman, R., 1981. "The emergence of formal disposal areas and 'the problem' of megalithic tombs in prehistoric Europe", *The Archaeology of Death*, London : Cambridge Univ. Press, pp.72~74.

나지막한 언덕 위에 자리한다. 조사 결과를 보면 해발 50m쯤 되는 곳을 중심으로 5곳에 걸쳐 탁자식과 개석식 고인돌 100여 기가 분포한다.[70] 이곳의 고인돌은 덮개돌의 긴 방향이 대체로 산능선의 흐름과 나란하고 일정한 범위마다 대형 탁자식 고인돌을 중심으로 떼를 이루면서 분포하고 있기 때문에 고인돌 축조 당시의 이 지역 사회상을 밝히는데 좋은 자료가 될 것이다.

강화도에도 고인돌이 떼를 지어 군집을 이루면서 밀집하여 분포하고 있는데 대부분 섬의 북쪽 지역인 고려산, 별립산, 천봉산 주변 지역이다. 특히 삼거리 유적을 중심으로 한 그 주변에 고인돌이 많다. 이곳은 작은 하천이 매우 발달한 곳으로 고려산의 골짜기에서 시작되는 물줄기가 흐르며, 능선 사이의 간격이 비교적 넓은 곡간지대를 이루고 있어 선사시대의 유적이 형성되기에 좋은 입지조건을 갖추고 있다. 따라서 삼거리 고인돌 유적 주변에서 조사된 청동기시대 집터와 관련시켜 유적의 입지에 따른 이 지역의 고고학적 환경을 해석한 연구가 있다.[71] 또한 농촌진흥청의 정밀 토양도에 의한 분석 결과, 이곳이 완만한 경사 지역 (2~7° 또는 7~15°)이므로 밭농사를 짓기에 적합하다는 분석 결과도 참고가 된다.[72]

강화지역의 평지에 위치하고 있는 고인돌은 거의가 해발 20~30m 안팎에 있는데 고려시대부터 있었던 간척에 의한 해안선 변화를 고려해 볼 때 고인돌 축조 당시에는 바닷가 근처의 낮은 구릉지대이었을 가능성이 높다. 이런 점을 고려해 보면 이들 고인돌의 성격이 무덤뿐만 아니라 농경사회의 기념물을 나타내는 상징적인 의미도 지니고 있었을 것으로 해석된다.[73]

||||||||||||||||||||

70) 인천광역시 서구청·인하대학교 박물관, 2005. 『앞 책』 참조.
71) 강동석, 2002. 「강화 지석묘의 구조와 분포 분석」 『博物館誌』 4, 인하대학교 박물관, 43~64쪽.
72) 김선우, 2016. 『앞 책』, 56쪽.
73) Bradley, R., 1998. *The Significance of Monuments : on the Shaping of Human Experience in Neolithic and Bronze Age Europe*, New York : Routledge, pp.

1. 대산리, 2. 부근리, 3. 양오리

사진 21. 강화도지역 대형 탁자식 고인돌

또한 강화지역에는 다송천과 숭릉천을 중심으로 일정한 거리를 두고 부근리·양오리·대산리에 상당히 큰 탁자식 고인돌이 있는 것으로 밝혀졌다. 이렇게 일정한 거리를 두고 대형 탁자식 고인돌이 분포한다는 것은 그것을 축조한 당시의 사회적인 배경과 밀접한 관련이 있을 것이다. 탁자식 고인돌은 축조 그 자체에 상당히 많은 노동력이 필요하므로 고인돌 사회의 사회 구성 체계는 물론 인구규모까지도 추론할 수 있는 좋은 자료가 되고 있다.

안성천 유역의 고인돌 분포는 한강 유역과 비교된다. 이 지역도 떼를 이룬 집중 분포보다 안성천의 큰 물줄기 주변에 고인돌 1~2기가 상당한 거리를 두고 흩어진 모습으로 분포한다. 그리고 샛강인 진위천 상류에 3~5기씩 분포하는 것으로 밝혀졌다.

단위 유적에 있어서도 몇 곳은 고인돌이 집중 분포하고 있는 것으로 밝혀졌다. 이러한 유적으로는 이천 현방리, 광명 가학동, 안산 선부동, 강화 오상리 유적이 있다.

이천 현방리 유적은 송말천을 중심으로 선린회 공원, 백사초등학교 옆, 마을 안의 민가 등 상당히 좁은 지역에 30여 기의 고인돌이 위치한다. 이곳 주변에는

54~60 : 이성주, 1999. 「지석묘 : 농경사회의 기념물」 『한국 지석묘(고인돌) 유적 종합 조사 연구』, 문화재청·서울대학교 박물관, 427~428쪽.

넓은 들판이 펼쳐져 있으며 그 가운데 약간 높다란 구릉지대에 청동기시대의 무덤이 집중되어 있다. 이러한 유적의 입지조건은 고인돌을 축조한 당시 사회 배경으로 볼 때 논농사를 기반으로 한 생업경제와 밀접한 연관이 있는 것으로 보인다.

강화 오상리 유적은 고려산 남쪽 기슭의 끝자락에 13기의 고인돌이[74] 위치하고 있다. 이들 고인돌은 제일 큰 탁자식 고인돌(「내가 고인돌」)이 위치한 산기슭 아래쪽으로 분포하고 있는데 강화지역에서는 가장 좁은 단위면적에 탁자식이 집중하고 있는 곳이다. 이곳의 고인돌은 밀집도 뿐만 아니라 크기에 있어서도 주변지역과는 다르게 굄돌의 높이가 비교적 낮은(50㎝ 안팎) 탁자식이 한 곳에 모여 있어 주목된다.

사진 22. 강화 오상리 고인돌 유적

이렇게 고인돌이 제한된 범위에 집중적으로 분포하고 있다는 것은 그 성격을 무덤으로 규정할 때 시사하는 점이 많다. 일반적으로 무덤은 그 특성에 비추어 보면 자리할 최소한의 일정한 공간이 필요하다. 아울러 무덤은 축조할 당시의 사회상을 잘 반영하고 있기 때문에 장례습속에 따른 택지의 개념이 있었을 것이

74) 오상리 고인돌은 산기슭의 끝자락에 12기가 있고 나머지 1기는 성광수도원 뒤쪽에 위치한다.

다.[75] 이런 점에서 한정된 범위에 무덤의 성격을 지닌 고인돌이 집중되어 있는 것은 묻힌 사람들 사이의 관계를 이해하는데 참고가 된다.

'변형 탁자식'으로 구분되는 특이한 고인돌이 기전지역의 남부에서 주로 조사되어 분포에 있어 지리적 특성을 보여준다. 지금까지 이런 고인돌이 조사된 곳은 하남 광암동, 인천 불로동, 화성 병점동과 수기동, 오산 외삼미동, 평택 양교리 유적이 있다. 이들 유적이 위치한 곳을 1차적으로 구분하면 한강 유역과 안성천 유역에 해당한다. 그리고 모두 이들 큰 강의 샛강인 초이천, 나진포천, 황구지천, 곤포천의 언저리에 위치하고 있는 것으로 밝혀졌다.

다음은 기전지역의 고인돌이 분포하고 있는 곳의 지세 조건을 살펴보고자 한다.

고인돌은 주 기능이 무덤이므로 그 나름대로의 속성 때문에 축조 과정에 입지할 곳을 고르는 것은 물론 그에 소요되는 노동력, 주변 환경 문제가 고려의 대상이 되었을 것이다. 당시 사람들은 농경을 기반으로 하는 정착생활을 하였기에 살림살이 공간과 비교적 가까운 곳에 무덤을 만드는 공간을 마련하였을 것이고 축조에 필요한 노동력 등 인적 자원을 고려하였을 것이다.[76]

자연지세에 따른 고인돌의 입지는 크게 평지와 구릉, 산꼭대기, 산능선과 기슭 등으로 나누어 볼 수 있다. 무덤이 축조된 곳은 앞에서 설명하였듯이 당시 사람들의 살림의 공간과 밀접한 관련이 있으므로 평지나 구릉에 자리한 경우 고인돌 유적의 가까운 곳에 대부분 물줄기가 있다. 이러한 입지조건을 갖춘 고인돌은 무덤의 기능은 물론 당시 생활권역을 상징하는 의미도 함께 지니고 있었을 것으로 추론해 볼 수 있다. 산꼭대기나 기슭에 위치한 고인돌은 거의가 여러 기(基)씩 떼를 이루고 있어 무덤으로 보인다. 또 이러한 고인돌은 대부분 주변을 한눈에

75) 김재원·윤무병, 1967. 『앞 책』, 10쪽 ; 78쪽.
76) Renfrew, C., 1979. *Before Civilization*, Cambridge : Cambridge Univ. Press, pp.132~143.

표 3. 기전지역에서 조사된 고인돌과 물줄기의 관계

유적명	물줄기	물 흐름	고인돌 형식	비고
이천 현방리	송말천	무덤방과 나란	개석식	
광주 궁평리	노곡천	무덤방과 나란	탁자식	
양평 대석리	용담천	무덤방과 나란	개석식	
가평 읍내리	가평천	덮개돌과 나란	개석식	
연천 은대리	한탄강	무덤방과 나란	개석식	단애 위
연천 차탄리	차탄천	무덤방과 나란	탁자식	
시흥 계수동		무덤방과 나란	개석식	
안성 신기	승두천	무덤방과 직교	개석식	

바라볼 수 있는 조망이 좋은 곳에 위치한다.[77]

강물의 흐름에 따라 지역별로 고인돌이 자리하고 있는 지세 조건을 보면 차이가 있는 것으로 나타난다.

한강 유역의 상류지역인 남한강과 북한강 쪽의 고인돌은 대체로 강 옆의 평지나 낮은 구릉지대에 분포하는 것으로 조사되었다. 하지만 하류 쪽으로 갈수록 점차 구릉이나 강 언저리의 산기슭 또는 능선에 위치하는 것으로 밝혀지고 있다.[78] 자세한 조사 결과를 보면 411기의 고인돌 가운데 비교적 조망이 좋아 주변이 훤히 보이는 산능선이나 산꼭대기, 또는 높다란 구릉에 290기(70.6%)가 위치하는 것으로 분석되었다. 임진·한탄강은 안성천과 비슷하게 주로 물줄기 옆의 평지나 낮은 구릉지대에 분포하는 모습이다. 강화도를 제외한 서해안 지역은 안산 선부동이나 광명 가학동 유적처럼 산능선이나 꼭대기 쪽에 대규모로 집중 분

---

77) Jean-Pierre Mohen, 1990. *The World of Megaliths*, New York : Facts On File, p.196.

78) 우장문, 2006. 『앞 책』, 224~226쪽 : 경기도 박물관, 2007. 『앞 책』, 23~24쪽.

포하는 곳도 있지만 대체로 산능선과 평지가 만나는 구릉의 끝자락을 선택하여 축조한 고인돌이 많다.

기전지역의 고인돌 분포에서 한 축을 이루고 있는 강화도 지역은 섬이라는 특수한 환경 뿐만 아니라 유적의 입지조건이 산지성(山地性)인 독특한 점을 가지고 있어 많은 관심을 끌고 있다. 강화도에 분포하고 있는 고인돌의 입지조건을 분석하기 위하여는 먼저 이곳의 지형에 대한 이해가 필요하다. 강화도는 고려시대 후기부터 지속적으로 간척사업이 진행되어 왔기 때문에 해안선의 변화가 심하여 지금과는 차이가 많다. 간척에 따른 해안선의 변화 과정과 옛 지형을 복원하기 위하여 관련 사료를 비롯하여 조선 후기의 읍지도, 일제강점기의 지형도, 토양도를 가지고 종합적으로 검토한 연구 결과는 시사하는 점이 많다.[79] 이 연구 결과를 분석해 보면 대체로 간척 이전에 강화도는 많은 섬들로 이루어져 있었고

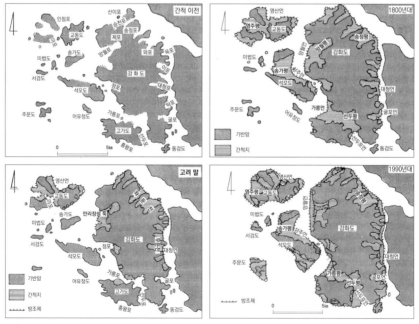

그림 20. 강화도 지역의 지형 변화 과정

(특히 화도면 지역은 고가도라는 섬이었음) 해안선의 굴곡이 심하여 넓은 갯벌이 섬 주변을 둘러싸고 있었다. 그리고 산지나 구릉 사이로 넓은 간석지가 있었기 때문에 간척을 통하여 많은 경작지가 확보되었다. 해발 10m 안팎까지는 바닷물의 영향을 직접 받는 갯벌이었던 것으로 알려져 있다. 그렇다면 현재 해발 10m 정도까지는 바닷물이 직접 닿았다고 판단된다.

그런데 앞에서도 언급하였지만 강화도 지역의 고인돌은 주로 섬의 북쪽에 분포하고 있으며 삼거리 고인돌떼를 중심으로 크게 교산리 고인돌떼, 부근리 고인돌떼, 오상리 고인돌떼, 고천리 고인돌떼

사진 23. 강화 교산리 고인돌 모습

등으로 구분해 볼 수 있다. 이 가운데 부근리 지역의 고인돌은 해발 20m 안팎의 평지나 낮은 구릉지대에 위치하며 나머지는 비교적 높은 해발 50~300m 되는 산의 능선이나 산기슭에 자리한다. 특히 고천리 고인돌떼는 해발 300m 되는 고려산 꼭대기의 서쪽 능선에 분포하고 있어 절대적인 높이에서 볼 때 상당히 고지대에 위치하는 것으로 보인다.

강화도 지역의 고인돌 분포를 지세에 따라 구분하여 볼 때 산꼭대기나 산능선보다 산기슭에 집중분포(약 60%)하며 개석식고인돌이 높은 비율을 차지한다는 분석 결과가 있다.[80] 하지만 이러한 결과에 대하여 확인된 분석 자료가 기대되는 자료와의 사이에 의미를 가지는지를 살펴보는 카이 제곱 검증(Chi-square test)에 따르면 고인돌이 축조된 곳의 지세 조건과 형식 사이에는 연관성이 없는

|||||||||||||||||||||

79) 최영준, 1997. 『국토와 민족생활사』, 한길사, 175~227쪽.

80) 유태용, 2003. 『韓國 支石墓 硏究』, 주류성, 425~428쪽.

것으로 밝혀져 시사하는 점이 많다.[81]

단위 유적 가운데 고인돌의 지세와 관련하여 주목되는 유적으로는 광명 가학동과 강화 오상리가 있다. 가학동 유적은 구릉의 능선에 고인돌이 떼를 이루어 분포하고 있는데 가장 서쪽에 큰 탁자식 고인돌이 위치하고 그 동서쪽으로 나머지 고인돌이 2줄로 자리한다. 오상리 고인돌의 분포를 보면 산기슭의 가장 위쪽에 가학동 유적처럼 제일 큰 탁자식이 자리하고 그 아래쪽으로 11기가 좁은 면적에 일정한 거리를 두고 자리한다.

이 유적들에서 보이는 공통점은 먼저 유적이 비교적 주변보다 도드라진 산기슭과 높다란 구릉의 능선에 있다는 점에서 당시 사람들의 생활공간 및 주변에서 바라 보이는 조망 문제가 고려되었을 것으로 해석된다.[82]

한편 최근 다양한 자연환경 요인을 가지고 고인돌의 분포와 그 위치에 대한 의미를 분석하는 연구가 진행되고 있다. 이러한 요인에는 고인돌 유적과 물줄기와의 관계는 물론 농경에 적합한 토양 조건, 유적이 위치한 곳의 고도, 경사 정도와 방향 등 지형에 관한 것까지 상당히 포괄적인 것들이 해당된다.

이 가운데 농경과 직접적인 관련이 있는 토양 자료의 분석을 보면 고인돌 유적 주변은 밭농사 뿐만 아니라 벼농사에도 적합한 조건을 갖춘 곳으로 밝혀졌으며 이 자료를 카이 제곱 검증한 결과도 적정한 상관 관계로 나타나 주목된다.[83] 이런 분석 결과는 고인돌을 거석기념물의 한 범주로 여기는 동시에 생업경제의 변화에 따라 농경에 있어 비옥한 토지의 중요성을 강조하게 되었음을 시사하는 것으로 볼 수 있다.[84] 그리고 고인돌 유적의 지형에 있어 경사도는 앞에서 설명한 농경과 밀접한 관련이 있기 때문에 대체로 0~10° 범위 안에 해당하며 경사

---

81) 김선우, 2016. 『앞 책』, 50~51쪽.
82) 하문식, 2016. 『고조선 사람들이 잠든 무덤』, 주류성, 137~138쪽.
83) 김선우, 2016. 『앞 책』, 119쪽.
84) Bradley, R., 1998. *op.cit.*, pp.54~62.

방향은 어떤 절대적인 것보다 주변의 지세와 더 깊은 관련이 있다.

2) GIS를 이용한 입지 분석 : 연천 지역의 사례

고인돌 연구에 있어 당시 사회를 복원하는 하나의 방법론으로 실험고고학적 연구 성과를 토대로 축조에 따른 노동력을 추정한 연구 결과들이 있다. 그리고 공간적 위치를 기반으로 하는 다양한 분야에서 많이 활용하고 있는 지리정보시스템(Geographic Information System : GIS)과 원격탐사(Remote Sensing : RS)의 방법론을 이용하여 고인돌 덮개돌의 채석지와 운반 경로에 관한 추론을 한 연구도 있다.[85] 이 방법에는 유적의 입지환경 조사를 위하여 주변의 지질과 자연환경, 제4기 퇴적층의 사면 붕적토의 분포 특성과 암쇄물을 분석하는 것이 포함된다.

최근 다양한 정보통신의 발달에 따라 이를 활용한 자료 처리 기술은 공간 정보를 대상으로 하는 지리정보시스템에 의하여 보다 구체화되고 있으며 고고학 조사에 의한 유적 분석에서도 보편적으로 활용되고 있다. 이런 방법으로 유적의 지형과 지질, 토양. 임상 등 주로 자연환경에 대한 여러 조건들도 분석할 수 있다.

여기에서는 유적의 분포 환경을 보다 구체적으로 파악하기 위하여 유적의 위치를 중심으로 고도(Elevation), 경사 방향(Aspect of hill slope)과 경사도(Hill slope), 물줄기로부터의 수직-수평 거리(Minimum distance from water sources), 유적 주변의 주요 지질(Major geology) 등을 파악하였다.

기전지역의 고인돌 유적 가운데 지리정보시스템을 통해 연천 지역의 유적 입지조건을 분석한 결과를 소개하면 다음과 같다.[86]

85) 하문식·김주용, 2001. 「고인돌의 덮개돌 운반에 대한 연구」『韓國上古史學報』 34, 53~80쪽.
86) 연천 지역의 고인돌 유적 입지 분석은 다음 자료를 참고하여 관련 연구 성과와 비교하

① 분석 방법

고인돌이 분포하는 곳의 고도는 수치 지도 분석으로 알 수 있다. 수치 지형도를 가지고 5m의 공간해상도로 수치고도 모형(Digital Elevation Model : DEM)을 제작한 다음 단순 크리징(Kriging) 보간법을 적용하였다. 그리고 수치고도 모형으로부터 고인돌이 분포하는 지역의 고도를 파악하였다. 고인돌의 분포 면적이 넓은 경우(25m^2 이상)는 최고 고도와 최소 고도, 평균 고도(m)를 대표값으로 설정하여 합리적으로 분석하였다.

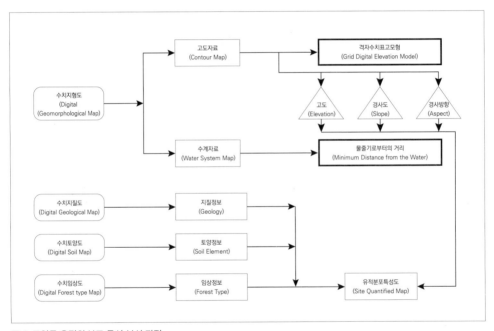

표 4. 고인돌 유적의 분포 특성 분석 과정

||||||||||||||||||

였다.

세종대학교 박물관·연천군, 2003. 『앞 책』 : 하문식·김주용·이진영, 2004. 「GIS 분석을 통한 고인돌 유적의 입지조건 연구」 『畿甸考古』 4, 277~298쪽.

경사면의 방향과 경사도는 수치고도 모형을 토대로 주위의 고도값을 참고하여 관련 자료값을 얻었다. 또한 고인돌의 분포 면적이 넓은 지역은 고도 파악 때처럼 같은 방법으로 주경사 방향, 최대 경사도와 최소 경사도, 평균 경사도 등을 산정하였다.

고인돌 유적과 물줄기와의 거리 분포는 가장 가까운 곳의 상대적인 거리를 의미한다. 따라서 가까운 거리에 위치하는 물줄기를 수평적 거리와 수직적 거리로 분석하였다.

유적 주변의 지질은 고인돌의 분포 면적이 25㎡ 이상일 경우 여러 지질 조건을 갖게 되므로 가장 넓은 면적을 대표하는 특성을 대표값으로 골랐다.

② 분석 자료

고인돌 유적이 분포하는 곳의 자연환경을 과학적으로 분석하기 위한 방법으로 기초자료는 지형도, 지질도, 토양, 임상도 등이 있다. 이러한 여러 주제도를 토대로 유적이 위치한 곳의 지형, 지질, 토양, 산림 조건 등을 파악할 수 있다.

연천지역 고인돌 유적의 지형 파악에는 정밀 지형도를 이용할 수 없는 현실을 감안하여 1:25,000 수치 지형도(국립지리원 발간)를 기본으로 활용하였다. 또한 고인돌이 분포하는 곳의 입지조건 분석에는 한국자원연구소에서 발간한 지질도(1:250,000)를 바탕으로 하였다.

표 5. 연천지역 분석대상 고인돌 자료

번호	유적명	GPS	지도좌표		평균 고도(m)	평균 경사	평균 방향	평균수직 거리(m)	평균수평 거리(m)
			TM X	TM Y					
1	통현리 1호	N38° 03' 46.4", E127° 04' 57.1"	206,987.94	506,982.73	80.0	0.0	46.9	48.2	757.7
2	통현리 2호	N38° 04' 38.9", E127° 04' 50.5"	206,825.72	508,601.14	60.2	6.2	131.9	4.3	595.1
3	통현리 3호	N38° 04' 38.1", E127° 04' 51.0"	206,837.92	508,576.48	63.9	15.4	253.2	6.1	519.9
4	통현리 4호	N38° 04' 25.0", E127° 05' 09.2"	207,281.81	508,173.00	74.9	3.1	279.1	4.4	28.7
5	통현리 5호	N38° 04' 29.2", E127° 05' 09.2"	207,281.69	508,302.48	80.0	0.0	120.7	7.9	156.3

번호	유적명	GPS	지도좌표		평균 고도(m)	평균 경사	평균 방향	평균수직 거리(m)	평균수평 거리(m)
			TM X	TM Y					
6	통현리 6호	N38° 04' 52.6", E127° 05' 09.2"	207,281.05	509,023.89	60.0	0.0	148.8	6.9	289.2
7	통현리 7호	N38° 05' 32.2", E127° 05' 32.2"	206,378.47	510,243.99	67.1	1.0	288.6	7.1	220.2
8	통현리 8호	N38° 04' 25.0", E127° 05' 09.2"	207,281.81	508,173.00	74.9	3.1	279.1	4.4	28.7
9	통현리 9호	N38° 04' 25.0", E127° 05' 09.2"	207,281.81	508,173.00	74.9	3.1	279.1	4.4	28.7
10	차탄리	N38° 05' 32.2", E127° 04' 32.2"	206,378.47	510,243.99	67.1	1.0	288.6	7.1	220.2
11	전곡리 1호	N38° 00' 39.4", E127° 03' 34.5"	204,978.15	501,216.18	43.5	6.0	212.4	23.7	232.1
12	전곡리 2호	N38° 01' 53.5", E127° 04' 31.3"	206,361.80	503,501.59	35.4	12.1	68.9	6.7	358.0
13	전곡리 3호	N38° 01' 53.5", E127° 04' 30.8"	206,349.61	503,501.58	36.4	11.5	73.0	0.5	390.1
14	전곡리 4호	N38° 01' 12.1", E127° 03' 44.1"	205,211.67	502,224.44	14.2	21.0	320.6	1.2	61.5
15	전곡리 5호	N38° 01' 53.5", E127° 04' 31.3"	206,361.80	503,501.59	35.4	12.1	68.9	6.7	358.0
16	전곡리 6호	N38° 01' 53.5", E127° 04' 31.3"	206,361.80	503,501.59	35.4	12.1	68.9	6.7	358.0
17	은대리 1호	N38° 01' 12.1", E127° 03' 44.1"	205,211.67	502,224.44	14.2	21.0	320.6	1.2	61.5
18	은대리 2호	N38° 01' 12.1", E127° 03' 44.1"	205,211.67	502,224.44	14.2	21.0	320.6	1.2	61.5
19	양원리 1호	N37° 59' 37.1", E127° 02' 11.6"	202,956.81	499,294.55	60.0	0.0	80.2	0.0	111.7
20	양원리 2호	N37° 59' 31.1", E127° 02' 09.9"	202,915.40	499,109.56	60.0	0.0	27.3	0.0	86.1
21	학곡리 1호	N37° 59' 03.8", E126° 56' 46.3"	195,019.81	498,268.93	20.0	0.0	294.4	0.0	194.9
22	학곡리 2호	N37° 59' 04.0", E126° 56' 48.5"	195,024.69	498,275.09	20.0	0.0	298.1	0.0	195.7
23	학곡리 3호	N37° 59' 04.6", E126° 56' 47.6"	195,051.54	498,293.57	20.0	0.0	65.5	0.0	201.3
24	학곡리 4호	N37° 59' 07.7", E126° 56' 56.7"	195,273.64	498,389.01	20.0	0.0	129.9	2.3	231.6
25	학곡리 5호	N37° 59' 10.4", E126° 57' 02.8"	195,422.52	498,472.16	20.0	0.0	123.2	13.5	262.0
26	학곡리 6호	N37° 59' 10.4", E126° 57' 02.8"	195,422.52	498,472.16	20.0	0.0	123.2	13.5	262.0

③ 유적 주변의 지형과 물줄기

연천지역의 고인돌 유적은 기전지역에서 기존에 조사된 자료와 비교·검토해 볼 때 주변의 물줄기와 밀접한 관련이 있는 것으로 확인되었다.

고인돌이 위치하는 곳의 지세는 대부분 평지인 것으로 밝혀졌는데, 이것은 당시 사람들이 생업경제와 관련하여 유적 주변의 지형과 물줄기를 고려하여 택지하였음을 시사한다. 더불어 고인돌을 축조한 당시 사회에서 물이 차지하는 의미와 그 중요성을 알 수 있다. 고인돌 유적이 있는 곳의 분포 특성을 분석하기 위하여 1:25,000 축척의 지형도 가운데 연천, 백학, 마지, 장파, 구화, 동두천 도엽을 중심으로 위치 파악을 하였다.

연천지역의 일반적인 지형 조건에서 경사의 방향을 보면 서북쪽을 향하는 사면이 우세한 것으로 나타나지만 전체적인 경사면은 동서남북의 네 방향에 걸쳐 고른 분포를 보이는 것이 특징이다. 고도는 10~560m에 걸쳐 있으며, 지형 고도의 평균은 88.1m에 해당한다. 전체적으로 볼 때 고도 65m 이하 지역과 거의 남동쪽으로 경사면이 분포하는 높은 지역이 뚜렷이 구분된다.

④ 유적 주변의 지질

연천지역은 지금까지 자세한 지질 조사가 진행되지 못하여 다른 지역들처럼 1:50,000이나 1:25,000 축척의 지질도는 간행되지 못한 특수한 상황이다. 아직까지 군사적으로 특수지역이기 때문에 지질 조사에 어려움이 많아 여기에서는 주로 1:250,000 축척의 지질도를 중심으로 검토하였다.

고인돌이 분포하고 있는 연천지역의 지질은 선캠브리아기의 변성 퇴적암류를 비롯하여 백악기의 화산암류, 쥬라기의 화강암류 그리고 제4기 현무암류로 이루어져 있다. 현무암류는 알카리성으로 현무암이 분출되기 이전에 이미 한탄강 계곡에 있었고 상류로부터 임진강 하안의 파주 장파리까지 연속되고 있다. 또한 이 현무암류는 여러 차례 분출된 것으로 조사되었다. 현무암 분출지 가운데하나는 한탄강 상류에 위치한 오리산에 분화구가 있다. 현무암의 분출 시기는 칼륨-아르곤(K-Ar) 연대측정 결과 약 50만년 전쯤으로 밝혀졌고 가장 늦은 시기의 분출은 138,000년 전으로 측정되었다.

⑤ 유적 분포의 특성

연천지역 고인돌 유적의[87] 분포 범위를 보면 해발 12.8~80.8m에 해당하고

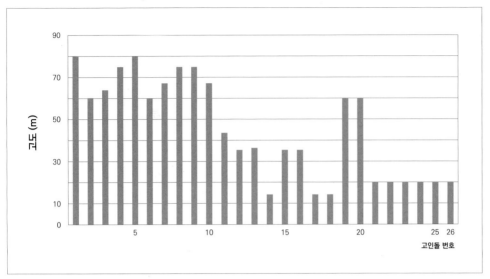

표 6. 연천지역 고인돌의 고도

평균 고도는 41.7m로 밝혀졌다. 고인돌 유적들 사이의 고도 차이는 약 67m이며, 가장 많이 분포하고 있는 지점의 고도는 20m쯤 되는 것으로 조사되었다. 양원리와 차탄리 그리고 통현리 고인돌 유적이 50m 이상 되는 비교적 높은 곳에 자리하며, 은대리와 학곡리 고인돌 유적은 20m 이하 되는 상당히 낮은 지역에 위치하는 것으로 나타났다.

고인돌이 분포하는 지점의 경사도는 평균 4.6°로 거의 완만한 저경사지대이지만 통현리, 은대리, 전곡리 고인돌 유적은 비교적 높은 경사면에 위치한다. 고인돌이 자리하는 경사면의 방향은 주로 서쪽(270°)과 동쪽 경사면(90°)에 해당한다.

고인돌이 분포하는 지점과 물줄기와의 수직 거리는 가장 가까운 물줄기와의

87) 여기서 분석 대상이 된 고인돌 유적은 발굴조사된 것 뿐만 아니라 지표조사된 몇몇 고인돌까지 모두 포함된 것이다.

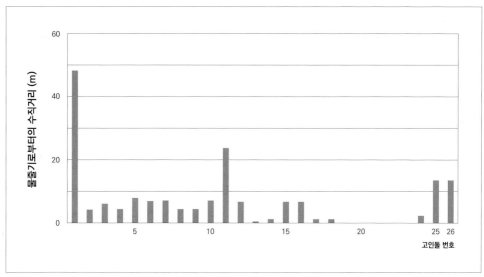

표 7. 연천지역 고인돌 위치와 물줄기 (수직거리)

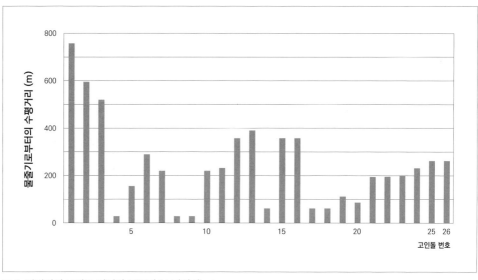

표 8. 연천지역 고인돌 위치와 물줄기 (수평거리)

상대적 수직 거리를 기준으로 하였다. 이렇게 분석된 수직 거리는 평균 5.3m로 나타났으며 비교적 물줄기 가까운 높이에 고인돌이 축조되었음을 알 수 있다. 지형 조건에서 경사도와의 관계를 고려한다면 평균 24.4m 떨어진 경사진 곳에 물줄기가 자리하는 것으로 분석되는데 실제는 이것보다 더 떨어진 곳에 있는 것으로 밝혀졌다. 물줄기와 가까운 높이에 축조된 고인돌 가운데 고도 차이가 가장 많이 나는 것은 48.2m로 통현리 1호와 전곡리 1호 고인돌이었다.

고인돌 유적이 물줄기와 떨어진 수평 거리는 수직 거리와 상당히 다른 분석 결과가 나타났다. 고인돌과의 이격 거리는 평균 200m쯤 되는 것으로 밝혀졌으며 최소 거리는 28.7m, 최대 757m로 매우 다양한 분포 관계를 보여주고 있다. 분석된 유적 가운데 통현리 고인돌이 대체로 물줄기에서 멀리 떨어져 있다.

여러 환경 요인 가운데 물줄기와 고인돌 유적의 위치와의 상관 관계는 당시 사회의 생업경제와 직접적인 관련이 있어 많은 연구가 진행되고 있다. 연천지역의 고인돌 유적에서 분석된 물줄기와 고인돌 유적과의 수평 이격거리 200m는 보헤미아 지역의 선사시대 유적과 비교할 때 상당히 가까운 거리로 보인다. 보헤미아 지역에서 분석된 선사시대 유적은 유적 주변의 물줄기로부터 보통 300~500m 거리에 위치하는 것으로 알려져 있다.[88]

⑥ 여러 고인돌 유적의 입지 분석

고인돌 유적이 있는 곳의 고도, 경사도와 경사 방향, 생업경제를 고려한 물줄기와의 거리 등을 분석하였는데 여기에서는 대표되는 몇 유적의 입지 분석 결과를 소개하고자 한다.

----

88) Kuna, M.·Adelsbergerrová, D., 1995. "Prehistoric location preferences : an application of GIS to the Vinorsky potok project, Bohemia, the Czech Republic", *Archaeology and Geographical Information Systems : A European Perspective*, London : Taylor and Francis, p.122(김선우, 2016. 『앞 책』에서 재인용).

통현리 유적의 고도는 해발 60~80m에 자리하며 연천지역 고인돌 가운데 상대적으로 가장 높은 곳에 위치하는 것으로 밝혀졌다. 고인돌이 있는 지점의 경사도는 5° 미만이며, 경사 방향은 주로 북서쪽과 남동쪽인 것으로 분석되었다. 이러한 경사 방향은 유적이 위치한 주변의 지형 가운데 차탄천의 흐름 및 주변의 지형과 밀접한 관계가 있는 것이다. 또 물줄기와의 관계를 보면 수직 고도차는 4.2~7.9m쯤 되고 수평 거리는 28.7~757.7m 떨어진 것으로 밝혀졌다.

전곡리 유적은 한탄강이 차탄천과 합류하여 임진강에 흘러드는 곳에 위치한다. 유적의 평균 고도는 14.2~43.5m쯤 된다. 경사도는 평균 6~21°이며 경사면의 방향은 북동쪽이다. 이 방향은 한탄강의 물 흐름이 거의 수직으로 합류하는 지점이기 때문에 지형적인 영향을 받은 것으로 해석된다. 물줄기와의 수직 거리는 0.5~23.7m이며 수평으로는 61.5~390.1m쯤 떨어진 거리에 고인돌이 분포하고 있다.

은대리 유적은 한탄강이 차탄천과 합류하기 직전에 있는 전곡리 유적 바로 옆에 위치한다. 고인돌이 자리한 곳의 평균 고도는 14.2m이다. 물줄기와의 이격 거리를 보면 수직으로는 1.2m, 수평은 61.5m쯤 된다. 경사도는 평균 21°이며 경사 방향은 모두 북서쪽이다. 연천지역의 고인돌 유적에서 경사 방향이 모두 같은 것은 은대리 유적이 유일한데 이것은 당시 사람들의 활동공간에서 살림터와 무덤의 공간이 뚜렷하게 구분된 것과 관련있는 것으로 해석된다.

학곡리 유적은 임진강가에 위치하며 평균 고도는 20m이다. 그리고 경사도는 0°이며 경사면의 방향은 주로 남동쪽이다. 이러한 지세 조건은 임진강의 물 흐름과 밀접한 관련이 있기 때문이다. 물줄기와 고인돌이 있는 곳의 수직 거리는 13.5m이고 수평으로는 194.9~262m 떨어져 있는데 다른 유적보다 비교적 물줄기와 가까운 곳에 유적이 위치한다.

한편 연천지역 고인돌 유적은 위치한 곳의 고도에 따라 기반암이 다른 것으로 밝혀졌다. 평균 60m 이상인 고지대에서는 산성 화산암과 규암이 주류를 이루며, 10~30m 높이에는 현무암, 편마암, 각섬암이 대부분이다. 이러한 기반암의 차이는 고인돌 축조에 필요한 덮개돌과 굄돌의 채석과 밀접한 관련이 있는 것으로 추론된다.

지금까지 자연환경에 따른 연천지역 고인돌 유적의 여러 특성을 제한된 범위에서 설명하였지만 앞으로 지리정보시스템을 체계적이고 분석적으로 활용하면 보다 객관적인 해석이 가능할 것으로 기대된다.

3. 고인돌의 형식

고인돌에 대한 조사와 연구는 지금까지 다른 고고학 분야에 비해 더 많이 진행되어 왔다. 하지만 이러한 연구 분위기에서도 고인돌의 형식에 관하여는 의견이 너무 다양하여 통일된 성과가 없다. 고인돌의 형식 분류는 1926년 도리이 류조(鳥居龍藏)가 외형적인 관점에서 초보적으로 간단히 분류한 것이 그 시초다.

고인돌의 형식은 일반적으로 먼저 지상에 드러난 모습에 따라 구분을 하고 그 다음에는 무덤방의 구조에서 확인되는 속성에 의하여 여러 가지로 분류한다.

기존의 형식 분류 기준을 보면 덮개돌의 평면과 단면에 따라 1차 구분을 하고 덮개돌 밑은 굄돌과 무덤방을 분류하였다. 특히 무덤방은 축조에 사용된 재료나 구조가 복잡하고 구분이 애매하여 여러 견해가 제시되었다. 축조에 이용된 돌(판자돌이나 모난돌), 무덤방의 벽을 쌓은 방법, 바닥 시설, 무덤방 수와 가장자리 시설(묘역) 등이 주로 구분의 기준이 되었다.

기전지역의 고인돌 형식 분류는 앞으로 보다 심화되고 체계적인 분류 체계가 이루어질 때까지 잠정적으로 외형적인 모습에 따라 단순화하여 탁자식, 바둑판식 그리고 개석식으로 나누었다.

탁자식 고인돌은 넓적한 돌을 가지고 만든 무덤방이 지상에 드러나 있고 구조물이라는 것을 누구나 쉽게 알 수 있기 때문에 무덤방 안의 파괴가 심한 편이다. 개석식 고인돌은 지상에 덮개돌만 드러나 있고 지하에 있는 무덤방은 구조가 아주 다양하여 분류 기준에 따라 여러 가지로 나누어진다. 바둑판식 고인돌은 덮개돌과 바로 밑의 굄돌은 지상에 노출되어 있지만 무덤방은 개석식처럼 지하에 축조되었고 그 형태가 여러 가지다.

한편 이들 고인돌 사이의 선후 관계도 지금까지 견해가 통일되지 못하고 여러 의견이 제시되어 있다. 탁자식 고인돌에서 개석식으로 발전되었다는 견해가 다수인 가운데 개석식('침촌형 제1유형')에서 탁자식('오덕형')으로의 변화를 주장하기도 한다. 이 견해는 구조·건축학적인 발전과정과 사회발전 단계를 연계시킨 합리적 논의에 기반한 축조 과정에 대한 설명이다.[89]

기전지역의 고인돌 1,100여 기 가운데 그 형식을 알 수 있는 것은 738기쯤 된다.[90] 여기에서는 이러한 고인돌의 형식에 따른 유적의 분포 관계, 형식에서 나타나는 여러 특징을 중심으로 몇 가지 살펴보고자 한다.

먼저 고인돌의 형식에 따른 분포 비율을 보면 738기 가운데 탁자식 242기(32.8%), 개석식 494기(66.9%), 바둑판식 2기(0.3%)로 구분된다. 기전지역 고인돌에서도 형식에 따른 분포 관계를 보면 동북아시아 지역의 고인돌 분포와 마찬가지로 개석식이 절대 다수를 차지한다. 탁자식과 개석식 고인

사진 24. 남양주 금남리 새터 고인돌

---

89) 석광준, 1998.『조선의 고인돌 무덤 연구』, 사회과학출판사, 97~121쪽 : 서국태, 2016. 『고대 조선의 고인돌 무덤』, 사회과학출판사, 140~172쪽.

90) 여기에는 임진강 유역에 분포하는 북한지역의 고인돌 조사 결과에 따라 그 형식이 뚜렷한 것을 포함하였다.

돌은 빈도의 차이는 있지만 기전지역 전역에 걸쳐 분포하고 있으며 바둑판식은 남양주 금남리와 시흥 계수동 유적에서 발굴조사되었을 뿐 다른 지역에서는 지금까지 확인되지 않았다. 이것은 고인돌의 형식 변화 과정에 있어 이 지역이 보여주고 있는 점이적인 특징 가운데 하나일 것으로 해석된다.

탁자식 고인돌은 지역 분포에서 몇 가지 특징을 보여주는데 먼저 규모면에서 (주로 덮개돌의 크기 문제) 개석식보다 대체로 큰 편이다. 이것을 고인돌의 기능 문제와 연관시켜 개석식을 무덤으로만 보는 반면 탁자식은 무덤 뿐만 아니라 그 외형적인 규모에 따른 웅장함을 고려하여 축조 집단과 관련있는 상징적인 의미의 표시로 보는 견해도 있다.[91] 또한 한강 유역에서는 하류지역으로 갈수록 탁자식 고인돌의 분포 비율이 높아지고 입지조건도 주로 구릉이나 산기슭과 능선에 자리하는 것으로 분석되었다. 반면에 이러한 물줄기에 따른 고인돌 형식의 특징이 임진강 유역에서는 탁자식이 하류보다 상류에 많이 있고 개석식은 그 반대의 분포 관계를 보여준다.

독립적으로 구획되어 있는 강화도 지역의 고인돌 분포 모습은 탁자식이 절반 가까이 차지하고 있어 상당히 높은 비율을 보여준다. 지금까지 이 지역은 고인돌 유적의 발굴조사가 매우 제한된 범위에서 이루어져 왔지만 형식 사이의 분포 비율이 변화될 가능성은 거의 없다. 이런 점을 고려해 볼 때 이 지역에서 탁자식 고인돌의 분포 비율이 높은 것은 형식 변화 과정, 유적의 위치와 입지조건, 축조 집단의 성격 문제 등을 비교·검토해 볼 때 기전지역 고인돌의 성격을 아주 잘 반영해 주고 있는 것 같다. 이 지역의 탁자식 고인돌은 바닷가와 가까운 구릉이나 산기슭에 1기만 독립적으로 분포하고 있는 것이 많은데 이것은 한 곳에 2~5기씩 축조된 개석식과는 차별성을 보여준다. 그리고 일정한 거리를 두고 분포하고 있는 부근리, 양오리, 대산리의 대형 탁자식 고인돌이 주목된다.[92] 이 대형 고인돌의 성격에 대하여는 공동체의 의례 문제, 집단 간의 단일한 정체성과 연관시켜

||||||||||||||||||||

91) 우장문, 2006. 『앞 책』, 232~234쪽.

해석하고 있으며,[93] 고인돌이 자리한 곳의 지세, 규모, 공간적인 분포 관계를 볼 때 축조 집단의 상징적인 의미를 나타내는 기념물의 한 표상일 가능성도 있다.

한편 기전지역 탁자식 고인돌 가운데에는 외형적으로 다른 지역에서는 거의 조사되지 않은 독특한 모습을 지닌 것이 있다. 이것은 앞에서 설명한 형식에 따른 분포 비율 문제와 함께 고인돌 형식 변천 과정에 기전지역이 가지는 점이적인 성격을 잘 보여주고 있는 것으로 주목된다. 그것은 탁자식 고인돌에서 덮개돌의 생김새나 크기는 큰 변화 없이 굄돌의 높이가 1m 이내로 낮아 외형적으로 아주 작은 느낌을 주는 것인데, 조사된 유적을 보면 다음 표 9와 같다.

표 9. 기전지역의 굄돌 낮은 탁자식 고인돌

유적명	덮개돌(㎝)	굄돌(㎝)	막음돌(㎝)	물줄기	긴 방향	있는 곳	비고
파주 옥석리 1호	180×120×25	90×40×20 70×50×20	30×25×10 45×30×15	만우천	NE 30°	산꼭대기	
2호	170×120×40	80×30×20 90×30×15	40×30×15	〃	NE° 30°	〃	

|||||||||||||||||||||

92)

유적명	덮개돌		굄돌(㎝)	형식	있는 곳	비고
	크기(㎝)	재질				
강화 부근리	639×523×112	흑운모 편마암	452×150×72 466×146×60	탁자식	평지	
강화 대산리	388×260×50	흑운모 편마암	240×150×45 160×130×130	탁자식	구릉 끝자락	막음돌 (70×60×14)
강화 양오리	530×390×70	흑운모 편마암	330×250×35 330×250×40	탁자식	구릉	

강화 부근리 고인돌의 크기에 대하여는 지금까지 여러 견해가 있지만 여기에서는 근래에 측량된 자료를 참고하였다.
강화군·고려구조이엔지, 2004. 『강화 지석묘 정밀 안전진단 보고서』 참조.
93) 강동석, 2002. 「앞 글」, 63쪽.

유적명	덮개돌(㎝)	굄돌(㎝)	막음돌(㎝)	물줄기	긴 방향	있는 곳	비고
3호	180×170×40	120×40×20 80×50×15	40×30×20 40×20×10	〃	NE 30°	〃	
6호	210×160×30	160×30×20 180×50×30	40×30 40×30	〃	SW 80°	산기슭	
9호	260×180×30	80×50×25 130×50×20	45×25×10	〃	NE 30°	〃	
11호	220×160×40	100×40×20 90×40×20	55×40×20 40×20×15	〃	남북	〃	
12호	180×160×45	130×40×20 170×50×25	50×30×15 50×40×15	〃	NW 20°	〃	
연천 학곡리 1호	280×270×45	195×60×15~35 205×60×25		임진강	NE 10°	평지	"굄돌", "굄돌"
양원리	380×340×45	265×25~60×70 275×80×70	85×45×25	양원천	동북	구릉	
포천 금현리	430×350×55	240×110×35 230×110×30	144×100×20	포천천	남북	평지	
광주 산이리	605×425×20~45			곤지암천		〃	
용인 주북리	280×250×50	120×20×12 120×25×10		경안천	남북	〃	
왕산리 1호	460×380×95	285×70×35 310×70×30		〃	동서	〃	
왕산리 2호	400×370×90	200×20×20		〃		〃	
광명 가학동 12호	290×235×60	170×100 130×85		안양천		산능선	
시흥 조남동	410×296×83					평지	
강화 삼거리 41번	240×185×45~50	225×35×38 193×52×26	70×40×30		SW 170°	산능선	
42번	190×120×15~20	165×65×32~40 210×50×16~30			NW 2°	〃	
43번	170×135×15~20	145×55×15~20 135×50×25~30			NW 3°	〃	

유적명	덮개돌(㎝)	굄돌(㎝)	막음돌(㎝)	물줄기	긴 방향	있는 곳	비고
오상리 56번	370×365×40	230×50×20 220×50×10	50×45×15		NW 40°	산끝자락	
고천리 69번	325×250×70	180×65×30 225×80×25	55×40×10		NW 20°	산능선	
77번	245×120×20~40	140×45×10 160×40×15	55×35×10		NE 60°	〃	
79번	205×130×40	125×35×15~20 115×35×10~15			NE 80°	〃	
교산리 109번	230×180×30	170×90×25 170×60×20	80×45×20		SW 40°	산기슭	
112번	255×115×40~55	185×60×25 185×65×30			NE 50°	산꼭대기	
113번	225×160×30~50	175×45×20 135×40×15~25			NE 60°	산꼭대기	

(참고) 1. 포천 금현리 고인돌의 굄돌 높이가 현재는 110㎝로 조사되었지만, 덮개돌의 가장자리가 아래쪽(지표)으로 처진 모습이기 때문에 탁자식 고인돌의 모습을 유지하기 위하여 후대에 계속 굄돌 주변을 정리하였다.
2. 강화도 지역의 고인돌 번호는 보존·관리하기 위하여 전체적으로 부여한 것을 그대로 따랐다.

지금까지 조사된 굄돌이 낮은 탁자식 고인돌 유적은 기전지역 전역에 걸쳐 있으며 특히 한강 하류의 장명산 일대와 강화도에 밀집되어 있는 것으로 밝혀지고 있다.

이처럼 탁자식 고인돌 가운데 덮개돌의 크기에 비하여 굄돌의 높이가 지나치게 낮은 유형이 기전지역에서 집중적으로 조사되고 있는 것은 형식 변화 과정에서 주목된다. 고인돌의 축조 과정에서 탁자식은 굄돌을 세운 후 그 위에 수 톤에서 수십 톤에 이르는 덮개돌을 올려 놓는 과정에 많은 노동력이 필요하였을 것이다. 이러한 노동력의 크기는 1차적으로 굄돌의 높이와 직접적인 관련이 있다. 따라서 고인돌 축조에 있어 노동력을 동원할 수 있는 문제를 고려하여 고인돌의 규모를 결정하였을 가능성이 있다. 다음으로 고인돌의 형식 변화가 탁자식에서 개

1. 산이리, 2. 옥석리, 3. 오상리, 4. 주북리

사진 25. 굄돌 낮은 탁자식 고인돌

석식으로 이루어졌다는 일반적인 견해를 참고하면 고인돌의 표상인 덮개돌이 점차 지표 위에 놓이게 되는데 여기서 설명하고 있는 굄돌이 낮은 탁자식 고인돌은 그 과도기적인 성격을 가진 것으로 해석된다. 이런 몇 가지 점을 고려해 보면, 한강 하류지역인 장명산 주변과 강화도 지역에서 굄돌이 낮은 탁자식 고인돌이 집중적으로 조사되고 있다는 것은 형식 변화의 과도기적 과정 뿐만 아니라 고인돌이 축조된 청동기시대의 문화 전파와도 관련이 있는 것으로 여겨진다.

또한 기전지역의 굄돌이 낮은 탁자식 고인돌과 비교되는 자료가 있어 여기에 소개한다. 길림지역의 동풍 조추구 2호 고인돌의 구조는[94] 탁자식 고인돌의 변화 과정과 관련이 있어 시사하는 점이 많다. 이 고인돌의 덮개돌 밑 양쪽에 세워

94) 金旭東, 1991. 「1987年吉林東豊南部蓋石墓調査與淸理」 『遼海文物學刊』 2, 13쪽.

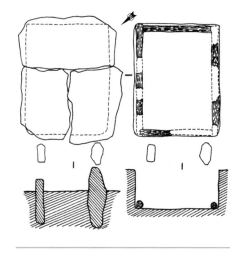

그림 21. 동풍 조추구 2호 고인돌 평·단면도

져 있는 굄돌은 전체 높이의 ⅓은 지표에 드러나 있고 나머지는 묻혀 있다. 굄돌의 높이는 25㎝, 53㎝로 차이가 있으며 기전지역의 고인돌처럼 매우 낮은 것이 특징이다. 이러한 구조를 지닌 퇴화된 탁자식 고인돌은 구조적인 변화가 생겨 무덤방이 지하에 들어가는 과도기적 변형 과정으로 해석된다.

한편 이러한 유형의 고인돌 가운데 막음돌이 조사된 경우를 보면 무덤방의 너비가 대체로 50㎝ 안팎이다. 탁자식 고인돌에서 지상에 축조된 무덤방이 이렇게 좁다는 것은 묻기에 있어서도 변화가 있었던 것을 시사하는 것이 아닐까? 일반적으로 바로펴묻기를 한다면 주검에 따라 차이는 있지만 무덤방의 길이 160㎝, 너비 50㎝ 이상일 경우에 가능한 것으로 해석된다.[95] 그렇다면 이러한 탁자식 고인돌의 막음돌을 분석한 결과 무덤방의 너비가 대부분 50㎝ 미만에 해당되므로 바로펴묻기가 어려웠을 것으로 추정된다. 따라서 고인돌의 형식 변화와 함께 묻기에 있어서도 굽혀묻기나 두벌묻기 등 기존의 장례습속에 변화가 있었던 것이다.

한 곳에 고인돌이 떼를 이루고 있는 경우, 대형의 탁자식 고인돌이 그 중심적인 역할을 하고 있는 유적이 파주 다율리 1호, 광명 가학동 12호, 안산 선부동 1호, 강화 오상리 12호에서 조사되었다. 이들 탁자식 고인돌은 떼를 이룬 고인돌 가운데 외형적으로 가장 크고 군집 안에서 다른 고인돌보다 좀 높다란 곳에 있거

---

95) 이영문, 1993. 『全南地方 支石墓 社會의 硏究』, 한국교원대학교 박사학위논문, 139쪽.

사진 26. 안산 선부동 1호 고인돌

나 한쪽 가장자리에 위치한다. 그런 면에서 보면 이런 탁자식 고인돌을 중심으로 다른 고인돌이 자리하고 있기 때문에 상징적인 의미를 가지고 있었을 가능성이 높다.

또한 고인돌이 떼를 이루고 있는 유적 가운데 서로 다른 형식, 즉 탁자식과 개석식이 한곳에 섞여 있는 유적이 있다. 이런 유적으로는 남양주 진중리와 문호리, 안산 선부동, 파주 다율리와 교하리 등이 대표적이다. 이렇게 한 곳에 탁자식과 개석식 고인돌이 함께 있는 것은 기전지역이 지리적인 위치와 함께 고인돌의 형식 변화에서도 점이적인 성격을 잘 보여주고 있는 것으로 해석된다. 한반도 지역에서 조사된 고인돌의 형식을 구분하여 보면 전국적으로 개석식이 제일 많으면서 분포지역도 가장 넓다. 반면에 탁자식 고인돌은 북부지역보다 남부지역의 분포 빈도가 낮으며 대체로 중부지역이 중간적인 분포 양상을 보여준다. 이런 점에서 고인돌 형식의 변화과정을 살펴보는데 있어 기전지역의 고인돌 유적이 가지고 있는 의미는 중요하다. 탁자식 고인돌이 1기만 분포하는 것은 고인돌의 형식으로 본 축조 시기에서 탁자식을 개석식보다 이른 것으로 해석할 때 주변의 개석식보다는 약간 이른 시기에 해당하는 것으로 판단된다. 뿐만 아니라 주로 강 언저리에 이렇게 탁자식 고인돌이 1기만 있는 경우 이것의 기능 문제도 주목된다. 이런 고인돌은 축조 집단의 공동체(solidarity)적 특성을 상징하는 표상일 가능성도 있는 것으로 추론된다.

최근 고인돌 유적에 대해 많은 조사와 다양한 연구가 진행되고 있다. 이에 따라 상당히 심화된 연구 성과도 얻어지고 있는 실정이다. 그 가운데 관심을 끌고 있는 것이 '묘역식(墓域式) 고인돌'이다. 고인돌의 구조적인 관점에서는 차이가 있지만 넓은 의미에서 이것은 '묘표식(墓標式) 고인돌'과 상당히 연관되어 있는 것으로 보인다.

기전지역에서도 이런 묘표식 고인돌로 볼 수 있는 특이한 구조가 조사되었기에 여기서 소개하고자 한다. 안산 선부동 나-2호 고인돌은 편마암을 재질로 이용한 190×176×46㎝ 크기의 덮개돌을 지니고 있다. 무덤방은 덮개돌 바로 밑에 있는 것이 아니고 서쪽으로 50㎝ 떨어져 10×2.8×0.4~0.5m 크기의 무덤구덩이가 NE 45° 방향으로 자리한다. 이 무덤구덩이에서는 막돌을 쌓은 4기의 돌덧널이 조사되었고 민무늬토기 조각, 간돌검, 화살촉, 돌끌, 반달돌칼 등 상당히 여

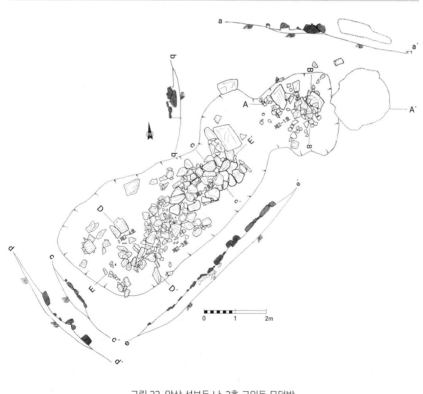

그림 22. 안산 선부동 나-2호 고인돌 무덤방

러 종류의 껴묻거리가 찾아졌다. 그런데 이 고인돌은 덮개돌 밑에 무덤방이 놓여져 있지 않았다는 점, 여러 기의 무덤방(돌덧널)이 하나의 덮개돌과 직접적인 연관이 있는 점, 하나의 무덤구덩 안에 있는 여러 무덤방이 서로 관련이 있는 점 등으로 보아 덮개돌은 4기의 돌덧널무덤이 놓인 무덤구덩을 표시하는 묘표식의 기능을 하였을 것으로 해석된다. 앞으로 이러한 관점에서 기조사된 기전지역의 고인돌 유적을 비교·분석하면 다양한 해석과 새로운 자료가 찾아질 것으로 기대된다.

다음은 고인돌의 형식 변화 과정에 있어 기전지역에서 조사된 굄돌이 낮은 탁자식과 함께 주목받고 있는 '변형 탁자식' 고인돌에 관하여 몇 가지 언급하고자 한다. 변형 탁자식 고인돌은 덮개돌 밑에 놓인 굄돌이 세워져 있지 않고 긴 방향으로 뉘여 있는 특이한 형식이다. 지금까지 이런 고인돌이 조사된 곳은 인천

1.불로동 2.광암동 3.병점동 4.외삼미동

사진 27. 변형 탁자식 고인돌

불로동, 하남 광암동, 화성 병점리 1호와 수기리 1호, 오산 외삼미동, 평택 양교리 유적 등이 있다.

이들 고인돌이 분포하는 곳에는 변형 탁자식 1기만 있는 경우는 없고 주변에 개석식이나 탁자식이 같이 있다. 이렇게 떼를 이룬 채 한 곳에 서로 다른 형식이 같이 있다는 것은 고인돌 형식의 변천 관점에서 보면 탁자식이 중심인 단계를 지나 개석식이 축조되기 시작하여 확산되는 시점으로 해석하는 것이 합리적일 것이다. 그리고 이런 고인돌은 덮개돌 밑에 뉘어 있는 길쭉한 판자돌을 고려해 볼 때 형태적인 특징이 있는 것으로 분석되었다. 덮개돌의 길이·너비·두께에 따른 외형적인 형태를 징(Zingg, T. H.)의 분류 방법에 따라 분석한 결과 길쭉한 모양 (blade-shape)에 해당하는 것으로 나타났다.[96] 고인돌의 덮개돌이 이러한 형태를 가진 것은 세워져 있지 않고 뉘어져 있는 길쭉한 굄돌과 직접적인 관련이 있는 것으로 보인다.

변형 탁자식 고인돌이 있는 곳은 고인돌이 떼를 이루고 있는 점으로 보아 축조에 앞서 택지(擇地)를 하였을 가능성이 높다. 이것은 한 곳에 여러 고인돌 형식이 함께 있기 때문에 당시 사람들의 축조 배경을 이해하는데 참고가 된다. 이런 고인돌이 자리한 곳의 지세를 보면 산기슭이 끝나는 구릉의 끝자락에 해당하는 것으로 밝혀졌다. 기전지역의 개석식 고인돌이 구릉이나 산기슭에 주로 분포한다는 점을 고려해 보면 이러한 입지조건은 고인돌 형식의 변화 과정에 있어 과도기적 성격을 잘 보여준다고 할 수 있다. 또한 변형 탁자식 고인돌이 안성천의 샛강인 황구지천 상류에 많이 있는 것도 주목된다.

한편 변형 탁자식 고인돌은 축조 과정에 대한 문제나 구조적인 관점에서 보면 굄돌이 낮은 탁자식 고인돌보다 늦은 시기에 해당될 것이다. 그리고 덮개돌 밑에 뉘어진 길쭉한 굄돌은 지상에서 지하로 들어가는 무덤방의 구조적인 변화가 일어나면 사라진다. 이렇게 지표에 놓여 있는 길쭉한 굄돌이 지하에 들어가

‖‖‖‖‖‖‖‖‖‖‖‖

96) 하문식, 2008, 「고인돌의 특이 형식에 대한 연구」 『韓國史學報』 30, 20~21쪽.

사진 28. 제천 황석리 「충13호」와 「충17호」 고인돌 무덤방

무덤방의 긴 벽을 이룬 것이 제천 황석리 충13호와 충17호 고인돌인 것이다.[97]

4. 무덤의 구조와 축조

고인돌의 기능을 무덤으로 볼 때 무덤방의 구조에 대한 특징이나 여러 속성들은 축조 당시의 사회적인 관계를 반영하고 있다. 고인돌은 몇 톤에서 몇 십 톤에 이르는 큰 돌을 운반하여 만든 하나의 구조물이기 때문에 그 당시의 건축 방법이나 과정을 알 수 있는 좋은 자료이다.

여기에서는 고인돌의 표상이면서 상징적인 의미를 지닌 덮개돌과 무덤방의 구조 그리고 고인돌 축조에 대한 것을 검토하도록 하겠다.

1) 무덤의 구조

고인돌이 무덤의 성격을 지녔다는 점에서 덮개돌과 함께 무덤방의 구조는 당

---

97) 이융조·신숙정·우종윤, 1984. 「堤原 黃石里 B地區 遺蹟 發掘調查報告」『忠州댐 水沒地域 文化遺蹟 發掘調查 報告書(Ⅰ)』, 395~400쪽.

시 사회의 장례습속의 전통은 물론 축조 기술에 대한 것을 잘 보여준다. 그러므로 기전지역의 고인돌에서 확인된 덮개돌과 무덤방의 여러 특징 및 그 성격에 대하여 살펴보겠다.

① 덮개돌

고인돌에서 덮개돌은 상징적인 중요성을 가지는 동시에 그 자체로도 위엄성이 있기 때문에 사람들이 관심을 갖게 되는 하나의 계기가 되었다고 할 수 있다.

덮개돌은 고인돌 축조에 있어 절대적인 위치를 차지하기에 당시 사회에서 그 운반과 축조를 위한 노동력 문제는 최우선 고려 대상이 되었을 것으로 해석된다. 뿐만 아니라 덮개돌의 크기는 고인돌 무덤방의 위치(탁자식)나 크기(개석식)와 직접 관련이 있다. 기전지역의 한강과 임진강·한탄강 유역 그리고 강화도 지역에 분포하고 있는 고인돌 덮개돌의 길이와 너비의 상관 관계를 파악하기 위하여 시론적으로 분석한 결과 대체로 1:1~2:1 사이에 분포하는 것으로 밝혀졌다.[98] 이처럼 덮개돌의 길이와 너비가 일정한 비율로 만들어졌다는 것은 고인돌을 축조할 당시에 의도적으로 그 크기를 정했을 가능성을 시사한다. 또한 이 분포 범위에서도 1.5~1.6:1 구간에 집중된 양상으로 나타났는데 이

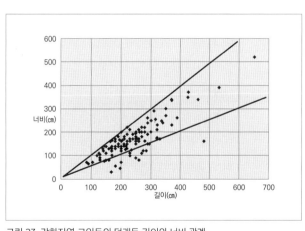

그림 23. 강화지역 고인돌의 덮개돌 길이와 너비 관계

llllllllllllllllll

98) 하문식, 2006. 「강화지역의 고인돌에 대하여」『崇實史學』19, 35~36쪽 : 오대양, 2007. 「앞 글」, 62~63쪽.

러한 상관 관계에서 주목되는 것은 황금비율(1.618)과[99] 거의 비슷하다는 점이다. 고인돌을 하나의 건축구조물로 볼 때 그 중심적인 위치를 차지하는 덮개돌이 구조적인 관점에서 가장 안정감이 있는 황금비율과 관련이 있다는 것은 고인돌을 만든 당시 사람들이 사용했었던 청동기시대의 도량형에 대해 생각해보게 한다.[100]

기전지역에 가장 널리 분포하고 있는 개석식 고인돌의 경우 덮개돌의 길이는 무덤방과 직접적인 연관이 있을 것으로 여겨진다. 덮개돌은 고인돌을 나타내는 묘표 및 무덤방 보호 기능 외에 그 자체가 뚜껑돌로서의 구조적인 기능까지도 하는 경우가 있다. 기전지역에서 지금까지 무덤방의 뚜껑돌이 조사된 예는 아주 제한된 범위에 있기 때문에 대부분의 덮개돌이 무덤방을 폐쇄시키는 기능을 하였을 것으로 추론된다.

고인돌의 덮개돌 가운데에는 가장자리나 가운데 쪽을 다듬어 의도적으로 거북 모습을 나타내려고 한 것이 있다. 대표적인 고인돌은 양평 앙덕리와 대석리 5호, 안산 선부동 가-1호, 군포 산본동 골안 1호, 평택 수월암리 2호 등이다. 앙덕리 고인돌의 덮개돌을 보면 가장자리를 돌아가면서 손질을 많이 한 것은 물론 가운데 쪽이 불룩하게 솟아오른 모습이 되도록 그 옆 쪽을 치석하여 마치 거북등처럼 만들었다.

이처럼 고인돌의 덮개돌을 상징적으로 형상화한 것은 축조 이후 그 기능의 변화와 관련이 있는 것으로 해석된다. 고인돌을 만들기 시작한 초기에는 덮개돌의 기능을 무덤방의 보호나 고인돌 그 자체의 표지 대상으로만 여겼을 것이다. 그러나 고인돌 축조가 보편화되기 시작하면서 당시 사람들은 무덤으로서의 기능 유지와 돌의 영원성 등을 고려하여 덮개돌 자체에도 의미를 부여하게 되었을 것이다. 덮개돌을 손질하여 형상화하거나 고인돌을 "거북바위" 또는 "구암(龜

99) 로버트 롤러 지음·박태섭 옮김, 1997. 『기하학의 신비』, 안그라픽스, 44~64쪽.
100) Daniel, G., 1980. "Megalithic Monuments", *Scientific American* 243-1, p.76.

岩)"이라고 부르게 된 것은 장수나 영원성을 나타내는 거북의 상징성과 연관이 있는 것 같다.[101]

덮개돌이 놓인 긴 방향은 다른 지역의 고인돌 조사와 연구에서도 부분적으로 보고된 자료가 있어 비교 검토가 가능하다. 조사된 자료를 종합적으로 분석해 보면 절대적인 방향이 있는 것은 아니고 유적 주변의 물 흐름이나 산줄기와 대체로 나란한 방향으로 놓여졌다. 이런 점에서 고인돌을 축조한 당시 사람들은 장례습속의 과정에 절대적인 방위 개념을 고집했다기보다는 주변의 자연지세를 최대한 고려하였을 가능성을 시사한다. 이러한 자연지세와 관련된 방위 개념은 선사시대 사람들이 자연에 의존하면서 생활하던 과정에 기본적으로 가지고 있던 자연숭배 사상과도 연관될 것으로 보인다.[102]

기전지역의 고인돌 축조에 이용된 돌감은 일정하게 정해진 것이 아니고 유적이 위치한 지역의 주변 지질 환경에 따라 쉽게 구할 수 있는 암질을 골라서 사용한 것

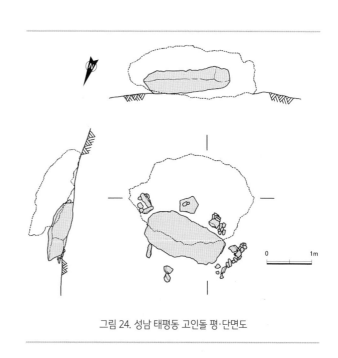

그림 24. 성남 태평동 고인돌 평·단면도

101) Moon-sig Ha, Tae-sop Cho, Sujin Kong, 2020. "Les caractéristiques des dolmens en Corée et les résultats des recherches récentes", *L'anthropologie* 124-4, pp.14~15.
102) 이은봉, 1984. 『韓國古代宗敎思想』, 집문당, 215~218쪽.

으로 나타났다. 보편적으로 이용된 암석은 화강암이나 편마암 계통이 제일 많고 지역에 따라 특성이 고려된 경우도 있다. 대표적으로 연천지역의 고인돌 유적에서는 산성 화산암류나 제4기의 현무암류가 부분적으로 사용되었다.

한편 성남 태평동 고인돌은 개석식인데 덮개돌 바로 밑에 넓적한 판자돌 1매 (크기 : 160×84×36㎝)가 놓여 있어 이중 덮개돌의 독특한 양상을 보여준다. 이 고인돌은 무덤방이 찾아지지 않았고 풍화암반층 위에 바로 판자돌이 놓여 뚜껑돌의 개념보다는 덮개돌과 관련된 것으로 여겨진다.

② 무덤방

고인돌의 무덤방은 형식에 따라 그 위치와 구조적인 차이가 많다. 탁자식 고인돌은 일반적으로 무덤방이 지상에 위치하며 판자돌을 1매씩 이용하여 네 벽을 만든다. 개석식이나 바둑판식은 무덤방이 지하에 자리하며 돌널, 돌덧널, 구덩이 등 여러 가지이고 그 구조를 자세히 살펴보면 아주 복잡한 양상이다.

기전지역의 고인돌 무덤방에서는 보편적인 방법으로 축조되지 않은 특이한 구조가 조사되어 주목된다. 먼저 탁자식 고인돌에서 일반적으로 지상에 위치하는 무덤방이 지하에 축조된 특이한 경우가 있다. 관련 유적은 평택 수월암리 4호와 10호 고인돌이다. 이들 고인돌은 판자돌을 이용하여 세운 굄돌이 덮개돌을 받치고 있었지만 후대에 무너졌는데 무너진 판자돌 아래에서 구덩이의 무덤방이 조사되었다. 모두 긴 네모꼴이며 크기는 90× 59×10㎝(4호), 99×58×22㎝(10호)로 크기가 비슷하고 긴 방향은 산능선과 나란하다. 그리고 무덤방 안에서는 숯, 불탄 흙과 돌도끼(10

사진 29. 평택 수월암리 4호 고인돌 (덮개돌 제거 후)

호)가 찾아졌다.

　이처럼 탁자식 고인돌의 무덤방이 지하에 위치한다는 사실은 지금까지 조사된 예가 없어 비교하기 어려운 점이 많지만 고인돌의 변천 과정과 관련이 있는 것으로 추론된다. 그 이유는 무덤이란 주검을 처리하는 시설인데 당시 사람들의 장례습속과 관련된 사고관(思考觀)에서 주검을 지상에 놓는다는 개념과 지하에 묻는다는 것은 분명히 큰 차이가 있었을 것이다. 그렇다면 개석식과 바둑판 고인돌의 무덤방이 지하에 위치한다는 것은 이러한 특이 구조의 무덤방과 직접 관련이 있지 않을까?

　다음은 탁자식 고인돌의 무덤방에서 뚜껑돌이 조사된 예가 있다. 이와 관련된 유적은 연천 차탄리와 인천 대곡동 6호 고인돌이다. 탁자식 고인돌의 무덤방은 덮개돌이 직접 폐쇄시키는 기능을 하는 것이 일반적이다. 그런데 차탄리와 대곡동 6호 탁자식 고인돌에서는 덮개돌 바로 밑에 250×180×25~45㎝, 115×72×44㎝ 되는 넓적한 판자돌이 놓여 있었다. 지금까지 이런 구조의 무덤방이 조사된 예가 없어 비교가 어렵지만 소달구(騷達溝) 산정대관(山頂大棺) 유적의 무덤 구조가 참고된다.[103] 그리고 탁자식 고인돌에서 무덤방을 덮는 뚜껑돌이 있다는 것을 통해 덮개돌의 기능 문제를 새롭게 해석해 볼 수 있을 것이다. 지금까지 탁자식 고인돌에서 덮개돌의 표상적 의미에 대하여 그 크기나 덮개

사진 30. 연천 차탄리 고인돌의 덮개돌과 뚜껑돌

103) 三宅俊彦, 1997.「對吉林省騷達溝山頂大棺的認識-兼論支石墓的發生」『考古學文化論集』4, 49~50쪽.

돌과 굄돌 사이의 처마 간격,[104] 굄돌의 높이 등을 주로 고려하여 여러 해석을 하였지만 이제는 개석식처럼 덮개돌 그 자체에도 의미를 부여하여야 할 것으로 여겨진다.

이러한 무덤방의 뚜껑돌은 개석식 고인돌인 연천 통현리 3호와 은대리 2호, 안산 양상동 1호에서도 조사되었다. 지금까지 고인돌의(특히 개석식) 무덤방에서 뚜껑돌이 거의 찾아지지 않아 여러 의문점이 제기되었다. 무덤은 축조된 다음 본질적으로 폐쇄하는 것이 원칙인데 고인돌 발굴에서 이러한 뚜껑돌이 조사된 경우가 드물었다. 그래서 돌널이나 돌덧널과 상관없이 무덤방을 덮은 것은 판자돌 뿐만 아니라 넓적한 나무조각을 활용하였을 가능성이 제기되기도 하였다.[105]

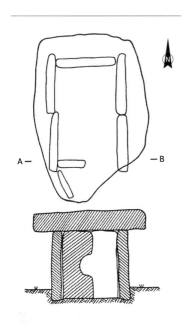

그림 25. 유하 대사탄 2호 고인돌 평·단면도

또한 탁자식 고인돌의 굄돌에서도 특이한 점이 조사되었다. 인천 학익동 고인돌은 굄돌의 한쪽 벽을 1매의 판자돌로 만든 것이 아니고 2매를 잇대어 놓았다. 고인돌을 축조할 당시 무덤방을 만드는데 사용할 판자돌을 구하기 어려운 경우 이렇게 여러 매를 굄돌로 이용하였다. 이러한 예가 길림지역의 유하(柳河) 대사탄(大沙灘) 1·2호, 매하구(梅河口) 험수(鹼水) 10호 고인돌에서도 조사되어 서로 비교된다.

탁자식 고인돌 가운데에는 축조 당시 덮개돌의 하중을 직접 받는 굄돌을 똑바로 세우지 않고 무덤방 안쪽으로 조금 경사지게 세운 것이 있다. 이러한 안기울임은 고인돌을 축조한 후 무너지지 않도록 전체적인 안정감을 고려한 것으로 당시 사회의 축조 기술

104) 許玉林, 1994. 『遼東半島石棚』, 遼寧科學技術出版社, 79쪽.
105) 김재원·윤무병, 1967. 『앞 책』, 6쪽.

발전에 따른 건축역학의 한 과정으로 여겨진다. 이처럼 안기울임을 한 탁자식 고인돌이 파주 교하리 11호다. 이 고인돌은 덮개돌의 하중을 잘 지탱하고 안정감을 유지하기 위하여 동·서쪽의 굄돌을 무덤방 안쪽으로 11°쯤 기울어지게 세웠다. 이러한 안기울임의 건축술은 요령·길림·북한지역의 고인돌에서는 많이 조사되고 있어 주목된다.[106]

무덤방의 특이 구조는 개석식 고인돌에서도 조사된 예가 있다. 이천 현방리 고인돌, 안성 신기 고인돌, 양평 상자포리 고인돌(이화여대 발굴)에서는 무덤방의 벽석에 큰 돌을 놓아 덮개돌과 직접 닿게 만든 구조를 이루고 있다. 대부분 개석식 고인돌에서는 무덤방이 지하에 축조되고 덮개돌은 무덤을 나타내는 묘표의 의미로 지상에

사진 31. 이천 현방리 3호 고인돌 무덤방

위치한다. 그러나 이렇게 덮개돌이 무덤방의 벽석 위에 놓인 경우는 큰 벽석이 무거운 덮개돌의 하중을 분산시키는 역할을 한 것으로 해석되며 고인돌 축조 당시에 있었던 건축의 한 방법으로 판단된다.

기전지역의 고인돌에서는 형식과 관계없이 무덤방 주변(주로 탁자식)이나 덮개돌 옆으로 돌을 깔아 놓은 구조가 조사되었다. 탁자식 고인돌은 주로 굄돌 주변(무덤방)으로 강돌이나 막돌을 깔아 놓았는데 이것은 묘역을 나타낸 것으로 해

||||||||||||||||||||

106) 석광준, 1979. 「우리나라 서북지방 고인돌에 관한 연구」 『고고민속론문집』 7, 140~146쪽 : 宮本一夫, 1997. 「中國東北地方の支石墓」 『東アジアにわける支石墓の總合的研究』, 九州大學 文學部 考古學硏究室, 15~16쪽.

석된다. 고인돌의 주기능을 무덤으로 볼 때 그 고유성과 전통성을 유지하기 위하여는 일정한 범위의 표시가 필요하므로 이러한 구조물을 설치한 것으로 보인다. 대표적으로 양평 양수리, 강화 오상리, 연천 학곡리 고인돌이 있다. 또한 개석식 고인돌에서도 덮개돌이나 무덤방 주변으로 돌을 깐 것이 조사되었는데 이런 경우 무덤방은 대부분 구덩이인 것으로 밝혀졌다. 그렇다면 이것은 무덤구덩의 가장자리가 파괴되는 것을 방지하기 위한 일종의 시설물로 무덤방을 보호하는 역할을 하였던 것이 아닐까? 이런 유적으로는 양평 상자포리, 남양주 문호리 2호, 하남 하사창동, 파주 당하리 7호, 안산 양상동 1호 고인돌이 있다. 이 가운데 상자포리 고인돌은 무덤방과 무덤방 사이가 이러한 돌깔림에 의해 서로 연결되므로 묘역의 기능도 함께 하였을 가능성이 있는 것으로 해석된다.

기전지역에서는 하나의 덮개돌 아래 2기의 무덤방이 자리한 특이 구조도 조사되었다. 군포 광정 2호 고인돌은 덮개돌 밑에 돌덧널인 무덤방이 2기 있었다. 이렇게 덮개돌은 하나인데 무덤방이 복수인 것은 이곳에 묻힌 사람이 서로 친연관계일 것으로 보여 당시의 묻기를 이해하는데 참고가 된다. 또 이런 경우 덮개돌은 무덤을 표지하는 하나의 상징적인 묘표의 의미를 지닌 것으로 생각된다. 복수의 무덤방은 북한지역의 황주천 유역인 황주 긴동, 천진동, 극성동 고인돌 유적에서도 조사되어 서로 비교된다.

2) 고인돌의 축조

고인돌의 축조는 큰 돌을 채석하고 그것을 옮겨야 하는 엄청난 노동력이 소요되는 대역사(大役事)다. 무덤을 축조할 곳까지 수 톤에서 수 십 톤 되는 큰 돌을 옮기는 것은 고인돌 축조 집단의 결속력을 다지고 공동체 나름의 협력 관계를 상징하는 하나의 거족적 행사이다. 여기에는 당시 사회에 있었던 건축과 관련된 축조 기술이 활용되었을 것이고 그러한 전통적인 건축 방법은 노동력과 깊은 관련이 있기 때문에 사회구조와도 연관이 있었을 것이다.

기전지역 고인돌의 발굴조사에서 밝혀진 덮개돌의 채석과 운반, 축조와 관련된 여러 자료들을 중심으로 살펴보고자 한다.

① 채석과 운반

고인돌 축조에 사용된 덮개돌의 채석과 운반에 대하여는 그동안 실험고고학적인 관점에서 연구 성과를 중심으로 비교 분석한 결과가 소개되었다.

채석을 하는 방법과 그 과정에 대하여는 실험고고학의 연구 성과 이외에도 고인돌 유적 주변에서 확인된 채석장의 조사 결과를 분석한 자료도 있다. 채석은 1차적으로 암질에 따라 차이가 있기 때문에 채석장의 지질환경이 큰 영향을 미쳤을 것이다. 채석은 운반에 따른 노동력 문제를 고려하여 그 크기(무게)를 결정하였을 가능성이 많다.

일반적으로 암반에서 채석을 하는 과정은 그동안 민족지학(民族誌學)적인 관점에서 쐐기를 사용하는 방법이 널리 알려져 왔다.[107] 이 방법은 먼저 암반에 있는 자연적인 틈새 또는 돌끌을 가지고 인위적으로 판 작은 홈에 나무쐐기를 박은 다음 부풀려 팽창력에 의하여 채석하는 것이다. 또 팽창력을 이용하지 않고 돌끌을 가지고 홈을 파 그대로 채석을 한 경우도 있을 것으로 추론된다. 실험고고학 연구에 의하면, 한 사람이 나무쐐기를 이용하여 하루에 1.5톤쯤 채석할 수 있다는 보고가 있다.[108]

한편 기전지역의 고인돌 유적 옆에서 채석장으로 추정되는 곳이 조사되기도 하였다. 광주 궁평리 유적은 남서쪽으로 500m쯤 떨어진 '용머리'라는 산기슭에서 덮개돌과 같은 암질인 흑운모 편마암이 조사되었고, 양평 앙덕리 고인돌은 약

---

107) 손진태, 1948. 『朝鮮 民族文化의 硏究』, 을유문화사, 29쪽.
108) Erasmus, C. F., 1977. "Monument building : some field experiments", *Experimental Archaeology*, Ingersoll, D., Yellen, J. E. and MacDonald, W.(eds.), New York : Columbia Univ. Press, pp.64~66.

사진 32. 평택 수월암리 유적 채석장과 절리면

1.5㎞ 떨어진 개군산 중턱에서 덮개돌을 가져온 것으로 해석하고 있다. 그리고 하남 광암동 유적은 500m 거리의 이성산 서남쪽에 있는 화강암질 편마암의 암반에서 덮개돌을 채석하였을 가능성을 제시하였다. 또 평택 수월암리 유적은 고인돌이 분포하는 말안장 모습의 능선 꼭대기(해발 64m)에 계단 모양의 절리면이 있는데 이곳에서 덮개돌과 굄돌 등 고인돌 축조에 사용된 돌을 채석한 것으로 보고 있다. 그 근거는 절리면의 모서리에서 홈을 판 쐐기 자국이 줄을 지어 찾아지고 있으며 주변 지형으로 볼 때 채석한 돌을 운반하기에 좋은 지세 조건이기 때문이다.

수월암리 유적의 채석장 옆에서는 별다른 시설을 하지 않은 네모꼴의 움(210

사진 33. 평택 수월암리 채석관련 제의시설

×166×13㎝)이 조사되었으며 이곳에서 덧띠새김무늬 토기[刻目突帶文土器]와 그물추가 찾아졌고 주변에서 민무늬토기 바닥, 덜된 석기 등이 조사되었다. 이 움의 성격에 대하여는 유적 주변을 조망할 수 있는 입지조건, 고인돌의 축조에 사용한 돌을 채석한 곳이라는 점, 파쇄된 유물이 출토된 점 등을 근거로 채석 행위와 관련된 제의(祭儀)를 하였던 곳일 가능성을 제시하기도 하였다. 지금까지 채석과 관련된 제의 유구(유적)가 조사되지 않았지만 고인돌 축조가 건립 집단의 공동체적 거족행사라는 측면을 고려하여 보면 채석에 앞서 그들 나름대로의 의례 행위는 있었을 가능성이 있다.

　기전지역의 여러 유적 가운데 이천 수하리, 인천 대곡동, 연천 고인돌에 대하여는 덮개돌과 추정 채석장의 암석 시료를 채취하여 과학적으로 박편 분석을 한 다음 비교하였다.[109]

　◦ 이천 수하리 고인돌은 탁자식이며 일제강점기 때 쓰러졌지만 덮개돌과 굄돌은 대체로 잘 남아 있었다. 분석 박편은 덮개돌 옆쪽 부분에서 떼어낸 것과 유적에서 북서쪽으로 1.8㎞쯤 떨어진 덮개돌을 채석한 곳으로 추정되는 정개산(해발 433.3m) 남쪽 기슭의 암석을 비교하였다.

　분석 결과 모두 흑운모 화강암질 편마암으로 밝혀졌다.

　- 고인돌 박편 : 석영, 사장석, 알카리 장석, 흑운모로 구성되며 나머지는 백운모, 석류석, 저어콘, 인화석 등이다. 석영 낱알들은 부분적으로 재결정화되었고 크기가 1.5㎜ 이상인 것도 있다. 사장석은 1㎜ 안팎의 크기이고 풍화에 의하여 견운모로 치환되었다. 알카리성 장석은 주로 미사장석들이며 정장석도 있다.

　- 비교한 박편 : 석영, 알카리 장석, 사장석, 흑운모, 백운모로 구성되며 세립

109) 고인돌과 관련된 박편 분석에 대하여는 한국자원연구소 제4기 지질환경 연구팀에서 제공한 자료를 토대로 유적의 입지조건, 추정 채석장 등을 고려하여 고고학적 해석을 하였다. 많은 도움을 준 김주용, 양동윤, 이진영, 오근창 님께 감사드린다.

의 불투명 광물이 들어 있다. 석영은 크기가 0.7㎜ 이하이며 부분적으로 재결정된 흔적이 있다. 사장석은 자형 내지 반자형으로 0.5㎜ 이상이며 1.5㎜ 크기도 있다. 알카리성 장석은 대부분 정장석으로 구성되며 주로 1㎜ 정도이다. 정장석 내부에는 0.3㎜ 가량의 변질된 포유물이 있으며 0.2~0.3㎜의 석영 낟알도 포함되어 있다.

사진 34. 이천 수하리 고인돌의 암질 분석 (덮개돌과 추정 채석장)

◦ 연천지역 고인돌의 박편을 분석한 결과, 축조에 이용된 암질은 현무암, 산성 화산암, 화강암질 편마암, 변성 퇴적암(규암류) 등으로 밝혀졌다. 그리고 지표에 오랜 기간 드러나 있어 대부분 풍화작용의 영향을 받아 원암 추정이 어려운 것도 있다.

사진 35. 연천 통현리 1호 고인돌의 암질 분석 (동·서 굄돌)

가장 널리 이용된 암질은 현무암이고, 통현리 1호의 동쪽과 서쪽 굄돌에 대한 박편 분석 결과는 다음과 같다.

사장석, 감람석, 휘석, 불투명 광물로 구성되었다. 0.5㎜ 안팎의 휘석은 가장 흔하게 보이며, 사장석 사이에 고운 입자도 섞여 있다. 휘석은 대부분 사방 휘석이고 감람석의 반정이 관찰된다. 굄돌을 이루는 반정 광물들은 대부분 사장석이며, 일부는 휘석 반정이다.

◦ 인천 대곡동 유적은 넓은 범위에 걸쳐 고인돌이 분포하고 있다. 고인돌의 덮개돌과 굄돌에 대한 19개의 박편을 마련하여 현미경 관찰을 한 결과, 흑운모 편마암과 화강암질 편마암으로 구분되었다. 화강암질 편마암은 석영, 사장석, 미사장석, 퍼다이트, 흑운모가 주성분이다. 흑운모 편마암은 주 구성 광물이 석영, 사장석, 흑운모이고 구성 광물에 따라 변성의 차이가 있다.

이러한 여러 박편 분석 가운데 A군 1호와 E군 3호 고인돌의 덮개돌 구성 광물을 보면 1호는 석영, 장석, 흑운모, 백운모, 석류석 등으로 흑운모 편마암이고 3호는 석영, 사장석, 퍼다이트, 미사장석, 흑운모로 화강암질 편마암으로 밝혀졌다.

사진 36. 인천 대곡동 고인돌의 암질 분석 (A-1호, E-3호)

이렇게 고인돌의 재질을 보다 구체적으로 규명하기 위하여 박편 분석을 한 결과는 연구를 객관화 하고 편리하게 하기 위한 기초 방법으로 쓰일 것이므로 많은 자료가 모아지길 기대한다.

고인돌의 축조를 위해 채석한 암석의 운반은 상당히 중요한 의미를 지닌다. 큰 돌의 운반 방법은 민족지 자료와 실험고고학의 연구 결과에 따라 여러 가지가 알려져 있다. 이러한 운반 방법은 대부분 돌의 크기에 따른 소요 노동력에 의하여 결정되었던 것 같다. 이동시킬 돌을 묶은 다음 통나무를 끼워 여러 사람이 어깨에 메고 옮기는 목도식, 돌 밑에 나무를 넣어 옮기는 지렛대식, 통나무를 깐 다음 돌을 얹고 앞과 옆에서 끌어 옮기는 끌기식, 강물이나 바닷물을 이용하여 뗏목으로 옮기는 뗏목식, 겨울철에 눈이나 미끄러운 얼음을 이용하는 나무썰매식 등이 있다. 덮개돌을 옮기기 위한 여러 방법 가운데 가장 널리 이용된 것은 끈으로 묶은 다음 통나무를 활용한 끌기식이었을 것이다.

기전지역의 고인돌 가운데 이러한 운반과 관련된 자료들이 연천 통현리 3호와 시흥 목감동 3호 고인돌에서 조사되었다. 통현리 3호는 덮개돌의 옆면(북쪽)에 줄홈(너비 2~4㎝)이 2줄 있고 목감동 3호에서는 덮개돌 위쪽에 가로 방향으로 2줄(길이 115㎝, 120㎝)의 홈이 파여 있었다. 이러한 줄홈은 채석한 큰 돌을 옮길 때 끈으로 묶기 위하여 만든 것으로 보인다. 고인돌의 축조에 이용된 큰 돌을 끌기식으로 옮길 때에는 운반의 효율성을 높이기 위해 끈으로 잘 묶는 것이 가장 중요한 한 과정이었을 것이다. 이러한 줄홈은 중국 동북지역의 와방점 대자, 대석교 석붕욕, 해성 석목성 1호 고인돌에서도 조사되었다.[110] 근래에 진안 여의곡 고인돌 유적에서 조사된 운반과 관련된 길도[111] 시사하는 점이 많다.

한편 덮개돌의 박편 분석으로 원산지를 추정한 다음 지형 조건을 고려하여 그에 따른 운반 경로를 제시한 경우도 있다. 인천 대곡동 유적의 고인돌 축조에

---

110) 許玉林, 1994. 『앞 책』, 14~15쪽 ; 16쪽 ; 47~48쪽.
111) 이종철, 2003. 「支石墓 上石 運搬에 대한 試論」 『韓國考古學報』 50, 33~34쪽.

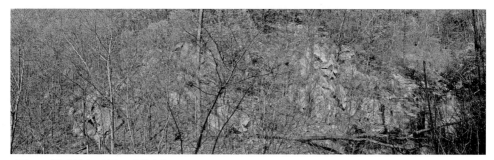

사진 37. 이천 수하리 고인돌 주변 채석장

이용된 대표적인 암질은 흑운모 편마암이다. 유적 주변의 지질 도폭에 따르면 2㎞ 범위의 김포 북변동·장기동·운양동, 5㎞ 범위의 김포 대능동에 같은 암질이 분포한다. 이 지역 가운데 지형 조건으로 보아 북변동의 장능산 언저리에서 옮겨 왔을 가능성이 많다. 이곳에서 이동을 하였다면 채석을 한 다음 산기슭을 따라 옮긴 후 걸포천의 물줄기와 구릉의 능선을 따라 운반했을 가능성이 가장 높다. 반면에 나머지 지역은 암질의 입지 환경이 좋지 못하거나 필봉산·가현산·운유산을 넘어 큰 돌을 옮겨야 하기 때문에 거리나 효율성 측면에서 비합리적으로 판단된다.

이천지역에서는 수하리 고인돌의 덮개돌을 박편 분석한 결과에 따라 채석장을 추정하였다. 그리고 수치고도 모형을 사용하여 거리와 경사도만 고려한 다음 가장 짧은 거리를 예측하는 방법으로 이동에 따른 최소 비용 거리를 계산하였다.

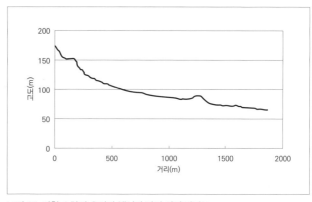

그림 26. 이천 수하리 유적과 채석장 간의 거리 단면도

수하리 고인돌의 덮개돌과 유적 주변 지석리 지역의 사면 붕적물에 있던 암질을 박편 분석한 결과 흑운모 화강암질 편마암으로 밝혀져 지석리의 북서쪽 산기슭을 채석장으로 추정하였다. 그리고 지형조건으로 볼 때 북서쪽에서 남동쪽으로 덮개돌이 옮겨졌을 가능성이 많아 이 방향으로 누적 거리와 최소 거리를 산출하였다. 여기에는 1:5,000 축척의 수치지도를 이용하여 5m 해상도의 수치고도 모형을 제작하여 이용하였다. 채석장에서 고인돌 유적까지의 고도에 따른 거리의 단면도는 그림26과 같다.

② 축조 과정

고인돌은 큰 돌을 가지고 만드는 구조물이기 때문에 당시 사회에 있었던 여러 가지 축조 방법이 이용되었을 것이다. 특히 덮개돌이나 굄돌의 하중에 따른 지반 문제가 최우선적으로 고려되었을 가능성이 많다.

기전지역의 고인돌 유적 가운데 강가에 위치한 경우 당시의 하상퇴적층을 손질한 다음 그 위에 고인돌을 축조한 예가 여러 곳 조사되었다. 이 하상퇴적층은 강물의 범람으로 강자갈층과 모래, 찰흙 등이 잘 다져져 있는 상태인데 그 위에 고인돌을 축조하였던 것은 지반 문제와 직접적인 관련이 있는 것으로 해석된다. 북한강 유역의 가평 읍내리 고인돌·남양주 진중리 고인돌, 남한강 유역의 양평 대석리 고인돌·광주 궁평리 고인돌 등이 있다.

탁자식 고인돌의 축조에 있어 덮개돌의 하중을 받치고 있는 굄돌이 쓰러지지 않고 원래 모습으로 서있게 하기 위하여 축조 과정에 여러 방법이 이용되었다. 서북한지역의 고인돌

사진 38. 연천 학곡리 2호 고인돌의 기초 홈

조사에서는 기초 홈을 판 것, 굄돌 주변에 진흙과 조가비를 다진 것이 찾아지기도 하였다.[112] 기전지역의 고인돌에서는 여주 신접리와 연천 학곡리 고인돌에서 기초 홈을 판 것이 조사되었고, 광명 가학동 11호, 인천 대곡동 1호와 남양주 문호리에서는 굄돌을 세운 다음 진흙과 막돌을 다져 채운 흔적이 발굴되었다. 탁자식 고인돌 그 자체가 하나의 건축 구조물이기 때문에 이런 축조 과정으로 당시 사회에 유행하던 건축술의 한 측면을 이해할 수 있다. 또한 탁자식 고인돌에서는 원형 유지를 위하여 덮개돌의 아래쪽과 굄돌의 위쪽이 맞닿는 부분의 상태(모습)도 중요하다. 흔히 덮개돌의 위쪽은 손질을 많이 하여 매끈한 상태이지만 아래쪽은 채석 당시의 모습을 그대로 유지한다. 이런 경우 덮개돌과 굄돌을 맞출 때 어려움이 많은데 강화 점골 고인돌은 그러한 굴곡면을 잘 맞추어 놓은 상태가 확인되었다.[113] 이것을 건축공학에서는 '그렝이 기법'이라고 하는데 청동기시대에 이런 공법을 활용한 점이 주목된다.

한편 고인돌이 쓰러지지 않고 축조 당시의 모습을 유지하기 위하여는 형식에 관계없이 수평을 유지해 줄 장치가 필요하다. 탁자식 고인돌에서는 덮개돌과 굄돌의 관계에서, 개석식에서는 무덤방의 구조에서 이러한 것이 조사되고 있다.[114] 중국 동북지역과 서북한지역의 고인돌에서도 형식에 관계없이 이러한 예가 많이 조사되고 있어 비교된다.[115] 기전지역은 탁자식 고인돌인 안산 선부동 나-1호와 인천 대곡동 1호에서 굄돌의 수평 유지를 위한 쐐기돌이 찾아졌고 개석식인 양평 앙덕리와 안산 양상동 1호는 무덤방과 뚜껑돌을 수평으로 놓기 위하여 쐐기돌을 끼워 놓은 것이 조사되었다.

112) 석광준, 1991. 「문흥리 고인돌에 대하여」 『조선고고연구』 4, 6~7쪽.
113) 우장문·김영창, 2008. 『세계유산 강화 고인돌』, 74쪽.
114) 수평 유지와 관련된 이러한 자료는 발굴조사 과정에 찾아지는 쐐기돌의 쓰임새를 해석한 결과다.
115) 하문식, 2016. 『앞 책』, 154~155쪽.

5. 묻기와 제의

고인돌 무덤은 통과의례에 따른 사람의 생애 마지막 절차에서 만들어지는 것이고 여기에는 당시 사람들의 사후세계(死後世界)에 대한 관심과 절차가 잘 반영되어 있다. 주검의 처리 과정에 있었던 당시 사람들의 장례습속을 묻기와 제의로 구분하여 살펴보고자 한다.

1) 묻기

묻기는 다른 어떤 문화요소보다도 전통성과 강한 보수성을 가지고 있기 때문에 잘 바뀌지 않는다. 고인돌을 축조할 당시는 자연환경의 변화와 함께 농경이 발전하게 되었다. 그 결과의 하나로 늘어난 인구에 비례하여 앞 시기보다 주변에서 더욱 많은 이들의 죽음을 접할 수 있었을 것이다.

주검을 묻는 과정에 가장 먼저 고려되어야 할 사항은 무덤방이다. 무덤방의 크기에 따라 묻는 방법이 다르기 때문이다. 묻는 방법은 바로펴묻기, 굽혀묻기, 두벌묻기(옮겨묻기) 그리고 화장(火葬) 등으로 크게 나누어 볼 수 있다.

기전지역의 고인돌에서 지금까지 발굴조사된 무덤방의 크기는 바로펴묻기할 수 있는 길이 160㎝, 너비 50㎝ 이상 되는 것이 대부분이다. 따라서 이러한 여러 묻기 가운데 바로펴묻기가 많이 이용되었던 것으로 보인다.

또한 주검을 처리하는 과정에 있어서 관심을 끄는 것은 무덤방의 긴 방향이나 묻힌 사람의 머리 방향이다. 한국의 토양 환경이 대부분 산성 토양이기 때문에 고인돌의 무덤방에서 사람뼈가 조사되는 경우는 매우 드물어 이것의 해석에 여러 문제점이 제기되기도 하였다. 성남 수진동 고인돌에서 산능선의 흐름과 나란한 무덤방 안에서 채취한 토양을 P_2O_5 분석하였다. 이 분석 방법은 주검이 화학적인 변화를 겪으면서 신체 부위에 따라 P_2O_5의 함량 차이가 있다는 점을 고려하여 무덤방의 각 지점별 토양을 분석하여 P_2O_5 함량을 비교하는 것이다. 그 결과 무덤방의 가장 높은 지점의 P_2O_5 함량(0.15~0.4%)이 낮은 부분(0.08~ 0.15%)보다 높게 검출되어 머리가 산꼭대기 쪽으로 놓여진 것으로 추정되었다. 또한 묻힌 사람의 신체 부위에 따라 무덤방의 바닥을 손질한 정도도 차이가 있는 것으로 여겨진다. 발끝 쪽보다는 머리 쪽에 많은 관심과 정성을 들인 것 같은데 파주 교하리와 당하리 고인돌, 인천 대곡동 6호 고인돌에서 찾아진 베갯돌이 그 예가 될 것이다.

다음은 화장과 관련된 것이다. 최근 청동기시대 무덤들이 집중적으로 발굴되면서 화장과 관련된 자료가 많이 보고되고 있다. 화장의 고고학적 증거는 일찍부터 중국 동북지역의 여러 선사시대 유적에서 조사되었다. 그리고 이에 관한 기록이『呂氏春秋』·『墨子 : 節葬下』·『列子』·『新唐書』등 옛 문헌에도 있다.[116]

신석기시대부터 나타나는 화장의 장례습속은 농경이 보편화되는 청동기시대에 상당히 널리 이루어졌던 것으로 밝혀지고 있다. 화장은 그 과정에 소요되는 비용이 높은 편이므로 진행 과정의 체계화와 효율성이 중요하다.[117] 따라서 당시 사회에 일반화된 것은 아니고 상황에 따른 특수성을 지니고 있었던 것으로 보인다.[118]

기전지역의 고인돌에서도 이러한 화장의 흔적이 조사되었다. 하남 하사창동, 평택 수월암리, 안성 만기 고인돌에서는 무덤방 안에서 숯과 불탄 흙, 재 등이 확인되었다. 특히 수월암리 고인돌에서는 아주 작은 불탄 사람 뼛조각이 발굴되었다. 무덤방 안에서 이러한 것들이 조사되었지만 이곳에서 직접 화장을 하였을 가능성은 매우 낮다. 화장은 그 과정에 많은 비용이 소요되고 절차가 까다롭기 때

116) 陳華文, 2007.『喪葬史』, 上海文藝出版社, 163~168쪽.

117) Mike Parker Pearson, 1999. *The Archaeology of Death and Burial*, UK : Sutton Publishing, pp. 49~50.

118) Tainter, J. A., 1978. "Mortuary practices and the study of prehistoric social system", *Advances in Archaeological method and theory* 1, New York : Academic Press, p. 126.

문에 무덤방의 크기나 화장에 직접 영향을 미치는 땔감의 활용 상황 등을 고려해 본다면 어려웠을 것으로 추정되기 때문이다. 그렇다면 무덤방에서 찾아지는 숯과 재는 무엇을 의미하는가? 주검을 화장하게 되면 불의 영향으로 뼈가 잘 부서져 아주 작은 조각으로 나누어지기에 뼈의 수습이 어렵다.[119] 따라서 이것은 작은 뼈의 수습 과정에 함께 들어온 것으로 보인다. 실제로 고인돌의 무덤방 안에서 화장 행위가 있었던 길림지역의 여러 정황과 비교해 보면[120] 무덤방의 크기, 나무테의 흔적, 불에 탄 나무조각 등 차이가 너무 많다.

한편 화장을 한 장소와 관련하여 오산 두곡동 고인돌 유적은 시사하는 점이 많다. 이 고인돌은 무덤구덩이에서 숯과 많은 뼛조각이 찾아지고 있어 무덤방(돌덧널)을 축조하기에 앞서 이 자리에서 화장을 한 다음 뼛조각을 골라 무덤방을 축조하고 그 안에 놓았을 가능성을 시사하고 있다.

고인돌의 껴묻거리로 묻기의 과정을 이해하게 하는 자료가 양평 상자포리 고인돌(이화여대 발굴)에서 조사되어 주목된다. 무덤방 안의 자갈층에서 돌화살촉 11점이 3개 층으로 나누어져 찾아졌는데 이와 같이 껴묻기한 모습이 영동 유전리 고인돌에서도 조사되어 비교된다.[121] 지금까지 이렇게 껴묻기된 자료가 조사된 것은 아주 제한적이지만 이것은 여러 차례에 걸친 묻기[多次葬]와 관련이 있지 않을까 한다.

한편 안산 선부동 가-2호, 양평 상자포리, 안성 신기 고인돌의 무덤방 주변에서는 작은 돌널(돌덧널)이 5기씩 조사되었다. 이곳에서 조사된 것은 다른 지역에서 조사된 것과 차이가 있는데 껴묻거리가 없다는 점, 돌널이 비교적 많은 5기나 된다는 점이다. 이것의 쓰임새는 딸린방[副室]의 기능보다 무덤방으로서의 역할

119) Karl J. Reinhard, T. Michael Fink, 1994. "Cremation in Southwestern North America : Aspect of Taphonomy that Affect Pathological Analysis", *Journal of Archaeological Science* 21, pp.598~600.

120) 金旭東, 1991. 「앞 글」, 20~22쪽.

121) 김원룡, 1960. 「앞 글」, 123~137쪽.

과 직접적인 관련이 있는 것으로 해석된다. 이런 점에서 평택 양교리 고인돌의 옆에서 조사된 매납유구는 껴묻거리가 있다는 점을 고려해 보면 딸린방의 기능을 하였을 것이다.

2) 제의

고인돌의 축조는 많은 노동력을 필요로 하기 때문에 사회공동체를 통해 이루어지게 되었을 것이고 여기에는 제연이나 향응이 있었을 것이다. 또한 주검을 처리하는 과정에 당시 사회에 널리 알려져 있던 절차에 의한 제의 행위가 있었다.

고인돌에서 이러한 제의 행위와 관련된 고고학 자료는 무덤방 주변에서 찾아지는 토기 조각이나 의도적으로 껴묻거리를 파쇄한 것이 있다. 기전지역에서는 남양주 금남리와 파주 당하리 고인돌 유적의 무덤방 주변에 있는 돌깔림 속에서 일부러 깨뜨린 민무늬토기 조각들이 많이 조사되었는데 당시 사회의 제의 행위와 연관있는 것으로 해석된다. 무덤의 축조 과정에 토기를 파쇄하는 행위는 장송의례의 한 과정으로 무덤방에 묻힌 사람의 죽음을 사회적으로 공인시키는 것이

사진 39. 평택 수월암리 7호 고인돌의 간돌검 출토 모습

다.[122] 그리고 평택 수월암리 7호 고인돌에서는 간돌검을 3조각으로 부러뜨려 껴묻기한 것이 조사되었다. 이것도 토기조각처럼 장송 과정에 있었던 인위적인 파쇄 행위의 하나로 여겨진다.

고인돌의 무덤방에서는 붉은 간토기가 껴묻기되어 있거나 붉은 흙이 뿌려진 경우가 있다. 대표적으로 양평 앙덕리 고인돌 유적이 있는데 무덤방의 바닥쪽으로 붉은 흙이 2.0×1.0m 범위에 걸쳐 흩어져 있었다. 그리고 이곳에서는 붉은 간토기가 출토되었다. 무덤인 고인돌에서 붉은 색과 관련된 유물이 찾아지는 것은 장례 의식과 무슨 관계가 있을까? 무덤의 장례 절차에 이용된 것은 붉은색의 의미와 연관이 있을 것이다. 이것은 영생을 바라는 의미로 해석되며[123] 죽은 사람으로부터 예기치 않게 받게 될 위험을 막아주는 벽사(辟邪)의 기능을 하였을 것이다.

한편 평택 수월암리 2호와 안산 선부동 가-2호 고인돌의 막음돌과 돌널 밑에서는 불탄 흔적이 조사되었다. 이것은 고인돌의 축조 과정에 있었던 것으로 보이며, 무덤방 밖에서 이런 것이 찾아진 것은 축조와 깊은 관련이 있는 것으로 판단된다. 불은 창조의 연원으로 생명력의 원동력인 동시에 여러 상징성을 갖고 있다. 이러한 상징적 의미로는 불에 태우거나 불 기운으로 나쁜 것을 없앨 수 있는 파괴력, 잡귀를 물러나게 만드는 벽사력 등이 있다.[124] 따라서 고인돌의 무덤방 주변에 있는 불탄 흔적은 벽사나 정화와 관련된 당시 사람들의 의례 행위일 가능성이 있다. 대구 상동 1호 고인돌이나[125] 제천 평동 고인돌에서도[126] 비슷한 예

122) 이상길, 1994. 「支石墓의 葬送儀禮」 『古文化』 45, 95~113쪽 : 김권구, 2017. 「의례와 사회」 『청동기시대의 고고학 4 : 墳墓와 儀禮』, 서경문화사, 185쪽.

123) Mike Parker Pearson, 1999. *op. cit.*, pp. 143~144.

124) 김열규, 1996. 「불의 의미론 : 불의 천의 얼굴」 『불의 민속』, 국립민속박물관, 158~159쪽.

125) 국립대구박물관·대구광역시 수성구, 2000. 『大邱 上洞 支石墓 發掘調査 報告書』, 14~15쪽.

가 조사되었다.

이밖에도 고인돌 무덤이 거석문화의 한 대상으로 후대에 숭배되기도 하였다. 이천 현방리와 연천 차탄리, 안성 신기 고인돌에서는 덮개돌 주변에서 조선시대의 분청사기 접시나 백자(조각) 단지 등이 찾아졌다. 조사된 여러 정황으로 보아 의도적으로 위(爲)하는 행위를 하였던 것 같다. 이것은 후

사진 40. 이천 현방리 3호 고인돌의 자기 출토 모습 (거석 숭배)

대 사람들이 지니고 있던 자연숭배 믿음의 하나로 고인돌이라는 큰 바위를 그 대상으로 여겼던 것으로 해석된다.

6. 껴묻거리와 연대

고인돌은 축조에 집단적인 노동력이 동원되어야 하므로 그 축조의 주체는 물론 묻힌 사람의 신분(계층)에 관하여 여러 논의가 있어 왔다. 그러나 발굴 결과 껴묻거리가 상대적으로 빈약하여 묻힌 사람 뿐만 아니라 고인돌의 성격을 규명하는데 많은 어려움이 있다.

무덤은 전통성과 보수성을 지니고 있기 때문에 그 성격과 만들어진 시기를 설정하는데 있어 껴묻거리를 많이 활용하지만 고인돌 유적에서는 빈도 차이가 많아 상대적인 비교가 어려운 것이 사실이다.

여기에서는 기전지역의 고인돌 유적에서 출토된 껴묻거리의 대개를 소개하고 그것을 토대로 방사성탄소 연대 측정 결과를 참고하여 축조 시기를 가늠해 보고자 한다.

||||||||||||||||||||||||
126) 제천시·세종대학교 박물관, 2015. 『제천 평동·광암 고인돌』, 82~84쪽.

1) 껴묻거리

고인돌에서 찾아지는 껴묻거리는 그 출토 위치에 따라 성격을 달리 하고 있다. 무덤방 안에서 조사된 것은 묻힌 사람과 직접 관련된 것으로 껴묻기 위한 의례용이다. 그러나 무덤방 옆이나 돌깔림과 같은 그 주변에서 찾아지는 것은 축조 과정에 있었던 장송용(葬送用)으로 여겨진다. 이러한 장송과 관련된 껴묻거리는 묻힌 사람의 죽음에 대한 애도의 표시로 생활에 실제 사용된 것들이 대부분이다.

고인돌 유적에서 출토되는 껴묻거리는 대부분 간석기와 민무늬토기이고 드물게는 청동기, 짐승뼈, 꾸미개 등이 가끔 찾아지고 있다.

토기는 전체적인 기형을 알 수 있는 완형은 거의 없고 모두 조각들만 찾아졌다. 대부분 민무늬토기이며 붉은 간토기, 구멍무늬 토기, 골아가리 토기, 팽이형 토기 그리고 경질의 삿무늬 토기가 있다.

고인돌 유적에서 조사된 토기가 조각들만 찾아지는 것은 껴묻기 과정과 관련이 있는 것으로 보인다. 이렇게 토기조각들만 나오는 것은 고인돌의 축조 과정이나 그 다음에 있었던 제의가 끝난 후의 파쇄 행위의 결과일 가능성이 많다.

민무늬토기 가운데 한강 유역에서 조사된 것의 바탕흙을 보면 가끔 빗살무늬토기와 비슷한 고운 찰흙을 이용한 것이 있다. 이처럼 바탕흙으로 고운 찰흙을 이용한 것은 의도적인 것이라기보다 시기적인 이유일 가능성이 많은 것으로 해석된다. 다시 말하여 고인돌에서 출토된 민무늬토기의 제작 과정에 빗살무늬토기의 전통이 남아 있을 가능성을 짐작해 볼 수 있다는 것이다. 이것은 또한 늦은 시기의 경질 삿무늬 토기가 고인돌의 껴묻거리에 포함되는 점을 고려해 보면 어느 정도 참고가 된다. 삿무늬토기는 남양주 금남리 고인돌에서 출토되었는데 민무늬토기의 다음 단계에 해당하는 것으로 문화의 연속적인 관점에서 시기 문제를 파악하여야 할 것이다.

기전지역의 고인돌에서 찾아진 붉은 간토기를 보면 전지역에 걸쳐 있음을 알 수 있다. 이 토기는 민무늬토기 다음으로 고인돌에서 많이 조사되고 있는데 무덤

방의 안팎에서 모두 출토된다. 붉은
간토기가 무덤인 고인돌에서 찾아진
다는 것은 토기의 겉면에 있는 붉은색
과 관련이 있지 않을까? 이러한 붉은
색은 양평 앙덕리 고인돌처럼 무덤방
에 뿌려진 붉은 흙과 같은 의미를 지
닌 것으로 장례의식과 관계 있을 것이
다. 일반적으로 붉은색은 죽음을 상징
하며, 죽음에 대한 사유의 한 의미로
영생을 나타내는 것으로 해석된다.

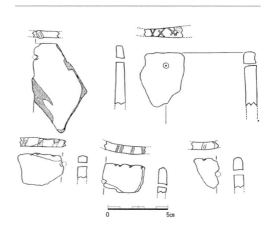

그림 27. 안산 선부동 고인돌 출토 구멍무늬 토기 (골아가리)

　　구멍무늬 토기도 한강 유역과 서
해안 지역 그리고 안성천 유역 등 비
교적 넓은 지역에서 출토되었다. 특히 토기 아가리의 단면에 새김무늬가 있는 골
아가리 토기가 안산 선부동 고인돌에서 찾아져 눈길을 끈다. 이 토기는 구멍무늬
토기와 깊은 관련이 있으며, 이른 청동기시대에 해당하는 것으로 선부동 고인돌
유적의 연대는 물론 그 문화 전통을 이해하는데 참고가 된다.

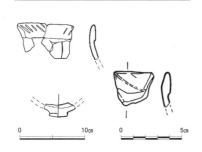

그림 28. 강화 오상리 고인돌과 삼거리 집터 출
토 팽이형 토기

　　한편 강화도 지역의 삼거리 고인돌
주변과 오상리 고인돌에서 팽이형 토
기조각이 출토되었다. 팽이형 토기의
바탕흙은 고운 찰흙에 모래와 활석이
섞여 있으며 대부분 물손질로 마무리
한다. 아가리는 거의가 접혀진 겹아가
리이고 평행의 빗금무늬가 있으며 밑
부분은 아주 좁으면서(지름 3~4㎝) 몸
통은 배가 부른 모습으로 마치 팽이를
닮은 특이한 형태이다. 주로 서북한 지

역의 청동기시대 이른 시기의 집터와 무덤(고인돌)에서 찾아지고 있다. 강화도 지역의 고인돌에서 이런 토기가 출토된 것은 지리적인 위치뿐만 아니라 고인돌 문화의 전파 과정을 시사하는 점에서 중요한 의미를 지닌다.

지리적으로 볼 때 강화지역과 팽이형 토기가 집중적으로 조사되고 있는 황해도 지역은 강화만을 사이에 두고 아주 가까운 거리에 위치하고 있어 같은 문화권으로 볼 수도 있을 것이다. 특히 근래에 강화도 북부지역의 신봉리와 장정리 지역에서 조사된 청동기시대 집터는 이런 관련성을 보다 뚜렷하게 보여준다.[127] 이 유적의 집터에서 출토된 겹입술 빗금무늬 토기는 서북한지역의 팽이형 토기 문화가 강화도 지역에 전파된 경로와 그 과정을 파악할 수 있게 하는 자료이다. 또한 이 집터의 문화 양상은 그 남쪽의 삼거리나 오상리에서 출토된 팽이형 토기와 관련있는 것으로 보여 강화도 지역의 고인돌은 서북한 지역에서 전파되었을 가능성을 강하게 시사한다.

사진 41. 강화 신봉리·장정리 집터 출토 겹입술, 빗금무늬토기

기전지역의 고인돌 유적에서 발굴된 석기는 비교적 다양한 편이며 다른 지역의 자료와 비교하면 특이한 점은 없지만 나름대로 몇 가지 성격을 지닌 것으로 보인다.

먼저 석기의 종류는 돌도끼를 비롯하여 돌끌, 돌대패, 화살촉, 간돌검과 돌창, 그물추, 갈돌과 갈판, 달도끼, 가락바퀴 등이 있다. 그 쓰임새는 돌도끼와 돌끌,

127) 중원문화재연구원·서울지방국토관리청·현대건설, 2013. 『江華 新鳳里·長井里 遺蹟』, 305~315쪽.

돌대패날 등 살림살이에 직접 이용된 것도 있지만 화살촉이나 간돌검처럼 무기용, 달도끼와 같은 상징성을 지닌 것 등 상당히 여러 가지로 구분된다.

석기 가운데 돌도끼가 많이 찾아지는데 외날도 있지만 양쪽을 손질하여 조금 비스듬하게 날을 만든 안팎날도 있어 용도에 따라 사용하였을 것으로 보인다. 남한강 유역의 고인돌에서 출토된 돌도끼 가운데에는 간 것도 있지만 양끝 쪽이나 몸체 부분의 가장자리에 떼기를 베풀어 만든 뗀돌도끼도 찾아지고 있어 지역적인 특징으로 볼 수 있다.

고인돌에서 찾아진 석기 가운데에는 돌끌과 돌대패날도 있다. 청동기시대에 접어들면 사회가 다원화되면서 살림의 형태에

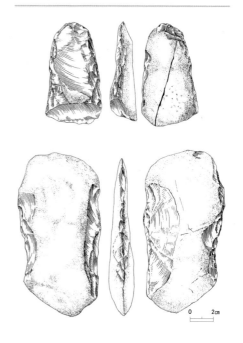

그림 29. 양평 앙덕리 고인돌 출토 뗀돌도끼

여러 변화가 찾아온다. 그 가운데 하나가 주거 형태인데 집의 크기나 구조에 있어 앞 시기와는 비교되지 않을 정도로 많은 차이가 있다. 특히 구조에 있어서의 변화는 집의 축조에 이용되는 나무의 손질과 직접적인 관련이 있다. 따라서 나무를 다듬고 손질하는데 사용된 대팻날과 끌은 당시의 살림살이를 이해하는데 도움이 되며 무덤인 고인돌에서 이러한 연모가 찾아지고 있는 것은 묻힌 사람과 관련된 의례 행위와 연관이 있을 것이다.

한편 강화 오상리 고인돌에서는 달도끼가 출토되었다. 달도끼의 용도는 별도끼와 함께 실생활에 이용되었다기보다 무기나 지휘봉의 기능을 가진 것으로 보인다. 그런 점에서 이것은 상징적인 의미를 지녔기 때문에 묻힌 사람의 신분과 관련시켜 볼 수 있다. 또한 이 고인돌 유적에서는 팽이형 토기가 찾아졌기 때문

에 달도끼와 함께 팽이형 토기 문화의 성격을 이해하는데 참고가 된다.

간돌검은 고인돌에서 찾아지고 있는 여러 껴묻거리 가운데 신분을 상징하는 대표적인 유물이다. 그 성격으로 볼 때 화살촉보다는 아주 적게 찾아지며 제작 기법이나 상징성 때문에 희소성이 있다. 기전지역의 고인돌 유적에서는 주로 한강 하류지역의 장명산 언저리에서 집중적으로 찾아지며, 완전한 것보다 깨어진 조각이 많은 편인데 의례와 관련이 있는 것으로 생각된다. 특히 안산 선부동 고인돌에서 발굴된 것은 검코나 손잡이 부분의 아래쪽을 보면 과장된 느낌이 있어 의기화된 것으로 판단된다. 이렇게 상징적인 의미를 지니고 있는 간돌검을 의기화한 것은 고인돌에 묻힌 사람의 사회적 지위는 물론 축조 시기와도 관련이 있을 것이다. 다시 말하여 의기화된 간돌검이 껴묻기된 고인돌은 청동 유물(동검)을 제작할 수 있는 사회적인 여건이 성숙되지 않은 단계에 축조되었을 가능성을 시사하는 것이다.

화살촉은 돌도끼와 함께 고인

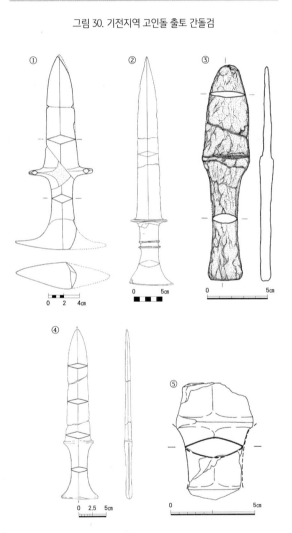

그림 30. 기전지역 고인돌 출토 간돌검

1. 선부동 나-2호, 2. 상자포리, 3. 다율리 9호, 4. 수월암리 7호, 5. 신기 1호.

돌에서 많이 찾아지는 석기 가운데 하나이다. 그 생김새에 따라 슴베가 있는 것[有莖式], 슴베가 없는 것[無莖式], 몸통과 슴베가 구별되지 않는 버들잎 모양[柳葉形] 등으로 나누어진다. 이러한 생김새에 따라 제작 시기 차이가 있는 것으로 보기도 하지만 무덤(고인돌)이나 집터에서 같이 찾아지는 경우가 많아 생김새의 차이가 시기에 따른 것

그림 31. 파주 옥석리 고인돌 출토 화살촉

보다 쓰임새와 관련이 있는 것으로 해석된다. 그리고 고인돌에서 찾아지고 있는 화살촉은 거의가 무덤방 안에서 발견되고 있기 때문에 묻힌 사람과 직접 연관이 있을 가능성이 많다.

기전지역의 고인돌에서 발굴된 화살촉은 대부분 슴베가 있는 것이며, 버들잎 모양은 강화 오상리 고인돌에서만 찾아져 지역적인 특징을 보여준다. 그리고 안양 평촌동의 신촌 고인돌에서 조사된 화살촉은 몸통에 비하여 슴베 부분이 지나치게 길어 실제 사용한 것이 아니고 껴묻기 위해 만든 명기(冥器)로 여겨진다.

한편 고인돌에서 조사된 화살촉이 주로 무덤방 안에 껴묻기되어 있고, 다른 석기에 비해 많이 찾아지고 있는 점에 주목하여 고인돌 축조 당시의 사회상과 관련시켜 묻힌 사람의 신분을 전사(戰士)로 해석한 연구가 있다. 그리고 고인돌에 묻힌 사람이 당시 사회의 지배자(권력자)이기보다는 사회 갈등(전쟁)에 직접 참

여한 전사일 가능성이 많기 때문에 대부분의 고인돌을
공훈무덤[功勳墓]일 것으로 추론하고 있어 주목된다.[128]

　기전지역의 고인돌 유적에서 찾아진 청동기는 지금
까지 양평 상자포리의 세형동검이 유일하다. 이 동검은
비교적 이른 시기의 것으로 어임[缺入部]과 등대[背脊],
마디[節帶]가 있다. 짧은 검끝[鋒部]이 특징이며, 등대의
능선은 둘째 마디까지 있다. 검의 아래쪽은 완만한 곡
선을 이루며 등대 마디가 약간 떨어져 있는 점이 관찰
된다.

　세형동검이 고인돌에서 출토된 곳은 김해 내동과
율하리, 순천 평중리, 영암 장천리, 나주 운곡리 유적 그
리고 평양 오산리, 성천 백원리, 봉산 어수구 유적 등 주
로 남부와 북부지역이다. 이렇게 고인돌에 세형동검이
껴묻기된 것은 축조 시기 뿐만 아니라 고인돌에 이은
다음 시기의 무덤 성격을 이해하는데 도움이 된다.[129]

사진 42. 양평 상자포리
고인돌 출토 세형동검

　이밖에도 옥으로 만든 치레걸이가 있다. 강화 오상
리 고인돌에서는 대롱옥이, 양평 상자포리 고인돌에서는 천하석으로 만든 굽은
옥이 조사되었다. 대롱옥은 여러 점을 묶어 목걸이로 사용하는데 오상리 고인돌
에서는 1점만 찾아져 당시 사회의 장례습속에 따라 처음부터 이렇게 껴묻기된
것으로 보인다. 또한 연천 통현리 고인돌에서는 사슴 손목뼈가 찾아졌는데 무덤
에서 이렇게 짐승뼈가 찾아지는 것은 고인돌의 축조 과정에 있었던 제의나 묻힌

---

128) 임병태, 1995.「後期 支石墓 社會의 性格」『東아시아의 靑銅器文化 - 묘제와 주거』, 문
　　화재관리국 문화재연구소, 12~16쪽.
129) 서길덕, 2018.『한국 점토띠토기 문화기 무덤 연구』, 세종대학교 박사학위논문,
　　33~38쪽.

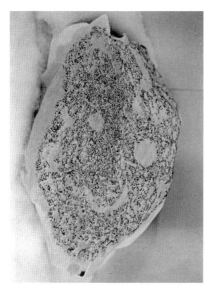

사진 43. 하남 광암동 고인돌 출토 얼굴 조각품

사람이 내세에서 영생하리라는 당시 사회의 믿음과 관련이 있는 것으로 해석된다.

한편 개석식인 하남 광암동 2호 고인돌의 무덤방을 이루는 서쪽 벽석 가운데에는 사람 얼굴 모양이 새겨져 있어 눈에 띈다. 두 눈과 입은 음각을 하였고 코 부분은 편평한 면을 손질한 점으로 볼 때 약간 길쭉한 얼굴 모습이다.

고인돌의 덮개돌에 돌검, 화살촉, 동심원 등이 새겨진 것이 포항 인비리, 여수 오림동, 함안 도항리 유적에서 조사되었지만 무덤방 안에 사람 얼굴이 새겨진 것은 광암동 고인돌이 유일하다. 그리고 울산 반구대 바위그림 가운데에도 사람 얼굴이 새겨져 있다. 이처럼 비교되는 자료가 매우 한정된 상황에서 광암동 고인돌의 얼굴 모습을 해석하는데에는 어려움이 많다. 하지만 이 얼굴이 새겨진 곳이 무덤이라는 점, 고인돌의 축조 과정에 새겨졌다는 사실을 고려해 보면 이곳에 묻힌 사람과 직접적인 관련이 있을 것으로 추론된다. 그렇다면 이것은 묻힌 사람의 초상화와 같은 의미를 지닌 것이 아닐까?

2) 고인돌의 연대

고인돌을 축조한 시기에 대하여는 여러 의견들이 제시되어 왔지만 아직까지 뚜렷한 연구 성과는 없다. 그 이유는 먼저 고인돌의 축조에 소요된 노동력에 비하여 찾아지는 껴묻거리가 너무 빈약하고 단순하기에 그 성격에 대한 의문이 생기면서 축조 시기와 관련된 당시 사회상의 규명이 이루어지지 않았기 때문이다. 또한 고인돌이 선사시대와 역사시대를 이어주는 시기에 걸쳐 있지만 연대의 기준을 설정할 수 있는 절대연대 측정 자료가 아주 적기 때문이다.

무덤의 기능을 지닌 고인돌의 연대 설정을 위하여는 껴묻거리에 대한 기초 연구를 비롯하여 형식 간의 선후 관계, 기원 문제, 관련 유적과의 관계 등이 밝혀져야 할 것으로 여겨진다.

기전지역의 고인돌 축조 연대를 살펴보기 위하여 먼저 껴묻거리 가운데 참고할 수 있는 토기와 관련된 자료를 검토한 다음 몇몇 절대연대 측정값을 소개하고자 한다.

껴묻거리 가운데에는 강화 오상리 고인돌과 삼거리 고인돌 옆의 집터에서 출토된 팽이형 토기가 있다. 지리적인 위치와 유적의 성격으로 볼 때 이 토기들은 서북한지역의 팽이형 토기 문화와 밀접한 관련이 있는 것으로 해석된다. 고인돌에서 출토된 아가리 부분과 집터에서 찾아진 밑 부분은 팽이형 토기의 특징을 어느 정도 가지고 있기에 서북한지역의 관련 자료와 비교해 볼 수 있다. 오상리 유적의 아가리 부분은 안악 노암리나 황주 천진동 고인돌에서 조사된 것과 비교되며, 빗금무늬는 평양 남경 유적 1기의 36호 집터와 영변 구룡강 유적의 집터에서 출토된 것과 견주어 볼 수 있다.[130] 또한 삼거리 고인돌 옆의 집터 출토 팽이형 토기의 밑과 아가리 부분은 남경 유적 1기 및 송림 석탄리 유적의 15·41호 집터에서 조사된 자료와 비교된다.[131] 남경 유적 1기의 36호나 구룡강 유적의 6호 집터는 방사성탄소 연대측정 결과 2889±70bp와 2740±80bp로 밝혀졌다.[132] 이

130) 김용간·석광준, 1984. 『남경 유적에 관한 연구』, 과학백과사전출판사, 95~100쪽 : 석광준·김재용, 2002. 「구룡강 유적 발굴 보고」 『강안리, 고연리, 구룡강 유적 발굴 보고』, 백산자료원, 180~181쪽.

131) 리기련, 1980. 『석탄리 유적 발굴 보고』, 유적발굴보고 제2집, 과학백과사전출판사, 33~36쪽.

132) 리윤철, 1990. 「방사성탄소에 의한 유적 유물의 절대년대 측정법에 대한 고찰」 『조선

것을 교정한 연대는 서기전 12세기~서기전 10세기쯤 되므로 강화도 지역의 고인돌 연대 설정에 참고가 된다.

이러한 자료를 고려해 보면 강화도가 포함된 서해안지역은 늦어도 서기전 12세기 이후의 어느 시기에 고인돌의 축조가 시작되었을 것으로 보인다. 그리고 기전지역의 비교적 이른 시기의 고인돌 축조는 서해안 지역부터 시작되었을 가능성을 시사한다.

기전지역의 청동기시대 집터에서 조사된 자료를 가지고 절대연대 측정한 값의 범위(시작과 마침 연대, 사용 기간 등)를 비교하기 위하여 베이지안 모델링 분석을 하였다. 그리고 그 연대값을 집터 출토 토기의 유형에 따라 시기 구분을 한 연구가 있다.[133] 이 결과에 의하면 기존에 알려져 있던 청동기시대 토기의 연대보다는 좀 이른 시기에 해당하는 것으로 밝혀졌지만 고인돌에서 출토된 골아가리 토기나 붉은 간토기 등의 연대를 참고할 수 있다.

한편 지금까지 기전지역 고인돌 유적에서 절대연대 측정된 자료를 보면 다음과 같다.

표 10. 기전지역 고인돌 유적의 연대 측정값과 교정 연대

순서	유적명	시료 번호	시료 종류	연대값(bp)	교정연대(cal BC), 99.7% (OxCal v4.4.3, IntCal 20)
1	파주 옥석리	GX0554	숯	2590±105	1126 ~ 374 (99.7%)
2	양평 양수리	KAERI-95	숯	3900±200	3191 ~ 3146 (0.1%) 3335 ~ 3213 (0.3%) 3141 ~ 1614 (99.3)
3	양평 상자포리	KAERI-91	숯	2170±60	400 ~ 13 AD (99.7%)

||||||||||

고고연구』 2, 41~44쪽.

133) 김선우, 2012. 「한반도 중서부 지방의 청동기시대 시기 구분 시론」 『白山學報』 93, 23~65쪽.

순서	유적명	시료 번호	시료 종류	연대값(bp)	교정연대(cal BC), 99.7% (OxCal v4.4.3, IntCal 20)
4	평택 수월암리(3-4)	SNU 12-430	숯	2350±40	668 ~ 636 (1.5%) 751 ~ 685 (3.1%) 306 ~ 207 (3.1%) 590 ~ 350 (91.9%)
5	평택 수월암리(3-5)	SNU 12-431	숯	2240±50	77 ~ 54 (0.2%) 413 ~ 92 (99.5%)
6	평택 수월암리(3-7)	SNU 12-432	숯	2210±40	71 ~ 58 (0.2%) 397 ~ 98 (99.5%)
7	평택 수월암리(3-8)	SNU 12-433	숯	2340±40	666 ~ 640 (0.9%) 749 ~ 687 (1.9%) 317 ~ 203 (6.9%) 570 ~ 346 (90.0%)
8	평택 수월암리(3-9)	SNU 12-434	숯	2490±40	791 ~ 411 (99.7%)
9	평택 수월암리(3-10)	SNU 12-435	숯	2460±40	776 ~ 403 (99.7%)
10	평택 수월암리(3-12)	SNU 12-436	숯	2410±40	763 ~ 391 (99.7%)
11	평택 수월암리(3-16)	SNU 12-437	숯	2410±40	763 ~ 391 (99.7%)
12	평택 수월암리(3-17)	SNU 12-438	숯	2180±60	388 ~ 52 (99.7%)
13	평택 수월암리(3-18)	SNU 12-439	숯	2410±40	763 ~ 391 (99.7%)
14	평택 수월암리(3-19)	SNU 12-440	숯	2430±40	769 ~ 397 (99.7%)
15	인천 운남동 1	M-1491	숯	720±100	1020 AD ~ 1455 AD (99.7%)
16	인천 운남동 2		숯	880±110	898 AD ~ 920 AD (1.1%) 956 AD ~ 1303 AD (93.8%)
17	오산 두곡동	SNU 10-1199	숯	2520±40	447 ~ 416 (0.9%) 804 ~ 453 (98.8%)

위의 표에서 보듯이 기전지역의 고인돌에 대한 방사성탄소 연대 측정값은 크게 구분되는 것 같다. 먼저 양평 양수리 유적은 그 교정 연대값이 서기전 30세기 쯤으로 밝혀져 현재의 상황으로는 그 연대를 받아들이기에 여러 어려움이 있는

것이 사실이다. 그리고 인천 운남동 고인돌은 껴묻거리나 무덤의 구조로 볼 때 역사시대(고려)에 해당하며 연대값도 뒷받침하고 있어 적절한 것으로 판단된다. 특히 운남동 고인돌 유적에서 후대에 축조된 것으로 판단한 무덤방 바닥의 숯층은 최근 조사된 다른 유적에서도 같은 구조를 보이고 있어 비교·검토가 가능하다.[134]

다음은 상당히 많은 연대 측정 자료가 제시된 평택 수월암리 유적이 있다. 이 유적의 교정 연대값을 보면 서기전 7세기경과 서기전 4세기경에 몇몇 고인돌의 축조 연대 시기가 집중되는 것으로 밝혀졌다. 그렇다면 수월암리 유적의 고인돌은 크게 보아 두 시기에 걸쳐 축조가 이루어졌던 것으로 해석된다. 그리고 양평 상자포리 유적의 고인돌 축조 연대는 이른 시기의 세형동검이 껴묻기된 점, 고인돌의 구조 등을 보면 교정 연대값과 큰 차이는 없는 것으로 판단된다.

7. 기전지역의 고인돌 성격

지리적인 관점에서 기전지역의 고인돌 유적은 상당히 중요한 의미를 지닌다. 동북아시아의 고인돌 성격 규명에 있어 한반도가 중추적 역할을 하듯이 기전지역은 고인돌이 집중 분포하고 있는 남부와 북부를 연결하는 점이적인 성격을 가진다.

지금까지의 조사 결과를 보면 기전지역에는 1,100여 기의 고인돌이 분포하며 그 가운데 280여 기가 발굴조사된 것으로 알려져 있다. 여기에서는 고인돌의 발굴 결과를 중심으로 이 지역의 고인돌 유적 성격에 관한 몇 가지를 정리해 보도록 하겠다.

고인돌의 분포는 지역마다 차이가 있지만 대체로 한강 하류지역과 서해안에

134) 국방문화재연구원, 2010. 『용인 공세동 고려 고분』, 94~96쪽.

가까운 곳에 집중되어 있는 것으로 밝혀졌다. 특히 장명산 언저리의 파주 옥석리·다율리 지역, 인천 대곡동, 강화도 지역에는 탁자식과 개석식이 무리를 지어 100여 기 이상 자리하는 것으로 조사되었다. 그리고 한탄강 유역의 샛강인 영평천을 중심으로 일정한 거리에 탁자식 고인돌이 분포하는 것도 주목된다. 기전지역의 고인돌 분포 관계를 지세에 따라 살펴보면 한강 유역의 상류는 강 옆의 평지나 낮은 구릉지대에 있지만 하류 쪽으로 갈수록 강 언저리의 산기슭이나 높다란 구릉에 위치한다. 강화도 지역은 섬이라는 환경 요인으로 바닷물의 영향을 직접 받았기 때문에 비교적 높다란 산지성 입지조건을 가지고 있을 뿐만 아니라 갯벌에 의한 간척 등을 고려해 볼 때 바닷물이 닿는 언저리의 구릉지대에도 축조된 것으로 보인다.

지리정보시스템과 원격탐사 방법론을 활용하여 연천 지역의 고인돌 유적의 입지조건을 분석한 결과, 고인돌은 해발 12.8~80.8m 사이(평균 41.7m)에 분포하고 유적이 있는 곳의 경사도는 평균 4.6°로 거의 완만한 저경사지대로 밝혀졌다. 물줄기와의 관계는 수평 거리가 평균 200m이고, 수직 거리는 5.3m로 밝혀져 비교적 물줄기 가까운 곳에 고인돌이 축조되었음을 알 수 있다.

고인돌의 형식은 738기 가운데 탁자식이 242기, 개석식은 494기 그리고 바둑판식은 남양주 금남리와 시흥 계수동 유적의 2기로 분류되었다. 강화도 지역은 탁자식 고인돌의 분포 비중이 높은 편이며 부근리·양오리·대산리에 대형 탁자식이 일정한 거리를 두고 위치하여 주목된다. 또한 기전지역의 탁자식 고인돌에서는 덮개돌의 크기에 비하여 굄돌의 높이가 1m 이내로 매우 낮은 것이 30여 기 조사되었다. 이것은 고인돌 형식 변화 과정을 보여주는 것으로 이 지역 고인돌이 가지는 점이적인 성격을 살펴볼 수 있다. 또한 덮개돌 밑에 놓인 굄돌을 세우지 않고 뉘여 놓는 독특한 구조가 인천 불로동, 하남 광암동, 화성 병점리와 수기리, 오산 외삼미동, 평택 양교리 유적에서 조사되었다. 이러한 특이한 고인돌은 황구지천 상류에 집중 분포하는데 무덤방이 지상(탁자식)에서 지하로 들어가는(개석식) 과도기적 성격을 보여주는 것으로 해석된다.

기전지역의 고인돌에서는 거북 모습을 표현하려고 치석(治石)한 덮개돌, 탁자식 고인돌에서 조사된 뚜껑돌, 무덤방이 지하에 있는 탁자식, 굄돌의 안기울임, 한 덮개돌 밑의 복수 무덤방 등 여러 특이 구조가 조사되었다. 평택 수월암리 유적의 4호와 10호 고인돌은 탁자식인데 무덤방이 지하에서 확인되어 지금까지 발굴된 고인돌 구조와는 다른 것으로 밝혀졌다. 이러한 무덤방의 구조는 당시 사람들의 장례습속에 따른 사고관의 변화와 관련될 가능성이 있다. 그리고 군포 광정 2호 고인돌은 덮개돌 밑에서 2기의 무덤방이 발굴된 특이한 구조. 이런 경우 덮개돌은 묘표의 의미를 지니게 되며, 묻힌 사람은 서로 친연성이 있는 관계일 것이다. 복수의 무덤방 구조는 서북한 지역의 황주 천진동, 극성동, 긴동 고인돌에서도 조사되어 비교된다.

고인돌의 축조 과정을 규명하는 관점에서 암석의 박편을 분석한 다음 비교 검토하여 덮개돌의 채석장을 추정하였고 수치고도 모형을 사용하여 거리와 경사도를 고려한 덮개돌의 운반 경로를 검토하였다. 이러한 분석은 아주 제한된 자료와 한정된 지역(이천, 연천, 인천)에서 이루어진 것이기 때문에 자료의 해석은 시론적인 성격이지만 앞으로 보다 많은 자료가 얻어지면 하나의 방법론을 세워 볼 수 있을 것이다.

묻기에 있어서는 성남 수진동 고인돌의 무덤방 흙을 P_2O_5 분석한 결과 주검의 부위에 따라 그 함량의 차이가 있는 점을 고려하여 묻힌 사람의 머리 방향을 규명하였다. 그리고 화장을 이용한 묻기가 하남 하사창동, 평택 수월암리, 오산 두곡동, 안성 신기 고인돌 유적에서 조사되었다. 특히 두곡동 고인돌은 먼저 무덤구덩에서 화장을 한 다음 돌덧널의 무덤방을 축조하여 사람 뼛조각을 묻은 것으로 밝혀져 주목된다. 이 지역의 고인돌 유적에서 조사된 이러한 화장 행위는 다음 시기의 움무덤에서도 확인되고 있어 보편적인 장례 습속의 한 행위였던 것 같다.

기전지역의 고인돌에서 출토된 껴묻거리는 다른 지역처럼 그렇게 많지 않다. 토기는 민무늬토기 이외에도 구멍무늬 토기, 골아가리 토기 그리고 팽이형 토기가 찾아져 주목된다. 강화도 지역의 고인돌에서 조사된 팽이형 토기는 이 지역의 고인돌 축조 시기는 물론 지리적인 상황을 고려해 볼 때 문화의 전파 과정을 알려주는 단서가 되고 있어 중요한 의미가 있다. 그리고 양평 상자포리 고인돌에서는 이른 시기의 세형동검이 찾아졌다. 최근 남부와 북부지역에서 이러한 세형동검이 찾아지는 고인돌 유적이 점차 증가하고 있어 이들 지역과의 비교가 가능할 것으로 기대된다.

기전지역의 고인돌 축조 연대는 절대연대 측정 자료가 부족하여 껴묻거리와 비교 검토한 결과, 팽이형 토기가 찾아진 강화도 지역의 이른 시기 고인돌은 늦어도 서기전 12세기 이후 어느 시기에 축조된 것으로 해석된다. 따라서 기전지역의 고인돌은 강화도 지역을 포함한 서해안 지역부터 축조되었을 가능성이 있다. 절대연대 자료가 많은 평택 수월암리 유적은 서기전 7세기와 서기전 4세기쯤 두 시기에 집중적으로 축조되었던 것 같다. 이런 점에서 기전지역의 고인돌 축조 시기 문제는 현재 자료를 가지고 해석하는데 한계가 있으며 앞으로 많은 연대 측정 자료가 얻어지면 보다 구체화될 것이다.

지금까지 기전지역의 고인돌 성격에 대하여 살펴본 것처럼 분포와 형식에 있어 북부와 남부지역을 이어주는 점이적인 역할을 한 것이 확인되며 무덤의 구조에서는 여러 특이한 점이 조사되었다. 앞으로 이러한 여러 특징들을 주변 지역에서 발굴되고 있는 새로운 자료와 비교 검토하면 이 지역의 고인돌 성격이 더 한층 뚜렷해질 것이다.

참고문헌

강동석, 2002. 「강화 지석묘의 구조와 분포 분석」 『博物館誌』 4, 인하대학교 박물관.

김권구, 2017. 「의례와 사회」 『청동기시대의 고고학 4 : 墳墓와 儀禮』, 서경문화사.

김석훈, 1997. 「황해 중부지역의 선사문화 : 인천지역을 중심으로」 『仁荷史學』 5.

김선우, 2012. 「한반도 중서부 지방의 청동기시대 시기 구분 시론」 『白山學報』 93.

김선우, 2016. 『한국 청동기시대 공간과 경관』, 주류성.

김열규, 1996. 「불의 의미론 : 불의 천의 얼굴」 『불의 민속』, 국립민속박물관.

김용간·석광준, 1984. 『남경 유적에 관한 연구』, 과학백과사전출판사.

김원룡, 1960. 「永同 楡田里 支石墓의 特異構造와 副葬品」 『歷史學報』 12.

김원룡, 1961. 「金海土器片을 내는 潭陽 文學里의 一支石墓」 『美術資料』 3.

김재원·윤무병, 1967. 『韓國支石墓研究』, 국립박물관.

리기련, 1980. 『석탄리 유적 발굴 보고』, 유적발굴보고 제2집, 과학백과사전출판사.

리윤철, 1990. 「방사성탄소에 의한 유적 유물의 절대년대 측정법에 대한 고찰」 『조선고고연구』 2.

서국태, 2016. 『고대 조선의 고인돌 무덤』, 사회과학출판사.

서길덕, 2018. 『한국 점토띠토기 문화기 무덤 연구』, 세종대학교 박사학위논문.

석광준, 1979. 「우리나라 서북지방 고인돌에 관한 연구」 『고고민속론문집』 7.

석광준, 1991. 「문흥리 고인돌에 대하여」 『조선고고연구』 4.

석광준, 1998. 『조선의 고인돌 무덤 연구』, 사회과학출판사.

석광준, 2002. 『각지 고인돌 무덤 조사 발굴 보고』, 白山.

석광준·김재용, 2002. 「구룡강 유적 발굴 보고」 『강안리, 고연리, 구룡강 유적 발굴 보고』, 백산자료원.

손진태, 1948. 『朝鮮 民族文化의 研究』, 을유문화사.

오대양, 2007. 「한강 본류 유역 고인돌 유적의 성격」 『白山學報』 79.

우장문, 2006. 『경기지역의 고인돌 연구』, 학연문화사.

우장문·김영창, 2008. 『세계유산 강화 고인돌』.

유태용, 2003. 『韓國 支石墓 硏究』, 주류성.

이경성, 1959. 「仁川의 先史遺蹟遺物調査槪要」 『梨大史苑』 1.

이상길, 1994. 「支石墓의 葬送儀禮」 『古文化』 45.

이성주, 1999. 「지석묘 : 농경사회의 기념물」 『한국 지석묘(고인돌) 유적 종합 조
　　사 연구』, 문화재청·서울대학교 박물관.

이영문, 1993. 『全南地方 支石墓 社會의 硏究』, 학국교원대학교 박사학위논문.

이영문, 2002. 『韓國 支石墓 社會 硏究』, 학연문화사.

이융조, 1975. 「양평 앙덕리 고인돌 발굴보고」 『韓國史硏究』 11.

이은봉, 1984. 『韓國古代宗敎思想』, 집문당.

이종철, 2003. 「支石墓 上石 運搬에 대한 試論」 『韓國考古學報』 50.

임병태, 1995. 「後期 支石墓 社會의 性格」 『東아시아의 靑銅器文化 - 묘제와 주
　　거』, 문화재관리국 문화재연구소.

최민정, 2006. 「임진강 유역의 고인돌 분포 연구」 『先史와 古代』 25.

최숙경, 1966. 「永宗島 雲南里 支石墓 - 放射性炭素 測定 結果 高麗 年代를 낸 例」
　　『金愛麻博士梨花勤續40周年紀念論文集』.

최영준, 1997. 『국토와 민족생활사』, 한길사.

하문식, 2006. 「강화지역의 고인돌에 대하여」 『崇實史學』 19.

하문식, 2008. 「고인돌의 특이 형식에 대한 연구」 『韓國史學報』 30.

하문식, 2016. 『고조선 사람들이 잠든 무덤』, 주류성.

하문식, 2018. 「고인돌 그리고 강화」 『강화도 지오그래피』, 작가정신.

하문식·김주용, 2001. 「고인돌의 덮개돌 운반에 대한 연구」 『韓國上古史學報』 34.

하문식·김주용·이진영, 2004. 「GIS 분석을 통한 고인돌 유적의 입지조건 연구」
　　『畿甸考古』 4.

金旭東, 1991. 「1987年吉林東豊南部蓋石墓調査與淸理」 『遼海文物學刊』 2.

陳華文, 2007. 『喪葬史』, 上海文藝出版社.

許玉林, 1994. 『遼東半島石棚』, 遼寧科學技術出版社.

三宅俊彦, 1997. 「對吉林省騷達溝山頂大棺的認識-兼論支石墓的發生」『考古學文化論集』4.

宮本一夫, 1997. 「中國東北地方の支石墓」『東アジアにわける支石墓の總合的研究』, 九州大學 文學部 考古學研究室.

Bradley, R., 1998. *The Significance of Monuments : on the Shaping of Human Experience in Neolithic and Bronze Age Europe*, New York : Routledge.

Chapman, R., 1981. "The emergence of formal disposal areas and 'the problem' of megalithic tombs in prehistoric Europe", *The Archaeology of Death*, London : Cambridge Univ. Press.

Daniel, G., 1980. "Megalithic Monuments", *Scientific American* 243-1.

Erasmus, C. F., 1977. "Monument building : some field experiments", *Experimental Archaeology*, Ingersoll, D., Yellen, J. E. and MacDonald, W.(eds.), New York : Columbia Univ. Press.

Hassan, F. A., 1981. *Demographic Archaeology*, New York : Academic Press.

Jean-Pierre Mohen, 1990. *The World of Megaliths*, New York : Facts On File.

Karl J. Reinhard, T. Michael Fink, 1994. "Cremation in Southwestern North America : Aspect of Taphonomy that Affect Pathological Analysis", *Journal of Archaeological Science* 21.

Kuna, M.·Adelsbergerrová, D., 1995. "Prehistoric location preferences : an application of GIS to the Vinorsky potok project, Bohemia, the Czech Republic", *Archaeology and Geographical Information Systems*

: *A European Perspective*, London : Taylor and Francis.

Mike Parker Pearson, 1999. *The Archaeology of Death and Burial*, UK : Sutton Publishing.

Moon-sig Ha, Tae-sop Cho, Sujin Kong, 2020. "Les caractéristiques des dolmens en Corée et les résultats des recherches récentes", *L'anthropologie* 124-4.

Renfrew, C., 1979. *Before Civilization*, Cambridge : Cambridge Univ. Press.

Tainter, J. A., 1978. "Mortuary practices and the study of prehistoric social system", *Advances in Archaeological method and theory* 1, New York : Academic Press.

로버트 롤러 지음·박태섭 옮김, 1997.『기하학의 신비』, 안그라픽스.

가평군·기호문화재연구원, 2016.『가평 읍내리 유적』.

강화군·고려구조이엔지, 2004.『강화 지석묘 정밀 안전진단 보고서』.

경기도 박물관, 2007.『경기도 고인돌』.

경기문화재연구원, 2017.『파주 운정3 택지개발지구 문화재 시굴조사(B구역) 약보고서』.

경동 나비엔·겨레문화유산연구원, 2013.『평택 수월암리 유적』.

고려문화재연구원·경기도시공사, 2010.『平澤 梁橋里 遺蹟』.

고려문화재연구원·한국토지주택공사, 2019.『하남 감일 공공주택지구내 문화재 발굴조사약보고서』.

국립대구박물관·대구광역시 수성구, 2000.『大邱 上洞 支石墓 發掘調査 報告書』.

국립문화재연구소, 2011.『강화 점골 지석묘 調査報告書』.

국방문화재연구원, 2010.『용인 공세동 고려 고분』.

기전문화재연구원·(주)금강주택, 2006. 『坡州 堂下里 遺蹟』.

기전문화재연구원·경기도시공사, 2009. 『安城 萬井里 신기 遺蹟』.

명지대학교 박물관·경기도, 1990. 『安養 坪村의 歷史와 文化遺蹟』.

명지대학교 박물관·경기도, 1991. 『安山仙府洞支石墓發掘調査報告書』.

명지대학교 박물관·호암 미술관·경기도, 1990. 『山本地區 文化遺蹟 發掘調査 報告書』.

문화공보부 문화재관리국 엮음, 1974. 『八堂·昭陽댐 水沒地區遺蹟發掘綜合調査 報告』.

서울문화유산연구원, 2021. 『양평 대석리 지석묘군 정비 사업부지내 유적 학술 자문회의 자료집』.

서해문화재연구원, 2014. 『하남 하사창동 유적』 IV.

선문대학교 고고연구소·강화군, 2002. 『江華 鰲上里 支石墓』.

세종대학교 박물관·하남시, 1998. 『河南市 廣岩洞 支石墓』.

세종대학교 박물관·이천시, 2000. 『이천 지역 고인돌 연구』.

세종대학교 박물관·연천군, 2003. 『연천지역 고인돌 유적』.

세종대학교 박물관·여주군, 2005. 『여주 신접리 - 고인돌 발굴조사 보고서』.

손보기·장호수·최삼용, 1986. 「廣州 宮坪里遺蹟 發掘調査 報告」 『中部高速道路文化遺蹟 發掘調査報告書』.

숭실대학교 박물관, 1991. 「島村洞 支石墓 A·B群 發掘調査報告」 『盆唐地區 文化遺蹟 發掘調査 報告書』.

시흥시·한양대학교 박물관, 1999. 『始興市 桂壽洞 支石墓』.

연천군·세종대학교 박물관, 2014. 『연천 차탄리 고인돌 발굴조사 보고서』.

이용조·신숙정·우종윤, 1984. 「堤原 黃石里 B地區 遺蹟 發掘調査報告」 『忠州댐 水沒地域 文化遺蹟 發掘調査 報告書(I)』.

인천광역시립박물관, 2003. 『인천남부 종합학술조사』.

인천광역시 서구청·인하대학교 박물관, 2005. 『대곡동 지석묘-인천 대곡동 지석묘 정밀지표조사』.

제3경인고속도로·한백문화재연구원, 2010.『제3경인고속도로 건설구간내 시흥 월곶·군자·하상·금이·목감동 유적』.

제천시·세종대학교 박물관, 2015.『제천 평동·광암 고인돌』.

중원문화재연구원·서울지방국토관리청·현대건설, 2013.『江華 新鳳里·長井里 遺蹟』.

충북대학교 박물관 엮음, 1988.『板橋~九里·新葛~半月間 高速道路 文化遺蹟 發掘 調査 報告』.

한국토지주택공사·기호문화재연구원, 2013.『烏山 塔洞·斗谷洞 遺蹟』.

한국토지주택공사·대동문화재연구원, 2019.『仁川 黔丹地區 遺蹟』I.

한양대학교 문화인류학과·한국선사문화연구소, 1994.「多栗里·堂下里 支石墓 및 住居址」『多栗里·堂下里 支石墓 및 住居址』.

한양대학교 박물관, 1985.『光明 鐵山洞 支石墓』.

한양대학교 박물관·광명시, 1997.『光明 駕鶴洞 支石墓』.

한양대학교 박물관·시흥시, 1999.『始興市 鳥南洞 支石墓』.

한울문화재연구원, 2020.『인천 대곡동 지석묘군 복원 정비 사업부지내 유적 정 밀 발굴조사 약식 보고서』.

호남문화재연구원·인천도시공사·한국토지주택공사, 2020.『仁川 黔丹 麻田洞· 元堂洞·不老洞遺蹟 : 不老洞』II.

황용훈, 1972.「楊州 琴南里 支石墓 調査報告」『慶熙史學』3.

황용훈, 1978.「楊上里·月陂里 遺蹟 發掘調査 報告」『半月地區遺蹟發掘調査報告』.

IV
돌널무덤과
돌덧널무덤

① 가평 읍내리
② 광주 역동
③ 군포 당동
④ 오산 탑동
⑤ 안산 팔곡동
⑥ 인천 원당동
⑦ 평택 용이동
⑧ 평택 양교리
⑨ 평택 토진리

기전지역의 돌널무덤과 돌덧널무덤 위치도

청동기시대의 무덤으로는 고인돌 이외에도 돌널무덤과 돌덧널무덤이 있다. 이들 무덤은 자리한 곳, 무덤방을 만든 재질, 껴묻거리 등에서 공통점이 있지만 축조 방법이나 시기 문제에 있어서는 차이점이 있는 것이 사실이다.

돌널무덤은 돌상자무덤[石箱墳]이라고도 하며, 무덤 구덩[墓壙]을 만든 다음 넓적한 판자돌을 세워 상자처럼 긴 네모꼴의 무덤방을 만들고 그 위에 뚜껑돌을 덮은 것이다. 돌덧널무덤은 무덤 구덩에 깬 돌, 강돌, 판자돌을 쌓아서 4벽을 만들며 할석묘(割石墓)라고도 한다. 여기서 돌덧널무덤은 좀 시기가 늦은 경우 드물게 돌덧널 안이나 그 위에 돌무지가 있는 돌무지 돌덧널무덤[積石石槨墓]을 포함하는 넓은 의미를 지닌다.

이들 무덤은 지표에 아무런 흔적이 없어 대부분 인위적인 지형 변화에 따른 발굴조사 과정에 찾아지고 있기 때문에 그 분포 관계는 아직도 파악하기 어려운 점이 많다.

기전지역에서는 돌널무덤과 돌덧널무덤이 함께 찾아지기도 하며 무덤의 구조를 보면 서로 혼합된 모습을 보여주고 있어 시사하는 점이 많다. 이런 점을 고려하여 여기에서는 이들 무덤을 뭉뚱그려 설명하고자 한다.

1. 발굴조사된 유적

기전지역에서 발굴된 돌널무덤과 돌덧널무덤은 고인돌이나 움무덤에 비하여 많지 않다. 이 무덤들은 발굴과정에 조사된 것이기 때문에 대부분 주변에 관련 집터 유적이 있다.

1) 가평 읍내리 유적

가평천 언저리의 강안 퇴적층 위에 자리하며 바로 옆에서 개석식 고인돌이 발굴되었다. 이곳에서는 3기의 돌덧널무덤이 조사되었다.[1]

발굴된 돌덧널무덤은 그 크기가 다양하며(1호 : 72×35×23㎝, 2호 : 195×34~45×53㎝), 긴 방향도 등고선과 나란한 것, 직교한 것이 섞여 있다. 무덤방의 4벽은 주변에서 구하기 쉬운 모난 강돌을 세워 쌓거나 눕혀 쌓기 한 것(1호와 2호)도 있지만 3호 무덤은 모난 강돌과 판자돌을 섞어서 쌓거나 세워 놓았다. 무덤방 안에는 갈색의 모래질 찰흙이 채워져 있었고 껴묻거리는 찾아지지 않았다.

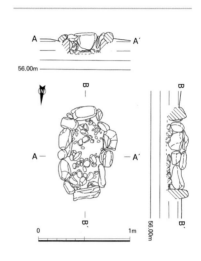

그림 1. 가평 읍내리 1호 돌덧널무덤 평·단면도

한편 3호 돌덧널무덤의 남단 벽 쪽에서는 불에 그을린 흔적이 조사되었는데 묻기와 관련이 있는 것으로 여겨진다.

2) 광주 역동 유적

구릉의 남쪽으로 뻗어내린 가지능선의 편평한 곳에서 돌덧널무덤 1기가 발굴되었다.[2] 유적의 서남쪽으로는 경안천의 샛강인 중대천이 흐르고 있다.

1) 가평군·기호문화재연구원, 2016. 『가평 읍내리 유적』, 41~46쪽.
2) 해냄주택·한얼문화유산연구원, 2012. 『광주 역동 유적』, 80~87쪽.

돌덧널무덤은 20~40㎝ 크기의 모난돌을 다듬지 않고 쌓았는데 맨밑의 1단만 확인되었고 평면은 긴 네모꼴이다. 바닥에는 10㎝ 안팎의 작은 돌들이 깔려 있었다. 무덤의 긴 방향은 동서쪽으로 등고선과 나란하다. 무덤방은 길이 190㎝, 너비 90㎝쯤 된다.

무덤방에서는 머리뼈와 정강이뼈의 조각들, 숯이 찾아졌고 벽석에서는 불탄 흔적이 조사되었다. 이렇게 묻힌 사람의 뼛조각이 아주 작게 부스러진 점, 숯과 불탄 흔적 그리고 무덤방의 크기로 미루어 보아 무덤방 안에서 화장을 하였던 것으로 여겨진다.

껴묻거리는 비파형동검(1점), 둥근꼴의 청동 검자루 끝 장식(1점), 삼각만입 화살촉(13점), 천하석제 구슬(3점)이 조사되었다.

비파형동검은 끝부분이 없으며 등대에는 간 흔적이 남아 있다. 날 부분은 대부분 떨어져 나간 상태이고 슴베쪽으로 거푸집의 흔적이 있다. 길이 22.0㎝, 너비 2.2㎝. 검자루 끝 장식은 비파형동검 옆에서 찾아졌는데 둥근 고리 모양의 검자루 끝장식[劍把頭飾]으로[3] 중국 동북지역의 돌무지무덤과 김해 연지리 고인돌에서도

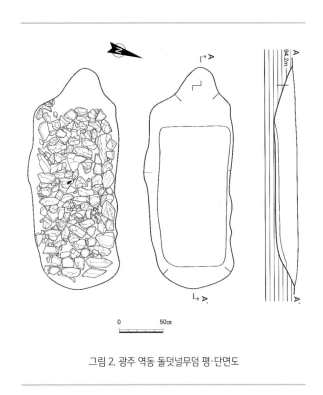

그림 2. 광주 역동 돌덧널무덤 평·단면도

3) 국립청주박물관, 2019. 『한국의 청동기 자료 집성』 I, 32~33쪽.

찾아졌다. 위쪽의 가운데에 구멍이 뚫려 있어 끈으로 묶었던 것 같다. 돌화살촉은 날이 날카롭고 단면은 6각형이다.

이 무덤은 화장을 하였고 비파형동검과 청동 검자루 끝장식이 조사되어 요동반도의 무덤과 비교된다.

3) 군포 당동 유적

동·서로 길게 뻗은 얕은 야산의 남쪽 기슭에서 돌덧널 무덤 1기가 발굴조사되었다.[4]

풍화암반층을 파서 무덤 구덩을 만든 다음 비교적 편평한 막돌을 2~3단 쌓아서 돌덧널을 만들었다. 돌을 쌓은 방법을 보면 긴 벽은 가로 쌓기를 하였고 짧은 벽(북쪽)은 세로 쌓기를 한 점에서 서로 차이가 있다. 돌덧널의 크기는 220× 85×18㎝이며, 바닥에는 모난 작은 돌을 깔아 놓았다.

껴묻거리는 묻힌 사람의 발끝 쪽에서 민무늬토기 바닥과 몸통 부분이 찾아졌다. 이 토기의 바탕흙은 비교적 굵은 석영이 섞인 찰흙을 사용하였고 소성 온도는 높지 않은 것 같다. 바닥은 들린 바닥이고 몸통과 맞닿는 부분에는 손누름으로 붙인 흔적이 뚜렷하다.

4) 오산 탑동 유적

구릉 꼭대기의 편평한 곳에 자리한다.[5]

풍화암반층을 파 모줄인 긴 네모꼴의 무덤 구덩(110×67×23㎝)을 만든 다음 길이 35㎝쯤 되는 넓적한 판자돌을 가지고 50×30×20㎝ 크기의 돌널을 만

4) 중원문화재연구원·한국토지주택공사. 2010. 『軍浦 堂洞 遺蹟』, 37쪽.
5) 한국토지주택공사·기호문화재연구원, 2013. 『烏山 塔洞·斗谷洞 遺蹟』, 31~34쪽.

들었다. 돌널은 바닥에 판자돌 1매를 깔았고 벽에는 5매를 세워 놓았으며 긴 방향은 등고선과 나란하다. 무덤방 안에서 숯조각들이 찾아졌지만 불탄 흔적은 없다.

껴묻거리는 무덤방 안에서 붉은 간토기 2개체와 홈자귀가 찾아졌고 뒷채움토에서 외날의 돌도끼 2점이 출토되었다.

무덤에서 출토된 숯을 방사성탄소연대 측정한 결과 2500±40bp의 연대값을 얻었다.

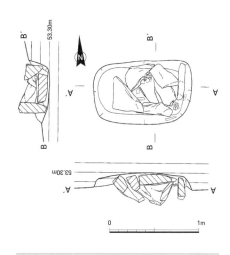

그림 3. 오산 탑동 돌널무덤 평·단면도

5) 안산 팔곡동 유적

반월천 동쪽에 있는 얕은 야산의 가지능선 꼭대기에 위치한다. 주변으로는 조선시대의 집터와 무덤들이 있으며, 돌덧널무덤은 한 쪽 가장자리에 자리한다.[6]

모난 할석을 쌓아서 만들었는데 2~4단 정도 남아 있는 상태이며, 크기는 216×87×47㎝쯤 된다. 긴 방향은 등고선과 나란한 동서쪽이다. 무덤의 바닥에 작은 모난돌이 깔려 있고 묻힌 사람의 머리 쪽에 세형동검이, 발끝 쪽에는 목 긴 검은 간토기, 목 부분에는 천하석제 구슬옥이 껴묻기되어 있었다. 세형동검의 날은 거의 떨어져 나가 등대[背脊]만 남아 있는 상태다. 검은 간토기의 몸통 최대 지름은 아래쪽에 있으며 목 부분은 몸통에서 약간 비스듬하게 올라가는 모습이고 입술은 바깥으로 바라진 상태다.

이 무덤은 모난돌을 쌓은 돌덧널무덤이지만 기전지역의 청동기시대 늦은 시

<hr />

6) 경기문화재연구원·안산도시공사, 2019. 『팔곡 일반산업단지 문화재 정밀발굴조사 약보고서』, 66~73쪽.

기에 해당하는 움무덤에서 조사되고 있는 세형동검과 목 긴 검은 간토기가 무덤 방 안에 껴묻기 되어 있었다. 이런 점으로 보아 무덤의 구조나 지역적인 특수성 에 대한 새로운 검토가 필요할 것으로 보인다.

6) 인천 원당동 유적

만수산(해발 114.6m)에서 남동쪽으로 뻗어 내린 가지능선의 꼭대기와 기슭 에서 돌널무덤 4기가 조사되었다.[7]

돌널무덤이 위치한 모습을 보면 1호는 가지능선의 꼭대기 쪽에 자리하며 2~4호는 능선의 기슭을 따라 4~5m 거리를 두고 1줄로 분포하였다.

1호 무덤은 풍화암반층을 파서 무덤 구덩(80×60㎝)을 만든 다음 무덤방의 4 벽은 할석의 판자돌을 1매씩 세워 만들었다. 긴 방향은 등고선과 직교하는 모습 이다. 조사 당시 짧은 벽인 북쪽 벽석은 없었다. 바닥은 3매의 판자돌을 깔았는 데 묻힌 사람의 머리 쪽에는 2매를 가지런히 놓았다. 무덤방의 크기는 55×25× 35㎝쯤 된다.

사진 1. 인천 원당동 1·4호 돌널무덤

7) 한국문화재보호재단·인천시 검단개발사업소, 2007. 『仁川 元堂洞 遺蹟』Ⅰ, 59~64쪽.

3호 무덤은 가운데에 위치하며 풍화암반층을 지름 1m쯤 파서 무덤 구덩을 만들었다. 무덤방의 긴 벽은 할석의 판자돌 2매를, 짧은 벽은 1매씩을 세워 놓았다. 바닥은 판자돌 1매를 깔아 놓았고 사이에 모난돌을 채웠다. 무덤방의 긴 방향은 등고선과 직교하며, 크기는 34×22×15㎝로 매우 작은 편이다. 무덤방을 덮은 뚜껑돌은 북쪽으로 옮겨져 있다.

한편 이 무덤은 무덤 구덩과 무덤방을 이룬 벽석 사이에 모난돌을 쌓아 놓았는데 아마도 벽석의 보호와 관련이 있는 것으로 보인다.

4호 무덤은 가장 북쪽에 위치한다. 무덤방을 만들기 위하여 다른 무덤처럼 풍화암반층을 파 모줄인 긴 네모꼴의 무덤 구덩(195×162㎝)을 만들었다. 무덤방의 벽석은 판자돌을 1매씩 세워 놓았고 바닥은 맨바닥을 그대로 이용하였다. 긴 방향은 무덤 구덩과 다르게 등고선과 직교한다. 무덤방의 크기는 45×23×30㎝로 무덤 구덩에 비하여 상당히 작은 편이다. 이 무덤도 3호처럼 무덤 구덩과 벽석 사이에 모난돌을 채워 놓았다.

껴묻거리는 모난돌 쌓임층에서 돌끌 1점이 찾아졌다.

원당동 유적은 한 곳에서 4기의 돌널무덤이 조사되어 기전지역에서는 가장 밀집된 양상을 보여주고 있다. 그리고 무덤방의 크기가 매우 작아 두벌묻기의 가능성을 시사한다.

7) 평택 용이동 유적

구릉(해발 50㎝)의 동쪽 가지능선에서 남동쪽으로 이어지는 능선의 편평한 곳에서 3기의 돌널무덤이 발굴조사되었다. 1호를 기준으로 남서쪽 1m 떨어져 2호가, 북서쪽 3.6m 거리에 3호가 위치한다.[8)]

이 유적의 돌널무덤은 가지능선에 자리하지만, 같은 시기의 집터는 꼭대기

<hr />

8) 한얼문화유산연구원·평택 인터시티. 2019. 『평택 용이·죽백동 유적』, 1232~1238쪽.

쪽에 집중되어 있어 서로 차이가 분명하다. 이렇게 살림터와 무덤의 공간이 뚜렷하게 분리되었다는 것은 당시 사회상을 잘 반영하는 것으로 여겨진다.

1호의 무덤 구덩은 모줄인 긴 네모꼴로 186×68×38㎝이며, 긴 방향이 등고선과 나란하다. 돌널무덤은 바닥에 넓적한 판자돌 2매를 깔고 4벽은 1매씩 세워 놓았다. 크기는 60×32×44㎝이다. 무덤방 안의 암갈색 모래찰흙층에 사람 뼛조각과 숯이 섞여 있었다.

껴묻거리는 길이 20.4㎝의 비교적 긴 돌창 1점이 찾아졌다. 간 흔적이 뚜렷이 관찰되며 몸통의 단면은 마름모꼴이다.

2호의 돌널을 축조한 방식은 1호와 비슷하며 그 크기는 35×19×26㎝로 아주 작은 편이다.

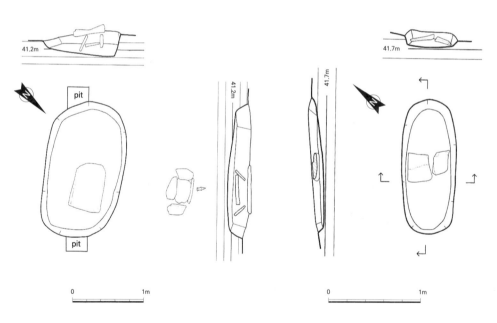

그림 4. 평택 용이동 2·3호 돌널무덤 평·단면도

껴묻거리는 무덤방 안에서 간돌검 1점이 조사되었다. 손잡이는 검코 부분까지 완만하게 곡선을 그리며, 전체 길이는 24.2㎝이다.

용이동 돌널무덤은 무덤 구덩의 바닥에서 숯과 사람 뼛조각이 찾아졌고 그 바닥에는 불탄 흔적이 뚜렷하게 남아 있었다. 이런 점과 무덤 구덩의 크기 등을 고려할 때 묻힌 사람을 1차적으로 이곳에서 화장한 다음 돌널무덤을 만들어 사람뼈를 묻었던 것으로 해석된다.

8) 평택 양교리 유적

구릉의 꼭대기(해발 64m)에서 6m 거리를 두고 2기의 돌널무덤이 발굴되었다.

2호 돌널무덤은 구릉의 북동쪽 기슭에 위치하며, 12호 집터(청동기시대)를 파괴하고 축조한 것으로 밝혀졌다.[9]

돌널의 평면 생김새는 긴 네모꼴이고 방향은 등고선과 직교한다. 무덤방의 북·동·서벽은 1매의 판자돌을 세워 놓았고 남벽은 2매의 판자돌을 겹으로 세웠다. 돌널의 벽과 무덤 구덩 사이에는 모난돌을 채워 넣었다. 바닥에는 아주 작은 (10㎝ 미만) 모난돌을 깔아 놓았다.

껴묻거리는 묻힌 사람의 다리 쪽으로 추정되는 곳에서 화살촉 4점이 출토되었고 허리 부분에서 의도적으로 깨뜨린 간돌검의 몸통과 끝부분이 찾아졌다.

9) 평택 토진리 유적

구릉 꼭대기(해발 55m)의 편평한 곳 북쪽 끝에 위치한다. 돌널무덤 옆에서는

---

9) 고려문화재연구원·경기도시공사, 2010. 『平澤 梁橋里 遺蹟』, 92~94쪽.

사진 2. 평택 토진리 돌널무덤

청동기시대 집터와 작은 구덩이 발굴되었다.[10]

돌널무덤은 반원형의 풍화암반층을 판 다음 바닥을 편평하게 고르고 바닥과 4벽에 석영제 판자돌 1매씩을 깔거나 세워서 만들었다. 그리고 돌널과 무덤 구덩 사이에는 편마암 계통의 작은 돌을 채워 넣었다. 돌널의 크기는 45×19㎝로 아주 작은 편이다. 무덤방 안의 채움 흙 속에는 숯과 작은 사람 뼛조각, 불탄 흙이 섞여 있었다.

사람 뼛조각은 어른 남자의 사지뼈로 밝혀졌다. 또한 뼛조각의 겉면에 균열이 있고 숯, 불탄 흙 등이 나온 점으로 보아 화장한 것으로 해석된다.

한편 돌널무덤의 남쪽에 자리한 원형의 작은 구덩(66×61×17㎝)에서도 불탄 흙 속에서 사람뼈와 숯이 찾아졌는데 돌널무덤과 관련이 있는 것 같다.

껴묻거리는 돌널의 서쪽 벽석과 채움돌 사이에서 부러진 간돌검, 화살촉이 1점씩 찾아졌다.

2. 유적의 입지조건

기전지역에서 조사된 돌널무덤이나 돌덧널무덤이 있는 곳의 지세를 보면 대

10) 기전문화재연구원·경기지방공사, 2006. 『平澤 土津里 遺蹟』, 195~198쪽.

부분 구릉의 꼭대기나 큰 산의 가지능선과 그 기슭에 위치하는 것으로 밝혀졌다. 그러나 가평 읍내리 유적(돌덧널무덤)은 북한강의 샛강인 가평천 언저리의 충적 대지에 위치한다.

무덤의 입지조건에서 고려되는 1차적인 문제는 조망이다. 무덤은 그 자체가 축조한 집단의 존재를 영속적으로 보여주는 의미를 지니고 있는 것이므로 누구 나 인식할 수 있는 곳을 골라 만들었을 가능성이 많다. 그렇기 때문에 무덤이 자 리한 곳은 주변이 훤하게 보이는 곳을 의도적으로 선택했을 것이다. 따라서 당시 사람들은 누구나 쉽게 바라볼 수 있는 구릉의 꼭대기나 산능선에 무덤을 축조하 였던 것이다. 이러한 입지조건의 선택 가능성을 기준으로 기전지역의 돌(덧)널무 덤이 자리한 곳을 보면 쉽게 이해가 된다. 특히 돌널무덤인 평택 토진리와 오산 탑동, 인천 원당동 그리고 평택 용이동 유적은 독립된 구릉의 꼭대기나 능선에 위치하고 있기 때문에 주변에서 쉽게 바라 보이는 조망이 아주 좋은 곳이다. 이 들 무덤을 축조한 당시 사람들이 살았던 집터가 바로 그 근처에서 조사된 공통점

사진 3. 인천 원당동 돌널무덤 유적 원경

도 있는데 이것은 당시 사회의 공간 활용 문제를 고려한 주거와 무덤 공간의 분리에 따른 것과 연관지어 볼 수 있다.

한편 가평 읍내리 돌덧널무덤은 유일하게 평지에 자리하고 있어 기전지역의 다른 무덤과는 입지에서 차이를 보인다. 이곳은 가평천 옆의 충적대지인데, 강안 퇴적으로 일정 부분 모래와 강자갈이 쌓인 퇴적층 위에 무덤을 축조하였다. 돌덧널무덤 옆으로는 고인돌, 삼국시대 돌덧널무덤 그리고 약간 높다란 곳에서 청동기시대의 집터가 조사되었다.

읍내리 돌덧널무덤의 입지조건에서 특이한 점은 북한강이나 가평천이 흘러 넘칠 가능성이 있는 강안 퇴적층을 선택하여 청동기시대 사람들이 무덤을 축조하였다는 것이다. 당시 사람들에게는 생활을 했던 집자리의 위치도 중요하지만 그에 못지않게 집단의 상징성을 지닌 무덤의 축조와 보존 문제도 사회적으로 상당한 의미를 지니고 있었을 것으로 보인다. 돌덧널무덤 뿐만 아니라 부근에 비슷한 시기의 고인돌도 축조되었다는 점에서 당시 사람들이 무덤 축조 과정에서 가장 중요하게 생각했던 것이 무엇인지 추론할 수 있다. 아마도 무덤의 축조 과정에 가장 먼저 검토하여야 할 사항은 소요되는 노동력 문제였을 것이다. 따라서 무덤을 축조할 때 노동력 등 인적 자원을 감안하여 생활공간과 비교적 가까운 곳에 공간 분할을 하여 택지하였을 가능성이 상당히 높다.

기전지역에서 조사된 돌(덧)널무덤의 밀집도를 보면 발굴된 전체 유적 9곳 가운데 5곳에서는 무덤이 1기씩 발굴되었다. 나머지 4곳 가운데 가평 읍내리 유적(돌덧널)에서는 3기, 인천 원당동과 평택 용이동·양교리 유적(돌널)에서는 각각 4기·3기·2기가 조사되었다. 이 자료를 보면 지금까지 조사된 돌널무덤 가운데 1기만 독립적으로 있는 것은 평택 토진리와 오산 탑동 뿐이다. 발굴조사가 대부분 아주 제한된 조건에서 이루어졌고 조사 대상 유적과 무덤이 적기 때문에 이러한 밀집도를 분석하여 그 의미를 해석하는 것은 현재로서는 어려운 일이다.

3. 무덤의 구조

　　돌널무덤과 돌덧널무덤은 무덤방을 축조하는 과정에 사용한 돌의 형태나 축
조 방법에 따라 차이가 있다. 그러나 이러한 차이에도 불구하고 비슷한 입지조
건, 무덤 구조의 차이점이 뚜렷하지 않다는 전제, 같은 청동기시대의 유물들이
찾아지고 있다는 사실 때문에 같은 성격을 가진 무덤으로 보는 것이 일반적이지
만[11] 구분을 하는 것이 필요하다고 생각된다.

　　돌널무덤은 모난돌을 쌓아서 무덤방을 만든 돌덧널무덤보다는 그 구조가 조
금 복잡하다. 먼저 무덤방을 이루는 벽석에 사용된 판자돌의 매수에 따라 1차적
으로 구분을 한다. 한 벽에 1매의 판자돌을 사용하였을 경우(단순형, 단판석식)
와 여러 매의 판자돌(특히 무덤방의 긴 벽 쪽)을 사용하여 벽을 만들었을 경우(결
합형, 복판석식)로 나누고 있다.

　　기전지역에서 조사된 돌널무덤은 대부분 무덤방의 4벽이 1매의 판자돌로 이

사진 4. 평택 양교리 2호와 인천 원당 3호 돌널무덤

|||||||||||||||||||||

11) 三上次男, 1961. 『滿鮮原始墳墓の硏究』, 吉川弘文館, 615~616쪽 : 이종선, 1976. 「韓國
　　石棺墓의 硏究」 『韓國考古學報』 1, 34~35쪽 : 지건길, 1997. 「청동기시대의 유적과 유
　　물 : 무덤」 『한국사 : 청동기문화와 철기문화』 3, 국사편찬위원회, 166~171쪽.

루어져 있다. 이런 축조 방법은 기존에 '단판석식', '판석묘', '단순형'이라고 하던 것과 같다. 다만 평택 양교리와 인천 원당동 3호 돌널무덤의 경우, 무덤방의 긴 벽을 2매의 판자돌을 잇대어 만든 점이 주목된다. 이렇게 무덤방의 긴 벽을 판자 돌로 잇대어 만든 까닭은 1차적으로 널따란 판자돌을 구하기 어려운 경우가 대 부분이지만 가끔 무덤방을 축조한 이후 견고함을 유지시키기 위한 것도 있다. 이 지역의 돌널무덤은 무덤방의 크기가 대체로 작은 점으로 볼 때 견고함의 유지보 다는 축조 과정에 판자돌을 구하기 어려운 점이 고려된 것으로 판단된다.

또한 돌널무덤에서 무덤 구덩과 무덤방을 이룬 벽석 사이에 대부분 모난돌을 채운 것으로 밝혀졌다. 특히 양교리 2호와 원당동 3·4호는 주변에서 구하기 쉬 운 모난돌을 빈틈 없이 정성스럽게 채운 점이 돋보인다.

돌덧널무덤에서는 모난돌이나 강돌을 이용하여 무덤방을 만든 방법이 유적 의 경우에 따라 다양하게 나타난다. 가평 읍내리 유적의 경우는 같은 무덤방에서 도 모난 강돌과 판자돌을 쌓거나 세워 놓았으며, 군포 당동 돌덧널무덤은 긴 벽 은 가로 쌓기를 하고 짧은 벽은 세로 쌓기를 한 점에서 서로 조금씩 차이가 있다.

사진 5. 군포 당동 돌덧널무덤

돌무덤(돌널무덤과 돌덧널무덤)에서 무덤 방의 크기는 묻기의 방법과 직접적으로 관련이 있기 때문에 당시 사회의 장례습속을 알 수 있 는 하나의 자료이다. 기전지역에서 조사된 무 덤들의 무덤방 크기는 뚜렷이 구분되지 않는 다. 이것은 1차적으로 당시의 장례습속의 영향 일 것이고, 무덤방의 축조 문제와도 관련이 있 는 것으로 판단된다.

무덤방의 바닥은 어떻게 처리하였을까? 이 것도 무덤방의 4벽에 모두 돌(판자돌이나 모난 돌)을 이용하였기 때문에 서로 상관관계가 있 을 것이다. 무덤방의 바닥을 돌을 깐 것과 맨바닥으로 구분한 결과 거의가 돌을 깐 것으로 밝혀졌다. 맨바닥인 경우는 평택 용이동 2호와 인천 원당동 4호 무덤인데 모두 돌널무덤인 것이 주목된다. 바닥에 돌을 깐 것은 넓적한 판자돌을 놓은 것과 작은 모난돌을 깐 것으로 크게 구분된다. 이것을 무덤방의 구조와 관련시켜 보면 돌널무덤에서는 평택 양교리 2호만 바닥에 모난 작은 돌을 깔았을 뿐 나머지는 모두 판자돌로 바닥 처리를 한 것으로 조사되었다. 돌널무덤은 무덤방의 벽과 마찬가지로 바닥도 넓적한 돌을 이용하였다. 돌덧널무덤에서는 모두 모난돌을 깐 것으로 드러나 돌널무덤과 비교된다.

이렇게 무덤방의 바닥을 맨바닥으로 하지 않고 돌을 깐 것은 묻기와도 연관이 있는 것으로 보인다. 기전지역의 돌무덤 가운데 화장(火葬)을 한 경우 무덤방의 바닥은 모두 판자돌이나 모난 작은 돌을 깐 것으로 밝혀졌다. 화장을 한 다음 묻기를 할 때 맨바닥 위에 사람뼈를 그대로 놓는 것보다는 넓적한 돌 위에 두는 것이 자연스러운 모습이었을 것이다. 실제로 중국 동북지역의 고인돌 유적에서 화장으로 묻기를 한 경우에 사람뼈는 무덤방의 바닥에 깔린 판자돌 위에 놓인 경우가 대부분이었다.[12]

무덤방의 긴 방향은

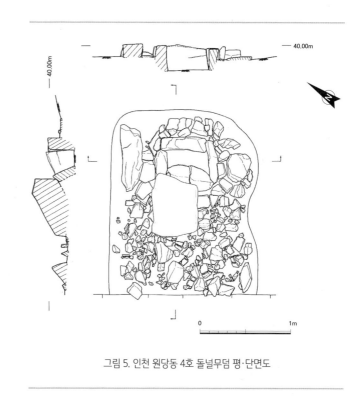

그림 5. 인천 원당동 4호 돌널무덤 평·단면도

절대적인 기준이 되는 방향이 있는 것은 아니고 유적 주변의 지세가 고려된 것으로 밝혀졌다. 기전지역의 돌무덤은 유적이 있는 곳에 따라서 구릉이나 산꼭대기·능선의 편평한 곳에 있을 경우 등고선과 나란하며, 구릉의 기슭에 있는 무덤은 등고선과 직교하는 것으로 조사되었다. 이것은 무덤방의 높낮이 문제와 직접적인 연관이 있다. 다시 말하여 묻힌 사람의 머리가 무덤방과 수평이거나 높은 곳에 자리하는 것이 일반적이기 때문에 주변의 지세가 최대한 반영된 것으로 여겨진다. 그런데 인천 원당동 4호 돌널무덤의 긴 방향은 특이하다. 기전지역의 다른 돌무덤은 무덤 구덩과 무덤방이 모두 같은 방향이지만 원당동 4호는 서로 다른 쪽이다. 즉 무덤 구덩은 등고선과 나란하게 상당히 크게 마련하였고(길이 195㎝, 너비 162㎝) 돌널은 직교되게 한 쪽 모퉁이 쪽으로 아주 작게 만들었다

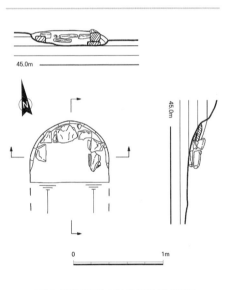

(길이 45㎝, 너비 23㎝). 이것은 무덤 구덩의 크기로 보면 돌널을 2기 정도 만들 수 있는 공간이지만, 묻기를 고려했을 때 무덤 구덩과 나란한 방향으로 돌널을 만들 수 없는 당시 사회의 장례습속이 반영된 것으로 해석된다. 또한 충적대지에 축조된 가평 읍내리 유적은 같은 곳에 3기의 돌덧널무덤이 있음에도 무덤방의 방향은 서로 다른 것으로 조사되었다. 이것은 무덤을 축조할 당시 바로 옆으로 흐르고 있는 가평천의 물 흐름이 1차적으로 고려의 대상이 되었기 때문일 가능성이 많은 것으로 해석된다.

한편 평택 양교리 1호 돌널무덤은 청동기시대의 집터를 파괴한 뒤에 축조한 것으

그림 6. 평택 양교리 1호 돌널무덤 평·단면도

ⅢⅢⅢⅢⅢⅢⅢⅢⅢⅢⅢ

12) 하문식, 1998. 「고인돌의 장제에 대한 연구(Ⅰ)」『白山學報』 51, 24쪽.

로 밝혀졌다. 그러므로 이 유적은 집터와 무덤의 축조 시기는 물론 당시 사회의 공간 분할에 대한 문제를 이해할 수 있는 하나의 자료로 삼을 수 있을 것이다. 이러한 돌무덤이 축조되던 시기는 사회가 복합화 되면서 여러 분야에 걸쳐 분화가 이루어지던 상황이었기 때문에 당시 사람들의 일상에서도 기능에 따라 공간 배치가 되었을 것으로 판단된다.

4. 묻기와 제의

기전지역에서 조사된 돌무덤을 가지고 당시 사회의 장례습속에 관한 문제를 논의하는 것은 자료의 한계 때문에 여러 어려움이 있는 것이 사실이다. 여기에서는 발굴조사를 통하여 지금까지 밝혀진 몇 가지를 가지고 주변 자료와 비교하면서 살펴보고자 한다.

묻기는 무덤 축조 당시의 사회적 전통을 잘 반영하고 있으며 강한 보수성을 지니고 있기 때문에 다른 어느 문화 요소보다도 변화가 적다. 기전지역에서 발굴된 자료를 보면 먼저 무덤방의 크기와 관련하여 묻은 방법을 알 수 있다. 바로펴묻기를 할 수 있는 공간을 가진 것은 대부분 돌덧널무덤으로 밝혀졌으며 돌널무덤은 무덤방의 길이가 대부분 50㎝ 안팎으로 두벌묻기를 하였을 가능성이 많다. 또한 돌덧널무덤 가운데 가평 읍내리 1·3호는 무덤방의 길이가 70~80㎝로 굽혀묻기나 두벌묻기로 주검을 처리하였을 것으로 짐작된다. 가평 읍내리 유적은 같은 지점에 축조된 돌덧널무덤에서도 묻는 방법에 있어서는 이렇게 서로 차이가 있다.

한편 기전지역의 돌무덤에서는 독특한 묻기 방법의 하나인 화장이 조사되었다. 이러한 장례습속은 비슷한 시기의 고인돌 유적에서도 확인되어 당시 사회의 묻기 방법으로 이용되었음을 알 수 있다. 화장은 주검을 일반적으로 처리하는 방법과는 차이가 있으므로 그 과정에 효율성이 중요하며 높은 비용이 소요되는 점

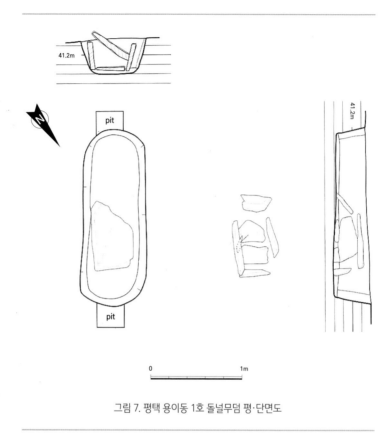

그림 7. 평택 용이동 1호 돌널무덤 평·단면도

을 감안해 보면 고고학적으로 의미있는 자료이다. 화장을 하는 과정에 있어 먼저 그 지점(장소)에 따라 제자리(무덤방)에서 화장을 한 경우와 무덤방 밖에서 화장을 하여 뼈를 수습한 다음 묻은 경우로 나누어 볼 수 있다. 이 지역에서 제자리 화장을 한 것은 광주 역동 돌덧널무덤이 있다. 역동 무덤은 무덤방을 이룬 벽석과 바닥에 깔린 모난돌이 불에 탄 흔적이 있고 작은 사람 뼈조각, 숯 등이 나온 것으로 볼 때 화장 행위가 이곳에서 이루어진 것으로 보인다. 또한 이곳에서 찾아진 비파형동검과 둥근꼴의 청동 검자루 끝장식이 불의 영향을 받은 것으로 보인다. 동검은 불에 의하여 등대가 약간 휘인 모습인데 이것은 화장 과정을 보여

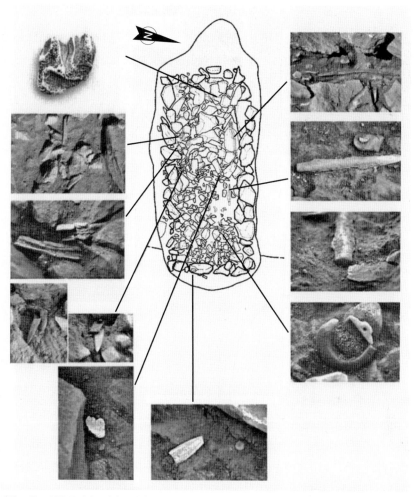

사진 6. 광주 역동 돌덧널무덤의 무덤방과 껴묻거리 출토 모습

주는 것으로 여순 지역의 강상·누상 돌무지무덤과 비교된다.[13] 평택 용이동 1호
무덤도 무덤방의 크기, 사람 뼛조각, 숯 등이 제자리 화장의 가능성을 시사하는

13) 中國社會科學院 考古研究所 엮음, 1996.『雙砣子與崗上-遼東史前文化的發現和研究』, 科
　　學出版社, 95~96쪽 ; 101~103쪽.

사진 7. 여순 강상 18호와 누상 8호 무덤 (화장무덤)

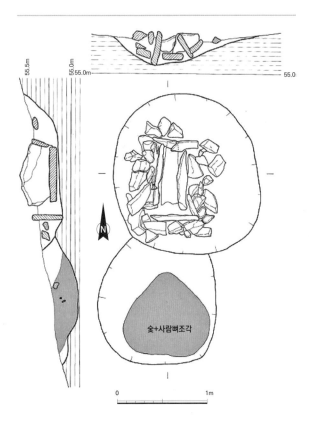

그림 8. 평택 토진리 돌널무덤과 움구덩

것 같다.

이밖에 평택 토진리 돌널무덤에서도 화장의 흔적인 불탄 사람 뼛조각, 불탄 흙, 숯 등이 찾아졌다. 이 무덤은 무덤방의 크기나 불탄 흔적이 없는 벽석으로 보아 무덤방 밖에서 화장을 한 후 뼈를 수습하여 무덤을 축조한 것으로 해석된다. 그렇다면 화장을 한 다음 주검(뼈)을 처리한 장소는 어디일까? 여기에서 주목되는 곳이 무덤 옆의 작은 구덩이다.[14]

구덩 시설은 돌널무덤의 남쪽에 위치하는데 66×61×17㎝ 범위에 작은 구덩을 마련한 다음 1매의 판자돌을 덮어놓았다. 여기에는 불탄 흙과 사람 뼛조각, 숯이 쌓여 있었다. 구덩의 크기로 보아 이곳에서 주검을 직접 처리한 것은 아닌 것 같고 다른 지점에서 화장을 한 다음 뼈를 수습하여 이곳으로 옮긴 뒤 돌널무덤을 축조하였던 것으로 해석된다. 그렇다면 이 구덩은 화장 후 무덤을 만드는 동안 일시적으로 뼈를 보존하였던 곳으로 판단된다.

　청동기시대에 돌널이나 돌덧널무덤을 축조하거나 주검을 처리하는 과정에 당시 사회에서 유행하던 장례습속의 하나인 제의 행위(의례)가 있었을 것으로 추론된다. 기전지역의 돌무덤에서도 이런 제의 행위로 볼 수 있는 자료가 조사되었기에 살펴보도록 하겠다.

　먼저 무덤방의 벽이 불에 그슬린 흔적이 확인된 것이다. 가평 읍내리 3호 돌덧널무덤은 남쪽의 짧은 벽석 안쪽이 불을 맞은 것으로 조사되었다. 이렇게 무덤방의 일부가 불의 영향을 받은 것은 무덤의 축조 과정에 있었던 의례의 한 행위로 보인다. 고고민속학에서 불은 생명의 원동력인 동시에 나쁜 것을 없애는 벽사적 성격을 지니고 있는 것으로 본다.[15] 따라서 무덤방에 있는 이러한 불의 흔적은 무덤방의 정화나 당시 사람들의 벽사와 관련있는 것으로 해석된다. 무덤방의 불탄 흔적은 고인돌 유적인 안산 선부동 가-2호와 평택 수월암리

사진 8. 가평 읍내리 3호 돌덧널무덤

14) 발굴보고서에서는 돌무지[積石] 유구라고 하였지만 돌무지와 관련된 시설은 없으므로 여기에서는 '작은 구덩'이라고 한다.
15) 김열규, 1996, 「불의 의미론 : 불의 친의 얼굴」『불의 민속』, 국립민속박물관, 158·159쪽.

2호에서도 조사되어 서로 비교된다.

돌무덤에서의 제의는 껴묻거리를 파쇄한 다음 묻는 행위에서도 찾아볼 수 있는데 이러한 의례 행위로는 먼저 토기를 의도적으로 깨뜨린 다음 무덤방 주변에 뿌린 것이 조사되었다. 이것은 무덤방에 묻힌 사람의 죽음을 공인시키는 장례 의례의 한 행위로 볼 수 있을 것이다.[16] 실제로 인천 원당동 돌널무덤 주변에는 토기의 생김새를 알 수 없을 정도의 작은 조각들이 흩어져 있었는데 무덤의 축조 과정에 있었던 제의와 연관이 있는 것 같다. 또한 평택 양교리 2호와 토진리 돌널무덤에서는 간돌검을 의도적으로 부러뜨린 다음 껴묻기한 것이 조사되었다. 이것도 앞에서 설명한 토기의 파쇄 행위와 같은 의례 행위로 볼 수 있지 않을까? 무덤에 껴묻기된 간돌검을 깨뜨린 이런 행위가 고인돌 무덤인 평택 수월암리 7호에서도 조사되어 서로 비교된다.

5. 껴묻거리

돌널무덤과 돌덧널무덤의 조사에서 찾아진 껴묻거리는 고인돌 유적과 마찬가지로 적은 편이다. 이들 돌무덤에 껴묻기된 유물이 적은 것은 당시의 장례습속과 연관있는 것으로 이해된다. 껴묻거리는 대부분 고인돌과 달리 무덤방 안에서 찾아졌으며 가끔 의례 행위에 의한 것이 무덤방 밖에서 조사되기도 하였다. 이러한 껴묻거리는 무덤 축조 시기의 사회상을 잘 보여주기 때문에 그 나름대로의 의미가 있다. 여기에서는 재질에 따라 석기, 청동기, 토기로 구분하여 전반적인 관계를 살펴보고자 한다.

||||||||||||||||||||

16) 김권구, 2017. 「의례와 사회」 『청동기시대의 고고학 4 : 墳墓와 儀禮』, 서경문화사, 185쪽.

1) 석기

기전지역의 돌널무덤과 돌덧널무덤에서 조사된 석기는 간돌검을 비롯하여 화살촉, 돌도끼, 돌창, 홈자귀, 돌끌 등이 있다.

간돌검은 평택 지역의 돌널무덤인 토진리, 용이동 2호, 양교리 유적에서 조사되었다. 용이동과 토진리 무덤에서 찾아진 것은 완전한 모습이지만 양교리 무덤 것은 손잡이 부분이 없다.

간돌검은 손잡이 생김새에 따라 구분하는데 토진리 돌널무덤에서 발굴된 것은 손잡이 부분에 마디가 있는 것[有節式]으로 2줄의 돌대가 뚜렷하며, 용이동 것은 손잡이가 일단[一段柄式]인데 검코[劍鐔]가 돌출하여 몸통과 손잡이 부분의 경계가 뚜렷하다. 가로 자른 면은 모두 마름모꼴이다.

이러한 간돌검들은 청동기시대 관련 유구에서 가장 많이 찾아지는 것으로 시기나 지역적인 특징을 뚜렷하게 보여주지는 않는 것 같다.

화살촉은 광주 역동 돌덧널무덤에서 삼각만입촉이 조사된 것을 비롯하여 평택 양교리와 토진리 돌널무덤에서 슴베가 1단인 것이 여러 점 발굴되었다. 역동 유적에서 조사된 13점의 화살촉은 대체로 몸통

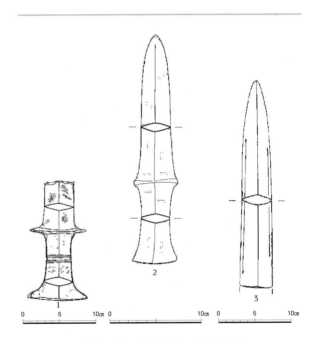

1. 평택 토진리, 2. 평택 용이동, 3. 평택 양교리 1호

그림 9. 돌널무덤 출토 간돌검

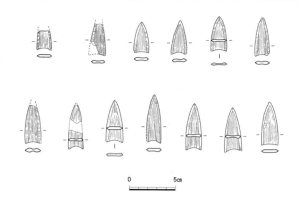

그림 10. 광주 역동 돌덧널무덤 출토 화살촉

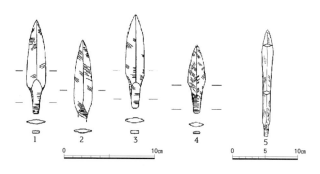

1~4. 평택 양교리 2호, 5. 평택 토진리

그림 11. 돌널무덤 출토 화살촉

부분의 가로 자른 면이 6각형이며 밑동은 ⌒ 모양이다. 밑동의 볼록한 면은 그 정도가 조금씩 차이가 나는데 아주 미미한 것도 있는 점으로 보아 쓰임새에 따른 차이로 판단된다. 양교리와 토진리의 화살촉은 1단의 슴베가 있으며 가로 자른 면은 마름모꼴로 이런 유형이 청동기시대에 전국적으로 널리 찾아지고 있으며 크기에 따라 조금씩 차이가 있다.

한편 이러한 화살촉 가운데 삼각만입촉은 비교적 이른 시기에 해당하는 것으로 광주 역동 돌덧널무덤의 연대를 가늠하는데 참고가 된다.

이밖에도 돌창은 평택 용이동 1호 돌널무덤에서 1점 조사되었다. 여러 방향에서 간 흔적이 뚜렷하며 손잡이 부분이 매우 짧아(길이 2.8㎝) 돌검으로 사용하기보다 자루에 끼워서 쓴 창으로 보이며, 기전지역의 용인 농서리 움무덤에서도 찾아졌다. 또한 주로 나무를 손질하는 연모인 돌끌(인천 원당동 4호), 홈자귀와 돌도끼(오산 탑동)가 돌널무덤에 껴묻기되어 있었다.

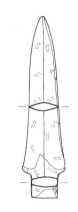

0   10cm

2) 청동기

청동기는 비파형동검, 세형동검, 둥근꼴의 청동 검자루 끝장식 등이 찾아졌다.

사진 9. 광주 역동 돌덧널무덤 출토 비파형 동검

광주 역동 돌덧널무덤에서는 비파형동검과 검자루 끝장식이 가까운 거리에 함께 껴묻기되어 있었다. 비파형동검의 끝 부분이 뭉툭한 것으로 보아 떨어져 나간 다음 약간 간 것으로 보인다. 검날은 한쪽에만 조금 남아 있는 상태이고 돌기부는 거의 남아 있지 않다. 등대의 가로 자른 면은 타원형이다. 이 동검의 몸통 부분은 약간 휘인 모습인데 아마 무덤방에서의 화장과정에 불의 영향을 받았던 것 같다. 청동 검자루 끝장식은 둥근 고리 모양

1. 광주 역동, 2. 김해 연지리, 3. 여순 강상 7호

사진 10. 청동 검자루 끝 장식

으로 위·아래가 나뉘어 출토되었다. 윗부분은 2등변삼각형인데 끈으로 매달 수 있도록 지름 0.6cm 되는 구멍이 뚫려 있다. 아래쪽은 U자 모양이며 양끝 부분으로 갈수록 너비가 점차 좁아진다. 이러한 생김새의 검자루 끝장식이 여순 강상 돌무지무덤의 7호 무덤칸과 김해 연지리 고인돌에서도 찾아져 서로 비교된다. 아울러 역동 돌덧널무덤의 검자루 끝장식은 비파형동검과 같이 돌무덤에서 조사되었다는 점에서 강상 무덤과 동질성을 지닌 것으로 해석된다.

한편 역동 돌덧널무덤에 껴묻기된 비파형동검과 청동 검자루 끝장식에 대하여 합금 성분을 알기 위하여 X선 형광분석기(XRF)를 통한 비파괴 조성 분석과 납 동위원소비 분석을 하였다.[17] 비파괴 조성 분석에서는 동검과 검자루 끝장식의 성분이 구리-주석으로 이루어진 2성분계임이 밝혀졌다. 이것은 지금까지 성분 분석을 한 한국 청동기가 대부분 구리-주석-납으로 이루어진 3성분계라는 점에서 차이가 있는 것으로 보여 주목된다. 그리고 역동 유적의 청동기는 납의 평균 함유량이 1% 미만인 점도 관심을 끈다. 동검과 검자루 끝장식 사이의 성분 분

17) 김규호·김나영·한솔이·노지현·히라오 요시미츠, 2012. 「동합금 유물의 재질 및 특성 분석」 『광주 역동 유적』, 511~523쪽.

석에서는 동검(42.1%)이 상대적으로 주석을 많이 함유하고 있는 것으로 알려져 만들어진 과정이 서로 다를 가능성을 시사하고 있다. 또한 납 동위원소비 측정 결과, 납 원료가 주변지역(특히 중국)보다 한반도일 가능성이 높은 것으로 밝혀져 시사하는 점이 많다.[18] 지금까지는 이른 시기의 비파형동검에 사용된 납은 대부분 중국산이고 세형동검이 제작되는 시기에 들어서야 한국산 납이 보편적으로 포함된 것으로 알려져 왔다.

따라서 청동과 주석의 2성분계나 비파형동검 제작에 사용된 납이 한국산이라는 분석 결과는 앞으로 한국 비파형동검의 기원과 연대 문제는 물론 문화권 이해에도 새로운 견해를 제시할 의미있는 근거가 될 것이다.

안산 팔곡동 돌덧널무덤에서는 세형동검이 1점 조사되었다. 검날은 거의 남아 있지 않고 등대만 있어 자세한 특징은 파악하기 어려운 실정이다. 이렇게 돌덧널무덤에 상당히 늦은 시기의 세형동검이 껴묻기 되었다는 것은 매우 드문 경우로 지역적인 특징을 반영하는 것이 아닌지 살펴보아야 할 것이다.

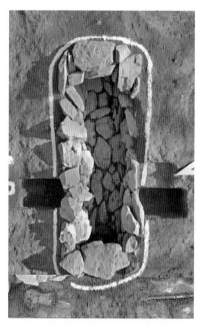

사진 11. 안산 팔곡동 돌덧널무덤 껴묻거리 출토 모습

---

18) 최근 청주 학평리 청동기시대 집터에서 조사된 비파형동검을 열 이온화 질량 분석법 (TIMS)으로 납 동위원소비를 분석한 결과, 한반도 남부지역-특히 영남지괴에서 채석한 방연광(方鉛鑛)-이 납 산지일 가능성이 제기되기도 하였다.
조남철·배채린·이소담, 2018. 「청주 학평리 219-5번지 출토 비파형동검의 과학적 분석」『2016년도 소규모 발굴조사 보고서』 VI, 한국문화재재단, 591~603쪽.

3) 토기

토기도 다른 껴묻거리처럼 찾아진 것이 매우 적은 편이다.

오산 탑동 돌널무덤에서 2개체에 해당하는 붉은 간토기 조각들과 군포 당동 돌덧널무덤에서 민무늬토기 조각, 안산 팔곡동 돌덧널무덤에서 목 긴 검은 간토기 등이 조사되었다.

붉은 간토기는 몸통과 바닥 부분이 남아 있는 2개체인데 바닥은 대체로 납작한 모양이다. 조각들로 보아 의도적으로 파쇄하여 껴묻기한 것으로 보인다. 민무늬토기는 바닥과 몸통 부분이 돌덧널의 무덤방 안에서 찾아졌다. 바닥은 들린 바닥으로 약간 굽이 진 모양이며 몸통과 이어지는 부분은 완만하게 바라지면서 연결된다. 묻힌 사람의 발끝 부분에 있는 점으로 보아 붉은 간토기처럼 의도적으로 놓은 것 같다. 검은 간토기는 무덤방의 발끝 쪽에 있었는데 복원한 결과 몸통의 최대 지름은 바닥 쪽으로 약간 치우쳐 있다. 입술 부분은 바깥으로 바라진 상태이며 몸통에서 조금 비스듬하게 목 부분으로 이어진다. 이러한 검은 간토기가 기전지역에서는 비교적 늦은 시기의 움무덤에서 주로 조사되고 있기 때문에 이 무덤의 구조를 자세히 파악해 볼 필요가 있는 것으로 판단된다.

이밖에도 천하석으로 만든 구슬이 광주 역동과 안산 팔곡동 돌덧널무덤에서

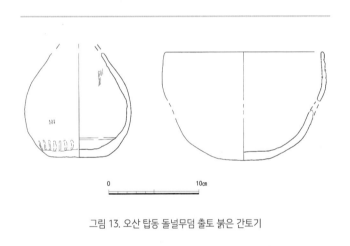

0   10cm

그림 13. 오산 탑동 돌널무덤 출토 붉은 간토기

조사되었다. 이 구슬은 묻힌 사람의 목 부분에 놓여 있었다. 역동 유적의 구슬을 보면 양끝 쪽은 반듯하게 갈았고 옆면 모양은 둥근꼴이다. 구멍은 양쪽에서 마주 뚫었는데 가운데 쪽이 약간 비스듬

사진 12. 광주 역동 돌덧널무덤 출토 옥구슬

하다. 이러한 치레걸이는 청동기시대의 다른 무덤인 고인돌과 움무덤에서 조사되고 있는 것과 비교된다.

6. 돌널무덤과 돌덧널무덤의 축조 시기

지금까지 기전지역에서 조사된 돌널무덤과 돌덧널무덤의 자료를 기준으로 이들 무덤이 축조된 시기를 판단하는 것은 상당히 어려운 것이 현실이다. 먼저 현시점에서 보면 발굴된 무덤의 자료가 상당히 적은 편인데다 연대를 판단할 수 있는 껴묻거리 또한 거의 없는 실정이다. 이러한 몇 가지 문제를 감안하여 여기에서는 방사성 탄소연대 측정이 이루어진 몇 유적을 기준으로 대략적인 무덤의 축조 시기를 제시하고자 한다.

돌덧널무덤 가운데 비파형동검과 청동 검자루 끝장식이 껴묻기된 광주 역동 유적은 방사성 탄소연대 측정 결과, 2985±20bp(숯)와 2955±25bp(사람뼈)가 나왔다. 껴묻거리의 상대연대와 관련시켜 볼 때 축조 시기가 이르다는 견해도 있지만 이 연대값을 기준하면 늦어도 서기전 1000년경 전반기에 속하는 것으로 해석된다. 근래에 비파형동검이 출토된 대전 비래동 고인돌 유적과 청주 학평리 집터 유적의 방사성 탄소연대 측정값이 2860±50bp와 2896±29bp로 밝혀졌다. 이러한 절대연대값도 기존에 일반적으로 인식하고 있던 비파형동검의 연대보다 이른 시기에 해당하는 것이기에 역동 무덤의 축조 연대를 결정하는데 참고가 된

다.

또한 역동 돌덧널무덤에서는 삼각만입화살촉이 한꺼번에 무려 13점이나 조사되었다. 이런 화살촉은 지금까지의 조사 성과로 볼 때 주로 경기·강원지역 등 중부지방에서 찾아지고 있으며 그 시기도 비교적 이른 청동기시대에 속하는 것으로 알려져 있다. 이러한 점에서 껴묻거리로 보아도 역동 돌덧널무덤의 축조 시기는 그렇게 늦지는 않을 것으로 판단된다.

돌널무덤에 관한 절대연대 측정값의 자료는 평택 용이동 유적에 대한 것이 있다. 이 유적에서는 3기의 돌널무덤이 조사되었는데 무덤방의 바닥에서 숯과 사람 뼛조각이 찾아져 각 무덤별로 2점씩 모두 6점의 시료를 가지고 방사성 탄소연대 측정을 한 결과 연대값이 모두 2450±30bp 안팎에 집중되어 있다. 이러한 점으로 보아 용이동 무덤의 연대측정값은 나름대로의 신뢰성을 가지고 있는 것으로 보인다. 그렇다면 연대측정값을 고려한 용이동 돌널무덤의 축조 시기는 늦어도 서기전 600년쯤으로 추론된다. 더불어 평택 양교리 돌널무덤은 청동기시대 집터를 파괴하고 축조하였는데 그 집터에서 조사된 숯을 방사성 탄소연대 측정한 결과 2710±70bp로 밝혀졌다. 이 연대값을 연대 눈금 맞춤(Calibrated Ages)으로 환산하면 서기전 900년이 된다. 그렇다면 돌널무덤은 집터보다 약간 늦은 어느 시기에 축조되었을 것이고 집터의 연대는 이 무덤의 시기를 가늠하는 하나의 기준이 될 수 있다.

지금까지 살펴본 기전지역의 돌널과 돌덧널무덤의 축조 연대에 관한 문제는 매우 초보적인 견해의 제시에 불과하다. 현재의 여건에서는 상대연대를 비교할 수 있는 껴묻거리도 거의 없는 실정이기에 몇몇 절대연대 자료를 통한 추론을 할 수 밖에 없었다.

표 1. 기전지역 돌널과 돌덧널무덤의 방사성탄소 연대값

순서	유적명	시료 번호	시료 종류	연대값(bp)	교정연대(cal BC), 95.4% (OxCal v4.4.3, IntCal 20)	기타
1	오산 탑동 무덤	SNU11-226	숯(?)	2500 ± 40	787 ~ 479 (95.4%)	돌널무덤
2	광주 역동 무덤	PLD-16929	숯	2985 ± 20	1279 ~ 1124 (95.4%)	돌덧널무덤
3	광주 역동 무덤	PLD-16930	사람뼈	2955 ± 25	1071 ~ 1055 (3.0%) 1099 ~ 1077 (3.9%) 1260 ~ 1105 (88.6%)	돌덧널무덤
4	평택 용이동 1호 무덤	Beta-439184	숯	2430 ± 30	588 ~ 579 (0.9%) 667 ~ 638 (7.8%) 750 ~ 686 (18.2%) 571 ~ 404 (68.7%)	돌널무덤
5	평택 용이동 1호 무덤	Beta-439178	사람뼈	2490 ± 30	500 ~ 486 (1.3%) 775 ~ 514 (94.2%)	돌널무덤
6	평택 용이동 2호 무덤	Beta-439185	숯	2450 ± 30	670 ~ 609 (15.3%) 754 ~ 682 (26.0%) 594 ~ 412 (54.1%)	돌널무덤
7	평택 용이동 2호 무덤	Beta-439179	사람뼈	2470 ± 30	436 ~ 422 (2.1%) 766 ~ 465 (93.4%)	돌널무덤
8	평택 용이동 3호 무덤	Beta-439186	숯	2420 ± 30	666 ~ 642 (5.9%) 748 ~ 688 (13.9%) 567 ~ 402 (75.6%)	돌널무덤
9	평택 용이동 3호 무덤	Beta-439180	사람뼈	2470 ± 30	436 ~ 422 (2.1%) 766 ~ 465 (93.4%)	돌널무덤

7. 기전지역의 돌널과 돌덧널무덤의 성격

현재까지 기전지역에서는 청동기시대의 고인돌이나 움무덤에 비해 돌널무덤
이나 돌덧널무덤에 대한 조사가 상당히 적은 편이었다. 그 까닭 가운데 하나는
이들 무덤이 지표에 아무런 흔적이 없어 일정 지역에 대한 대규모 조사가 이루어

지기 전에는 쉽게 찾아지지 않기 때문이다. 따라서 적은 조사 자료를 중심으로 그 성격을 가늠하는 것은 어려움이 있지만 여기에서는 지금까지 밝혀진 몇 가지를 살펴보고자 한다.

먼저 돌널과 돌덧널무덤이 위치한 곳의 지세를 보면 거의가 구릉 꼭대기나 산능선으로 알려졌는데 이것은 조망 문제가 고려된 것으로 보인다. 당시 사회에서 무덤을 축조한 집단은 그들 존재의 영속성을 보여주는 상징이 무덤이었기 때문에 입지 선택에 큰 의미를 부여하였을 것이다. 그리고 이들 무덤 옆에서는 동일하거나 비슷한 시기의 집터가 일정 부분 떨어져 배치되어 있었는데 이것은 당시 사회의 공간 분리 개념과 활용 문제가 고려된 것으로 보인다. 특히 평택 용이동 유적의 경우 가지능선의 아래쪽에 돌널무덤(3기)이 있고 그 위쪽(꼭대기 쪽)에 돌널무덤을 축조한 집단의 살림터로 보이는 집터가 분포하고 있어 공간 분할의 정형성을 보여주고 있다.

이들 무덤의 구조를 보면 사용된 돌이나 축조 방법이 상당히 다양한 것으로 보인다. 돌널무덤은 무덤방의 4벽이 판자돌 1매씩으로 이루어져 있는데 이러한 축조 방법을 '단판석식'·'단순형'·'판석묘'라고 한다. 하지만 인천 원당동 3호와 평택 양교리 돌널무덤의 무덤방 긴 벽 쪽은 2매의 판자돌을 잇대어 놓았다. 아마 무덤 축조 당시 널따란 판자돌을 구하기 어려웠기 때문에 이런 축조 방법을 선택하였을 가능성이 높다.

돌덧널무덤은 모난돌이나 강돌을 쌓거나 세워 놓은 경우(가평 읍내리 유적), 긴 벽은 가로 쌓고 짧은 벽은 세로 쌓기를 한 것(군포 당동 유적) 등 여러 방법이 조사되었다.

무덤방의 바닥은 맨바닥보다 판자돌이나 모난돌을 깐 것이 많은데 이것은 묻기의 과정에 화장이 조사된 빈도가 높은 것과 연관이 있는 것 같다. 화장을 한 다음 사람 뼛조각을 맨바닥보다는 넓적한 돌 위에 두는 것이 자연스러운 모습으로 중국 동북지역의 고인돌 무덤에서 조사된 이러한 예와 서로 비교된다. 무덤방의 긴 방향은 절대적인 방위 개념보다 주변의 지세가 최대한 고려된 것으로 보인다.

먼저 등고선을 기준으로 보면 나란한 것과 직교하는 것으로 구분되는데 이것은 무덤방의 높낮이 문제와 직접적인 관련이 있는 것 같다. 그런데 인천 원당동 4호 돌널무덤은 특이한 경우다. 무덤 구덩과 무덤방의 긴 방향이 나란하지 않고 직교한 것으로 밝혀졌다. 무덤 구덩의 방향과 공간으로 볼 때 한 구덩 안에 1기 이상의 무덤을 축조할 계획이었던 것 같다. 따라서 이런 경우 주변의 지세로 볼 때 돌널무덤의 긴 방향은 무덤구덩과 나란할 수 없는 상황이다.

무덤방의 크기에 따른 묻기 방법을 보면, 먼저 바로펴묻기는 대부분 돌덧널무덤에서 조사되었지만 가평 읍내리 1·3호는 굽혀묻기나 두벌묻기를 하였을 가능성이 있다.

기전지역의 돌널무덤과 돌덧널무덤에서는 화장이 조사되었다. 이러한 장례 습속은 이 지역의 고인돌 무덤과 움무덤에서도 확인되어 청동기시대 묻기의 한 방법이었던 것 같다. 광주 역동 돌덧널무덤은 무덤방의 벽석과 바닥돌의 불탄 흔적, 사람 뼛조각과 숯, 껴묻거리인 비파형동검과 청동 검자루 끝장식 등으로 볼 때 제자리에서 화장을 하였던 것으로 보인다. 또한 평택 토진리 돌널무덤은 남쪽에 있는 작은 구덩이 주목된다. 여러 조사 정황으로 보아 화장을 마친 다음 이곳에서 뼛조각을 수습한 것으로 여겨지며 앞으로 화장과 관련된 무덤을 조사하는 과정에 참고가 되는 자료의 하나로 판단된다.

제의와 관련된 의례 행위를 이해할 수 있는 유적으로 무덤방의 벽이 불에 그슬린 흔적이 조사된 가평 읍내리 3호 돌덧널무덤이 있다. 이 무덤방은 안쪽의 벽이 불의 영향을 받은 것으로 보이는데 이것은 무덤방의 정화나 당시 사람들의 벽사와 관련이 있는 것 같다. 이러한 행위는 평택 수월암리와 안산 선부동 고인돌 유적에서 조사된 자료와 비교된다.

무덤에서 조사된 껴묻거리는 석기, 청동기, 토기로 크게 구분할 수 있다. 이 지역의 돌널무덤과 돌덧널무덤에서는 고인돌이나 움무덤보다 껴묻거리의 종류나 양이 훨씬 빈약한 편이다.

석기는 간돌검과 화살촉, 돌도끼, 돌창, 홈자귀 등이 있다. 간돌검은 손잡이에 마디가 있는 것(평택 토진리 무덤)과 손잡이가 1단인 것(평택 용이동 무덤)이 찾아졌는데 모두 청동기시대 유적에서 널리 찾아지는 것이다. 화살촉은 광주 역동 유적에서 삼각만입촉이 13점 조사되었다. 이러한 화살촉은 주로 경기와 강원지역의 비교적 이른 시기 청동기시대의 관련 유적에서 발굴되고 있어 이 유적의 연대를 가늠하는데 참고가 된다.

청동기는 비파형동검과 세형동검, 둥근꼴의 청동 검자루 끝장식이 조사되었다. 역동 돌덧널무덤에서 찾아진 비파형동검은 검 끝 부분과 날 쪽이 떨어져 나간 모습이며 돌기부는 거의 남아 있지 않다. 이 동검의 합금 성분을 알기 위하여 납 동위원소 분석을 한 결과 구리-주석으로 이루어진 2성분계로 밝혀졌다. 또한 납 원료가 주변지역보다는 한반도일 가능성이 많은 것으로 분석 결과 밝혀져 제작 과정은 물론 기원과 연대 문제를 이해하는데 중요한 근거를 제시하고 있다. 검자루 끝장식은 둥근 고리 모양으로 위·아래로 분리된 모습이다. 이러한 것이 김해 연지리 고인돌 유적과 여순 강상 돌무지무덤에서 찾아져 비교된다.

기전지역에서 조사된 돌덧널무덤과 돌널무덤이 축조된 시기는 지금까지 발굴된 자료의 양이 적은 것은 물론 상대적인 연대의 기준을 세울 수 있는 껴묻거리가 거의 없어 절대연대 측정이 이루어진 몇 유적을 중심으로 살펴볼 수밖에 없다.

광주 역동 돌덧널무덤은 비파형동검과 청동 검자루 끝장식 그리고 삼각만입 화살촉이 껴묻기 되었고 방사성 탄소 연대 측정 결과 2985±20bp와 2955±25bp의 연대값을 얻었다. 이것을 토대로 이 무덤은 늦어도 서기전 1000년경 전반기쯤 축조되었을 가능성이 있다.

평택 용이동 유적에서는 3기의 돌널무덤이 조사되었는데 무덤방에서 발굴된 숯과 사람 뼛조각의 시료 6점을 가지고 방사성 탄소연대 측정을 하였다. 그 결과 2450±30bp 안팎에 연대값이 모여 있어 나름대로 신뢰도가 있으며 늦어도 서기전 600년쯤에는 돌널무덤을 축조한 것으로 해석된다.

지금까지 설명한 것처럼 현재 상황에서 기전지역의 돌널과 돌덧널무덤의 성격을 밝히는 데에는 여러 가지 어려움이 있다. 그러므로 조사된 유적이 아주 제한되어 있는 상태에서 시론적으로 접근할 수 밖에 없다. 앞으로 많은 조사 자료가 모아지면 보다 구체적인 무덤의 성격이 정리될 것으로 보인다.

참고문헌

김권구, 2017.「의례와 사회」『청동기시대의 고고학 4 : 墳墓와 儀禮』, 서경문화사.

김열규, 1996.「불의 의미론 : 불의 천의 얼굴」『불의 민속』, 국립민속박물관.

이종선, 1976.「韓國 石棺墓의 硏究」『韓國考古學報』1.

지건길, 1997.「청동기시대의 유적과 유물 : 무덤」『한국사 : 청동기문화와 철기문화』3, 국사편찬위원회.

하문식, 1998.「고인돌의 장제에 대한 연구(Ⅰ)」『白山學報』51.

中國社會科學院 考古硏究所 엮음, 1996.『雙砣子與崗上-遼東史前文化的發現和硏究』, 科學出版社.

三上次男, 1961.『滿鮮原始墳墓の硏究』, 吉川弘文館.

가평군·기호문화재연구원, 2016.『가평 읍내리 유적』.

경기문화재연구원·안산도시공사, 2019.『팔곡 일반산업단지 문화재 정밀발굴조사 약보고서』

고려문화재연구원·경기도시공사, 2010.『平澤 梁橋里 遺蹟』.

기전문화재연구원·경기지방공사, 2006.『平澤 土津里 遺蹟』.

동아세아문화재연구원·SK건설·대우건설, 2012.『金海 蓮池 支石墓 金海邑城·客舍址』.

조남철·배채린·이소담, 2018.「청주 학평리 219-5번지 출토 비파형동검의 과학적 분석」『2016년도 소규모 발굴조사 보고서』Ⅵ, 한국문화재재단.

중원문화재연구원·한국토지주택공사, 2010.『軍浦 堂洞 遺蹟』.

청주박물관, 2019.『한국의 청동기 자료 집성』Ⅰ.

한국토지주택공사·기호문화재연구원, 2013.『烏山 塔洞·斗谷洞 遺蹟』.

한국문화재보호재단·인천시 검단개발사업소, 2007.『仁川 元堂洞 遺蹟』Ⅰ.

한얼문화유산연구원·평택 인터시티. 2019.『평택 용이·죽백동 유적』.

해냄주택·한얼문화유산연구원, 2012.『광주 역동 유적』.

V
움무덤

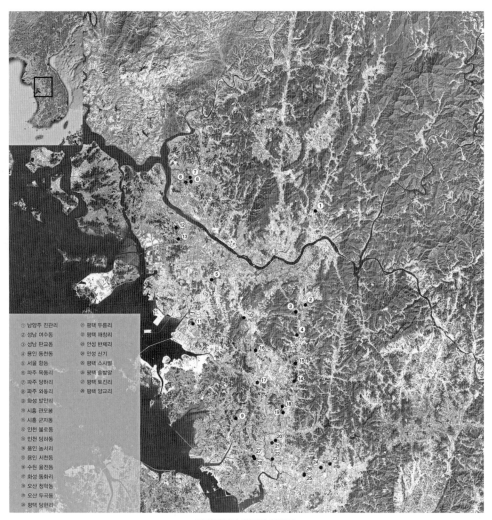

기전지역의 움무덤 위치도

① 남양주 진관리　　⑲ 평택 두릉리
② 성남 여수동　　　⑳ 평택 해창리
③ 성남 판교동　　　㉑ 안성 반제리
④ 용인 동천동　　　㉒ 안성 신기
⑤ 서울 항동　　　　㉓ 평택 소사벌
⑥ 파주 목동리　　　㉔ 평택 솔밭말
⑦ 파주 당하리　　　㉕ 평택 토진리
⑧ 파주 와동리　　　㉖ 평택 양교리
⑨ 화성 발안리
⑩ 시흥 관모봉
⑪ 시흥 군자동
⑫ 인천 불로동
⑬ 인천 당하동
⑭ 용인 농서리
⑮ 용인 서천동
⑯ 수원 율전동
⑰ 화성 동화리
⑱ 오산 청학동
⑲ 오산 두곡동
⑳ 평택 당현리

움무덤은 가장 단순한 초보적인 단계의 무덤으로, 청동기시대의 비교적 늦은 시기에 주로 만들어지기 시작한다. 고인돌이나 돌널무덤, 돌덧널무덤은 무덤 구덩을 만든 다음 구조물을 설치하는 반면에 일반적으로 움무덤은 이러한 시설이 없는 것을 의미한다. 근래에는 이런 움무덤을 '순수 움무덤'으로 부르면서 아울러 넓은 의미로 움 안에 나무널을 넣고 흙과 돌을 채운 나무(덧)널 움무덤[土壙木棺(槨)墓], 움 안에 주검을 놓고 그 위에 돌을 쌓거나 덮은 돌무지 움무덤[土壙積石墓], 움 안에 나무널을 놓고 돌을 채운 다음 그 위에 다시 돌을 쌓은 돌무지 나무널 움무덤[土壙積石木棺墓], 움무덤을 판자돌로 덮은 돌뚜껑 움무덤[石蓋土壙墓]까지도 움무덤에 포함시키고 있다.

여기에서는 이러한 무덤들의 세부적인 구조를 소개하면서 넓은 의미의 움무덤에 포함시켜 설명하고자 한다. 또한 움무덤 중 늦은 시기의 것에서는 청동기와 철기가 함께 껴묻기되어 있는데 이 가운데 철기가 출토된 무덤은 제외시키고 청동기나 토기(목 긴 검은 간토기, 원형 점토띠 토기), 석기 등이 출토된 무덤을 중심으로 살펴보겠다.

1. 발굴된 유적

기전지역의 청동기시대 무덤 가운데 움무덤은 고인돌 다음으로 발굴조사가 많이 되었다. 이들 유적의 지리적인 분포는 한강 유역, 서해안 지역, 안성천 유역 등으로 크게 구분할 수 있다. 그리고 이들 움무덤은 시기적 차이를 보이는 청동기시대의 다른 무덤들과 한 곳에 같이 있는 경우도 있다.

1) 한강 유역

① 남양주 진관리 유적

남서 방향으로 뻗은 구릉의 기슭 (해발 52m)에서 움무덤 1기가 발굴 되었다.[1]

적갈색 찰흙층을 지름 57~58㎝, 깊이 11~20㎝로 둥글게 판 다음 무 덤방을 만들고 그 위에 지름 45~ 50㎝, 두께 5㎝쯤 되는 넓적한 돌로 덮개돌을 삼았다. 무덤방 안에는 아 무런 시설도 하지 않았으며 쌓임층 에서 숯과 불탄 흙이 찾아졌다.

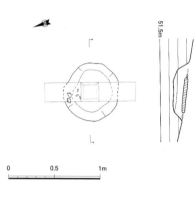

그림 1. 남양주 진관리 움무덤 평·단면도

껴묻거리는 덮개돌 언저리에서 화살촉(3점)과 대롱옥(1점)이, 무덤방의 쌓임층에서 대롱옥 3점이 조사되었다. 화살촉은 슴베가 있으며 몸통의 단면은 마름모꼴이다. 대롱옥은 푸른색을 띠며 구멍 부분은 많이 간 흔적이 관찰된다.

이 무덤은 이른바 송국리 무덤의 한 유형인 '돌뚜껑 움무덤'으로 보이며, 방사 성 탄소연대를 측정한 결과 2410±40bp와 2390±40bp로 밝혀졌다.

② 성남 여수동 유적

얕은 야산의 남쪽 기슭(해발 44m)에서 움무덤 1기가 조사되었다.[2]

풍화암반층을 파고 만든 무덤방은 모서리가 없는 긴 네모꼴이다. 크기는 215

1) 국방문화재연구원, 2011. 『남양주 진관리 유적』, 59~62쪽.
2) 기호문화재연구원·한국토지주택공사, 2012. 『城南 麗水洞 遺蹟』, 102~103쪽.

×82×13㎝이고 긴 방향은 등고선과 나란하다. 무덤방의 바닥을 편평하게 고른 점이 특이하다.

껴묻거리는 청동 밀개[銅鉈] 1점이 찾아졌다. 연모의 기능을 가진 청동 밀개의 양끝 쪽은 부러진 상태이고 가운데에 세로 방향으로 능선이 있다. 움무덤에서 청동 밀개가 찾아진 것은 매우 드문 경우다.

이 움무덤은 구조와 껴묻거리로 볼 때 주변에서 조사된 움무덤과는 성격 차이가 있다.

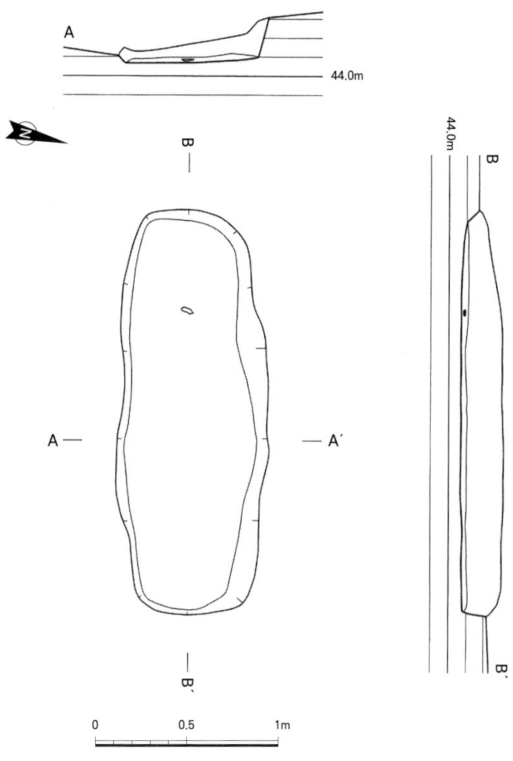

③ 성남 판교동 유적

청계산 꼭대기에서 동쪽으로 뻗은 가지능선의 끝자락에서 움무덤 1기가 조사되었다.[3]

무덤 구덩은 풍화암반층을 파서 만들었는데 평면 생김새를 보면

그림 2. 성남 여수동 움무덤 평·단면도

모서리 부분은 각이 없는 모습의 긴 타원형이다. 크기는 202×68×20㎝이며 긴 방향은 등고선과 나란하다. 무덤방은 무덤 구덩 긴 벽 쪽(동과 서벽) 가장자리의 채움층에 강돌을 채웠던 것으로 밝혀져 나무널을 사용하였을 가능성이 많다.

껴묻거리는 무덤방의 짧은 벽인 남쪽에서 원형 점토띠 토기와 목 긴 검은 간 토기가 1점씩 찾아졌다. 점토띠 토기는 생김새가 바리 모양이며 아가리 양쪽에

<hr>

3) 한국문화재보호재단·한국토지주택공사, 2012. 『성남 판교동 유적』 II, 5~7쪽.

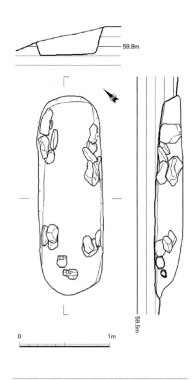

그림 3. 성남 판교동 움무덤 평·단면도

젖꼭지 모양 손잡이가 붙어 있다. 몸통의 최대 지름은 바닥 쪽으로 내려와 있는 모양이며, 낮은 굽을 지닌 편평밑이다. 간토기는 흑회색을 띠며 바깥면에는 간 흔적이 남아 있다. 목 부분이 거의 수직으로 내려와 몸통과 연결되고 아가리는 바깥으로 약간 바라진 모습이다. 매우 낮은 굽이 있는 편평밑이다.

판교동 유적에서 조사된 움무덤은 무덤 구덩의 채움층에 강돌이 놓여져 있는 점, 점토띠 토기와 간토기가 찾아진 점 등으로 볼 때 한강 유역에 위치하지만 안성천 상류지역에서 조사된 움무덤과 비슷한 점이 많다.

④ 용인 동천동 유적

광교산에서 남동쪽으로 뻗은 산줄기의 남쪽 기슭에서 움무덤 1기가 발굴되었다.[4]

무덤 구덩은 풍화암반층을 긴 네모꼴로 판 다음 만들었는데 크기는 230×95×17cm이다. 긴 방향은 등고선과 직교한다. 바닥은 경사진 면을 그대로 이용하여 북쪽이 남쪽보다 높다. 나무널과 무덤 구덩 사이에 다른 지역에서는 보기 드물게 판자돌을 채워 넣은 점이 특이하다. 나무널은 길이 195cm, 너비 60cm쯤으로 추정된다.

껴묻거리는 묻힌 사람의 발끝 쪽에서 원형 점토띠 토기와 목 긴 항아리가 1점씩 찾아졌다.

|||||||||||||||||||||||

4) 한국문화유산연구원, 2016. 『용인 동천 2지구 도시개발사업구역 문화유적 발굴조사-부분 완료 약보고서』, 15~16쪽.

⑤ 서울 항동 유적

구릉 꼭대기(해발 43m)에서 남동쪽으로 뻗은 기슭에서 움무덤 1기가 조사되었다.[5]

무덤 구덩은 풍화암반층을 거의 수직으로 파서 만들었으며, 224×81×48㎝ 크기다. 긴 방향은 등고선과 직교한다. 무덤 구덩에는 벽면에 잇대어 모난돌을 벽석으로 쌓았는데 1단 정도 남아 있는 상태다. 바닥은 아무런 시설 없이 맨바닥을 고르게 손질하여 그대로 이용하였다. 이러한 구조의 움무덤이 파주 당하리와 와동리 유적에서도 조사되었다.

껴묻거리는 무덤 구덩의 북벽과 벽석 사이에서 바닥과 몸통 부분만 남아 있는 목 긴 검은 간토기가 찾아졌다. 바닥은 납작밑이며 조금 오목하게 들어간 모습이고 전체적으로 간 흔적이 관찰된다.

⑥ 파주 목동리 유적

말발굽 모양 구릉의 남동 기슭(해발 45m)에서 움무덤 1기가 조사되었다.[6]

무덤 구덩은 풍화암반층을 파고 만든 긴 네모꼴이며 그 크기는 256×118×125㎝로 상당히 깊은 편이다. 무덤 구덩의 쌓임층으로 볼 때 나무널을 사용한 것으로 해석되며 그 길이는 191㎝, 너비 45㎝, 남아 있는 높이 20㎝쯤 된다.

껴묻거리는 세형동검(1점), 검자루 맞춤돌(1점), 목 긴 검은 간토기(2점)가 찾아졌다. 껴묻기된 모습을 보면 세형동검의 검 끝부분과 맞춤돌은 묻힌 사람의 머리쪽, 슴베 부분은 가슴 부분에 놓여 있었다. 그리고 간토기는 머리 쪽과 발끝 쪽에서 1점씩 찾아졌다. 세형동검은 가운데 부분이 없고 검 끝과 슴베 부분만 조사되었다. 검 끝은 짧은 편이며 검의 허리 쪽 등대 끝에는 제비꼬리[燕尾] 모양의 마디가 있다. 또한 슴베 부분에는 나무 흔적이 남아 있었다. 맞춤돌은 긴 쪽의 가

5) 중앙문화재연구원·서울주택도시공사, 2018. 『서울 항동 유적』, 39~40쪽.
6) 중앙문화재연구원, 2011. 『坡州 雲井 遺蹟 I』, 121~123쪽.

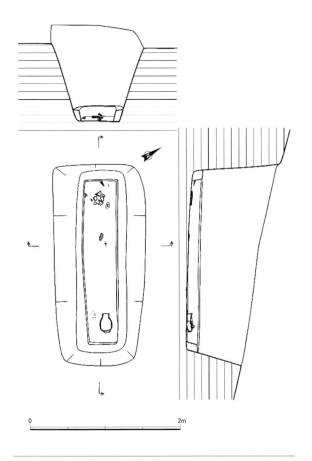

그림 4. 파주 목동리 움무덤 평·단면도

운데에 네모꼴의 돌기가 있다. 간토기는 몸통에 비하여 목 부분이 그렇게 길지 않으며 입술은 바깥으로 조금 바라진 모습이다. 낮은 굽이 있는 편평밑이다.

목동리 유적은 기전지역의 움무덤 가운데 세형동검과 검자루 맞춤돌이 출토된 드문 유적으로 간토기는 주변의 당하리 유적과 비교된다.

⑦ 파주 당하리 유적

동서 방향으로 뻗은 해발 30~35m 되는 낮은 구릉의 남쪽 기슭에서 움무덤 2기가 발굴되었다.[7]

1호는 풍화암반층을 파 무덤 구덩을 마련하였는데 크기는 188×50~74×43㎝이며 아래쪽으로 갈수록 점차 넓어지는 모습이다. 바닥은 맨바닥을 그대로 이용하였으며 긴 방향은 등고선과 직교한다. 무덤 구덩의 쌓임층을 보면 일정한 두께로 암갈색 부식토가 있어 나무널을 사용하였던 것 같다. 나무널의 너비는 24㎝ 안팎으로 상당히 좁은 편이다. 나무

7) 기전문화재연구원·금강주택, 2006. 『坡州 堂下里 遺蹟』, 70~72쪽.

널과 무덤 구덩 사이에는 두께 10~15㎝, 3~4㎝ 되는 납작한 돌을 겹쳐서 채워 넣었다.

겨묻거리는 묻힌 사람의 발끝 쪽에서 원형 점토띠 토기와 목 긴 검은 간토기가 1점씩 찾아졌다. 점토띠 토기의 점토띠는 아가리에 거의 일직선으로 붙였으나 부분적으로 손누름 자국이 보이며 바닥은 납작밑이다. 검은 간토기의 아가리는 약간 바라진 모습이며 몸 부분에 간 흔적이 남아 있다. 바닥은 납작밑으로 퇴화된 굽 모양이다.

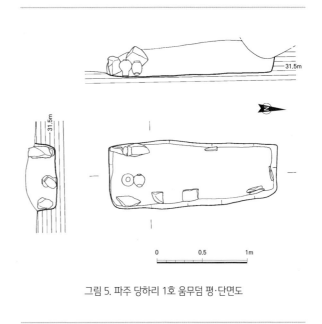

그림 5. 파주 당하리 1호 움무덤 평·단면도

2호는 청동기시대 집터(4호)를 파괴하고 만들었다. 부분적으로 파괴된 상태에서 조사되었는데 무덤 구덩의 크기는 111×79×29㎝이다. 긴 방향은 등고선과 직교한다. 나무널과 무덤 구덩 사이에는 3~ 4㎝, 10㎝ 안팎의 모난돌을 가로쌓기와 세로쌓기를 하여 채워 넣었다.

겨묻거리는 무덤 구덩에서 목 긴 검은 간토기 몸통 조각이 찾아졌다. 이 토기는 간 흔적이 뚜렷하며 안쪽에는 손누름 흔적이 남아 있다.

⑧ 파주 와동리 유적

나지막한 구릉의 동쪽 기슭 끝에서(해발 16.6m) 움무덤 1기가 조사되었다.[8]

무덤 구덩은 풍화암반층을 긴 네모꼴로 파 만들었으며 크기는 224×77×26㎝이다. 긴 방향은 등고선과 나란하다. 무덤방의 쌓임층은 U자 모양으로 퇴적되었으며 바닥은 맨바닥을 그대로 이용하였다. 짧은 벽인 남쪽을 제외한 나머지 3벽의 채움층에는 얇은 판자돌이나 10~15㎝ 크기의 모난돌을 놓았던 것으로 밝혀졌다.

껴묻거리는 묻힌 사람의 발끝 쪽인 남쪽의 짧은 벽 옆에서 깊은 바리 1점이 찾아졌다. 바리는 눕혀진 상태로 출토되었으며 황갈색을 띤다. 낮은 굽이 있는 납작밑이고 입술은 바깥으로 조금 바라진 모습이다. 굽 쪽에는 손으로 누른 자국이 관찰된다.

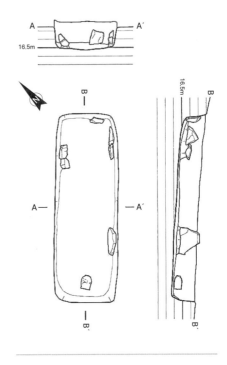

그림 6. 파주 와동리 움무덤 평·단면도

2) 서해안 지역

① 화성 발안리 유적
발안천이 굽이치는 충적대지 위에서 2기의 움무덤이 조사되었다.[9]

1호의 무덤 구덩은 일정한 꼴을 갖추지 못하였으며, 나무널은 모서리 부분에 각이 없는 긴 네모꼴이다. 크기는 185×55×40㎝이며 긴 방향은 동서쪽이다. 무

8) 경기문화재연구원·대한주택공사, 2009.『坡州 瓦洞里 Ⅰ遺蹟-초기 철기시대 이후』, 59~61쪽.
9) 기전문화재연구원·한국주택공사 경기지역본부, 2007.『華城 發安里마을 遺蹟-본문2』, 333~336쪽.

덤 구덩의 쌓임층의 단면을 보면 나무널은 통나무를 사용한 것으로 보인다. 무덤 구덩과 나무널 사이는 황갈색 모래질 흙을 채워 놓았다.

꺼묻거리는 원형 점토띠 토기(남쪽 긴 벽 옆)와 목 긴 검은 간토기(동쪽 짧은 벽 옆)가 1점씩 찾아졌다. 점토띠 토기는 바탕흙에 석영, 장석, 운모 가루가 섞여 있고 입술 부분에는 세로 방향으로 물손질한 흔적이 관찰된다. 또한 몸통과 바닥의 접합 부분에 손누름 흔적이 남아 있다. 검은 간토기는 목 부분에 가로 방향으로 간 흔적이 보이며 바닥은 납작밑이다.

이 시기의 움무덤이 대부분 낮은 구릉이나 산기슭에 있는데 비해 발안리 유적은 충적대지 위에서 조사되었기 때문에 입지조건에 특이한 점이 보인다.

② 안산 관모봉 유적

관모봉 능선의 서쪽(해발 83m)에서 돌무지가 있는 움무덤 1기가 발굴되었다.[10]

무덤방은 풍화암반층을 파서 만든 긴 네모꼴이며, 193×48~83×64㎝ 크기다. 위쪽에 비하여 아래쪽(바닥)이 매우 좁은 편이다. 무덤방은 주검을 놓은 다음 흙을 채우고 그 위쪽으로 약 66㎝ 높이에 크고 작은 막돌을 쌓아 놓은 모습이었다.

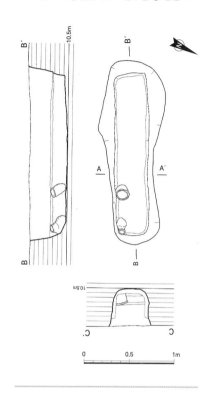

그림 7. 화성 발안리 1호 움무덤 평·단면도

10) 황용훈, 1978.「楊上里·月陂里 遺蹟 發掘調査 報告」『半月地區遺蹟發掘調査報告』Ⅳ20~Ⅳ24쪽.

껴묻거리는 돌무지 속에서 민무늬 토기 조각이 찾아졌고 무덤방의 쌓임층에서 홈자귀 조각이 출토되었다. 민무늬 토기 조각은 연질의 적갈색으로 아주 작은 조각이었다. 그리고 홈자귀는 매우 정교하게 만들어진 날 부분이 남아 있었다.

관모봉 유적의 움무덤은 기전지역에서 지금까지 조사된 움무덤의 무덤방 구조와는 차이가 있으며, 껴묻거리로 보아 좀 이른 시기에 해당하는 것으로 판단된다.

③ 시흥 군자동 유적

동서로 이어지는 야트막한 구릉의 남쪽 기슭 끝(해발 26.4m)에서 움무덤 1기가 발굴되었다.[11]

무덤 구덩은 풍화암반층을 비스듬하게 파서 만들었는데 크기는 203×55×14㎝이다. 긴 방향은 등고선과 직교한다. 바닥은 경사면을 따라 약간(3°) 기울어진 모습이다. 무덤방은 쌓임층으로 볼 때 나무널을 사용한 것으로 판단된다. 나무널은 길이 183㎝, 너비 28㎝쯤 된다.

껴묻거리는 채움흙에서 찾아졌는데 묻힌 사람의 발끝 쪽인 동남쪽 모서리 옆에 목 긴 검은 토

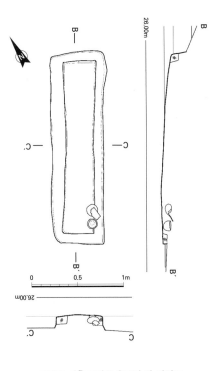

그림 8. 시흥 군자동 움무덤 평·단면도

11) 경기문화재연구원·한국토지주택공사, 2012, 『始興 君子洞 遺蹟』, 72~73쪽.

기와 독 모양 토기가 1점씩 놓여 있었다. 검은 토기는 연질 계통이며 몸통이 긴 타원형에 가깝다. 입술은 곧은 모습으로 낮은 굽이 있는 편평밑이다. 독 모양 토기는 몸통과 바닥만 남아 있지만 원형 점토띠 토기일 가능성도 있다. 바닥은 굽이 진 납작밑이며 몸통과 이어지는 부분이 오목하게 들어간 모습이다.

군자동 유적의 움무덤은 무덤의 구조나 껴묻거리로 볼 때 화성 발안리 움무덤과 비교되며, 축조 시기를 결정하는데 참고가 된다.

④ 인천 불로동 유적

만수산(해발 95.5m)의 북동쪽 가지능선에 해당하는 남쪽 기슭의 북서 지점에서 움무덤 1기가 조사되었다.[12] 움무덤 주변에서는 청동기시대 집터가 발굴되었다.

무덤방은 적갈색 찰흙층을 파서 만들었는데 크기는 62×50×15㎝이다. 긴 방향은 NW 26°이다. 무덤방의 바닥은 맨바닥을 그대로 사용하였다. 무덤방의 벽 쪽에는 짧은 벽인 남쪽을 제외한 세 곳에 돌을 놓았다. 긴 벽인 동쪽에는 얇고 길쭉한 판자돌 1매를 세로 방향으로 놓았고 서쪽과 동쪽 벽에는 모난 작은 돌을 벽쪽에 채웠다. 무덤방을 덮은 뚜껑돌의 크기는 48×33×9㎝로 얇은 편이다.

껴묻거리는 찾아지지 않았다.

불로동 움무덤은 송국리 무덤 유형의 하나로 알려진 돌뚜껑 움무덤과 같은 구조이며 기전지역에서는 찾아진 예가 매우 드문 경우에 해당한다. 또한 껴묻거리

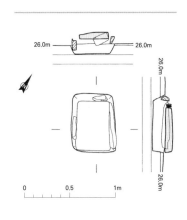

그림 9. 인천 불로동 움무덤 평·단면도

12) 한국토지주택공사·대동문화재연구원, 2019. 『仁川 黔丹地區 遺蹟』 1, 49쪽.

가 조사되지 않아 그 연대를 가늠하는 데에는 어려움이 많다.

⑤ 인천 당하동 유적

남북으로 뻗은 가지능선의 서쪽 기슭 위쪽(해발 39.2m)과 남서쪽 기슭 가운데(해발 36.2m)에서 움무덤 2기가 조사되었다.[13]

1호 무덤의 무덤 구덩은 풍화암반층을 긴 네모꼴로 파서 만들었는데 208×80×40㎝ 크기다. 바닥은 편평하게 고른 다음 그대로 이용하였다. 긴 방향은 등고선과 직교한다. 무덤 구덩에는 벽면을 따라 10~25㎝ 크기의 모난돌을 채워 놓았는데 조사 당시 1~2단 정도 남아 있었다. 채움층으로 보아 무덤방은 나무널을 사용한 것으로 여겨지는데 크기는 160×40×30㎝쯤 된다.

껴묻거리는 무덤 구덩 동북쪽 모서리의 채움층에서 원형 점토띠 토기와 목 긴 검은 간토기가 1점씩 찾아졌다. 간토기는 목 부분과 몸통의 연결 부분이 뚜렷하게 보이며 낮은 굽을 가진 편평밑이다. 겉면은 곱게 간 흔적이 남아 있고 몸통의 최대 지름은 바닥 쪽으로 치우져 있다.

2호의 무덤 구덩은 적갈색 모래질 찰흙층을 파 만들었으며, 252×78×30㎝

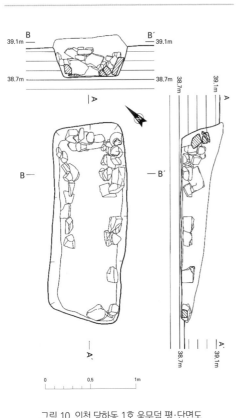

그림 10. 인천 당하동 1호 움무덤 평·단면도

13) 한국토지주택공사·대동문화재연구원, 2019. 『위 책』, 67~68쪽 ; 125~126쪽.

크기이다. 무덤 구덩의 짧은 남쪽 벽이 서쪽으로 돌출된 특이한 모습이다. 긴 방향은 등고선과 평행하다. 무덤 구덩의 바닥은 황갈색 모래질 찰흙을 5~10㎝ 두께로 깔아 고른 흔적이 보인다. 무덤 구덩의 퇴적층으로 보아 무덤방은 나무널을 사용한 것으로 보이며 크기는 205×50×20㎝쯤 된다.

꺼묻거리는 1호처럼 무덤 구덩의 남동쪽 모서리 채움층에서 원형 점토띠 토기와 검은 단지가 1점씩 찾아졌다.

당하동 유적은 인천지역에서는 드물게 움무덤이 조사된 곳으로 무덤 구덩과 무덤방의 구조, 꺼묻거리 등으로 볼 때 초기 철기시대의 문화상을 이해하는데 중요한 의미가 있다.

3) 안성천 유역

① 용인 농서리 유적
구릉 꼭대기(해발 75m)에서 남동쪽으로 뻗어내린 가지능선의 기슭에서 움무덤 1기가 발굴되었다.[14] 유적 바로 옆으로는 오산천이 흐르고 있으

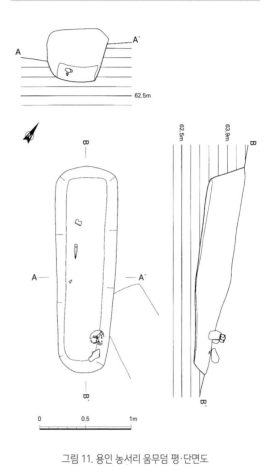

그림 11. 용인 농서리 움무덤 평·단면도

14) 기호문화재연구원·한국도로공사 수도권건설사업단, 2009. 『龍仁 農書里 遺蹟』, 200~202쪽.

며 주변을 조망하기에 비교적 좋은 곳이다.

움무덤은 평면이 모줄인 긴 네모꼴이고 크기는 216×66×36㎝이다. 긴 방향은 등고선과 직교한다. 남동쪽 모서리 부분은 고려시대의 무덤으로 일부 파괴되었다.

무덤의 쌓임층 단면을 보면 'U'자 모양을 보이고 있어 통나무관이 사용되었을 가능성이 있다. 바닥은 경사면을 따라 약간 기울어진 상태다.

껴묻거리는 묻힌 사람의 허리쪽에서 돌창(1점), 검자루 끝장식(1점), 화살촉(1점)이, 그리고 발끝에서 목 긴 검은 간토기(1점)와 화살촉(1점)이 찾아졌다. 검은 간토기는 낮은 굽(높이 0.7㎝)이 붙어 있으며, 몸통과 아가리, 바닥을 붙인 흔적이 뚜렷하다. 검자루 끝장식은 연두색을 띠는 돌의 표면을 아주 매끈하게 갈았다. 화살촉은 슴베 없는 삼각형으로 몸통 위쪽의 단면은 마름모꼴이다.

② 용인 서천동 유적

매미산의 꼭대기에서 서쪽으로 뻗은 가지능선의 끝자락(해발 48.9m)에 위치하며 2기의 움무덤이 발굴조사 되었다.[15]

2호는 적갈색 모래질 찰흙층을 파서 만들었는데 크기는 205×57×30㎝로 길이에 비하여 너비가 아주 좁은 편이다. 긴 방향은 등고선과 직교한다. 무덤방 안에는 나무널의 흔적이 남아 있었는데 그 범위가 길이 150㎝, 너비 35㎝쯤 된다. 무덤의 벽과 나무널 사이에는 흙을 채워 넣은 것으로 밝혀졌다.

껴묻거리는 나무널에서 10㎝쯤 떨어져 목 긴 검은 간토기와 원형 점토띠 토기가 각 1점씩 찾아졌다. 점토띠 토기의 아가리는 무덤 바닥 쪽으로 뉘여 있었고 간토기의 바닥은 점토띠 토기와 닿아 있었다.

원형 점토띠 토기는 배가 부른 모습이고 꼭지가 붙어 있다. 아가리의 점토띠는 아래쪽을 몸통에 눌러 붙인 흔적이 남아 있다. 목 긴 검은 간토기는 고운 찰흙

15) 경기문화재연구원·한국토지주택공사, 2011. 『龍仁 書川洞 遺蹟』, 164~165쪽.

을 바탕흙으로 이용하였으며 낮은 굽이 달려 있다.

　③ 수원 율전동 유적

　구릉 서쪽 기슭의 남쪽 끝자락(해발 77~84m)에서 움무덤 2기가 조사되었
다.[16]

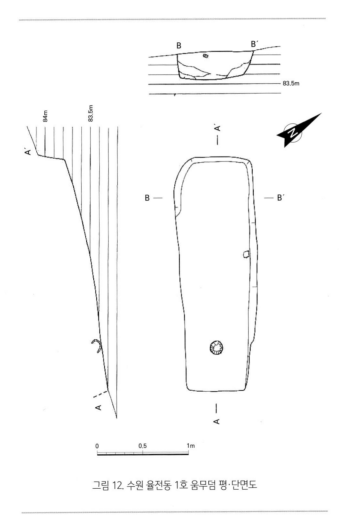

그림 12. 수원 율전동 1호 움무덤 평·단면도

1호의 무덤방은 풍화암반층을 파고 만들었는데 평면 생김새는 가늘고 긴 네모꼴이고 250×85×36~ 84㎝ 크기다. 바닥은 자연 경사면을 그대로 이용하여 위쪽이 아래쪽보다 높은 편이다. 긴 방향은 등고선과 직교한다.

껴묻거리는 묻힌 사람의 발끝 쪽으로 추정되는 동쪽 벽 옆에서 목 긴 검은 간토기와 민무늬 토기 몸통 조각이 찾아졌다. 검은 간토기는 몸통 부분만 남아 있는데 바닥은 납작하고 손자국이 찾아진다.

2호는 갈색 모래질 찰흙층을 파고 만들었는데 1호처럼 평면 생김새는 가늘고 긴 네모꼴이다. 크기는 185×82×34~60㎝이고 바닥은 자연 경사면을 그대로 이용하였는데 그 차이가 50㎝쯤 되어 상당히 가파르다.

무덤방 안에서 작은 민무늬 토기조각이 찾아졌다.

율전동 유적의 움무덤 연대는 부근의 같은 시기 움[竪穴]에서 조사된 숯을 방사성 탄소연대 측정한 결과, 2410±80bp~2510±50bp로 나와 축조 시기를 간접적으로 가늠해 볼 수 있다.

④ 화성 동화리 유적

구릉 꼭대기(해발 34.5m)의 편평한 곳에 위치하며, 평면이 모줄인 긴 네모꼴인 움무덤 1기가 발굴되었다.[17]

무덤방은 풍화암반층을 파서 만들었으며, 북쪽 벽은 반원형의 둥근꼴이다. 크기는 187×65×14㎝이고 긴 방향은 등고선과 직교한다. 바닥은 맨바닥을 그대로 사용하였다. 무덤방 안의 쌓임층은 크게 2개 층으로 나누어지는데 위층은 모래질 찰흙에 재가 섞여 있고 아래층은 재가 상당히 많은 편이다.

무덤방의 긴 벽쪽(동·서쪽)으로는 숯이 조사되었는데 50㎝ 이상 되는 나무가 그대로 탄 채 남아 있었다. 무덤방의 벽과 바닥 일부에서는 불탄 흔적이 찾아졌

---

16) 기전문화재연구원·벽산건설, 2005. 『수원 율전동 Ⅱ유적』, 28~30쪽.

17) 기호문화재연구원·경기고속도로주식회사, 2008. 『華城 桐化里 遺蹟』, 22~25쪽.

다. 또한 북쪽에서는 작은 사람 뼛조각이 발굴되었다. 이런 점으로 보아 무덤방 안에서 화장을 하였을 가능성이 매우 높은 것으로 여겨진다.

껴묻거리는 무덤방의 북쪽에서 구멍이 뚫린 삼각만입촉 2점이 찾아졌다. 화살촉은 편평삼각촉으로 밑동은 각각 'ʌ', '⌒'한 모습이며 단면은 6각형이다. 구멍은 양쪽에서 뚫었는데 크기는 차이가 있다. 이런 화살촉이 경기·강원 지역의 비교적 이른 청동기시대 유적에서 조사되고 있어 주목된다.

이 움무덤의 연대는 무덤방 안에서 발굴된 숯을 방사성 탄소연대 측정한 결과 2860±50bp, 2800±60bp, 2730±50bp로 밝혀졌다.

⑤ 오산 청학동 유적

동서 방향으로 뻗은 해발 40m 되는 구릉의 북쪽 기슭에서 움무덤 1기가 조사되었다.[18]

무덤구덩은 풍화암반층을 긴 네모꼴로 파 만들었으며 크기는 204×70×23㎝이다. 긴 방향은 등고선과 나란하다. 무덤방 안의 쌓임층에서 어두운 암갈색이 확인되고 바닥에서 검은 나무껍질이 조사된 점으로 보아 나무널을 사용하였을 가능성이 많다. 나무널의 크기는 길이 180㎝, 너비 40㎝쯤 되는 것으로 판단된다. 무덤구덩과 나무관 사이의 채움흙에서 부분적으로 부식토가 확인되었다.

출토 정황으로 보아 껴묻거리는 나무널 위에 놓였던 것으로 보이며, 목 긴 검은 간토기 2점과 원형 점토띠 토기 1점이 찾아졌다. 검은 간토기는 가는 모래가 섞인 찰흙을 바탕흙으로 이용하였고 바닥은 약간 들린굽이며, 몸통과 목 부분의 경계가 뚜렷하다. 입술은 바깥으로 조금 바라졌으며 간 흔적이 남아 있다. 점토띠 토기는 단면이 원형인 점토띠를 아가리에 붙였으며 바닥은 납작밑이다.

이 움무덤의 바닥에서 조사된 숯을 방사성 탄소연대 측정한 결과 2380±40bp의 연대값을 얻었다.

||||||||||||||||||||
18) 한국토지주택공사·겨레문화유산연구원, 2013. 『오산 청학동 유적』, 58~60쪽.

⑥ 오산 두곡동 유적

구릉 능선의 꼭대기에 위치하며, 2기의 돌뚜껑 움무덤이 발굴되었다. 무덤 주변으로는 청동기시대 집터와 움이 자리한다.[19]

1호는 풍화암반층을 파고 모줄인 긴 네모꼴의 무덤을 만들었는데 95×61×24㎝ 크기다. 긴 방향은 등고선과 나란하다. 무덤 안의 모래질 찰흙(암갈색)에는 작은 사람 뼛조각과 숯이 섞여 있어 화장과 관련된 묻기가 있었던 것 같다. 무덤의 뚜껑돌은 넓적한 판자돌 2매를 가로로 덮은 다음 그 위에 다시 판자돌 1매(45×22×3㎝)를 놓았다. 그리고 주변에 길이 15~30㎝ 되는 모난돌을 쌓아 놓았다. 껴묻거리는 없었다.

한편 이 움무덤은 청동기시대 집터(6호)를 없애고 축조한 것으로 밝혀져 집터와의 관계, 시기 문제 등을 검토하는데 참고가 된다.

⑦ 평택 해창리 유적

남북으로 이어지는 낮은 구릉(해발 26.7m)의 남쪽 기슭에서 움무덤 5기가 발굴되었다.[20] 주변으로는 진위천의 샛강이 흐르고 있다. 조사된 움무덤은 능선을 따라 25~50m 거리를 두고 분포하며 무덤 구덩의 긴 방향은 등고선과 직교한다.

1호 무덤은 구릉의 능선 쪽에 위치하며 그 아래쪽으로는 원삼국시대 주구토광묘(3호)가 자리한다.

무덤 구덩의 평면 생김새는 긴 네모꼴이고 크기는 232×92~102×80~89㎝이다. 바닥은 편평하게 고른 상태이며, 쌓임층으로 볼 때 나무널을 사용한 것으로 보인다.

껴묻거리는 짧은 벽인 남쪽에서 목 긴 단지와 검은 작은 단지가 1점씩 조사되었다. 목 긴 단지는 굽이 있는 납작밑으로 몸통이 비교적 긴 항아리[長垌型]이

19) 한국토지주택공사·기호문화재연구원, 2013. 『烏山 塔洞,·斗谷洞 遺蹟』, 58~60쪽.
20) 호남문화재연구원·한국토지주택공사, 2020. 『平澤 海倉里 Ⅲ·Ⅳ遺蹟』, 94~101쪽.

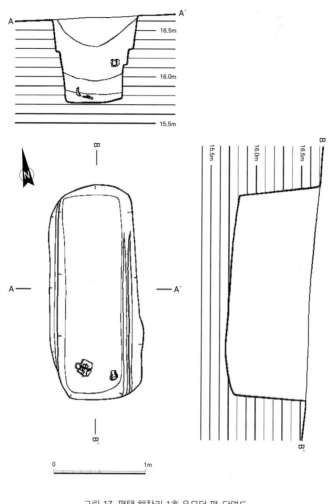

그림 13. 평택 해창리 1호 움무덤 평·단면도

다. 아가리 쪽은 곧게 세워졌고 겉면에는 손자국이 남아 있다. 검은 단지는 주머니꼴이고 목은 곧으며 낮은 굽이 있다.

2호는 1호의 동쪽에 위치하며 조선시대 움무덤과 중복되어 있고 주구토광묘

(26호)의 주구와 맞닿아 있다. 무덤 구덩은 긴 네모꼴이며 246×74~94×60~94㎝ 크기로 상당히 깊은 편이다. 바닥은 편평하게 잘 고른 모습이다.

껴묻거리는 짧은 벽인 남쪽으로 조금 치우쳐 검은 작은 단지와 목 긴 검은 간토기가 1점씩 나왔다. 간토기는 몸통이 긴 편이며, 굽이 진 납작한 밑이다. 겉면에는 간 흔적이 뚜렷하게 관찰되고 아가리는 바깥으로 조금 바라진 모습이다.

3호는 1호에서 서쪽으로 40m쯤 떨어진 아래쪽에 위치하며 주구토광묘(1호)가 옆에 있다. 무덤 구덩은 거의 수직에 가깝게 판 다음 바닥은 편평하게 다듬었다. 평면 생김새는 긴 네모꼴이며 224×70~76×50~55㎝ 크기다. 쌓임층의 단면을 보면 나무널의 무덤방이었던 것 같다.

껴묻거리는 무덤방의 가운데 축에서 남쪽으로 약간 치우쳐 검은 작은 단지와 목 긴 검은 간토기가 찾아졌다. 껴묻기된 모습을 보면 단지는 옆으로 눕혀진 상태이지만 간토기는 반듯하게 세워져 있었다. 단지는 몸통의 최대 지름이 가운데 있으며 밑이 편평하다. 그리고 아가리는 바깥으로 조금 바라진 모습이다.

4호는 3호의 서남쪽에 위치하며 해창리 유적에서 가장 아래쪽(해발 18m)에 자리한다. 조선시대 움무덤과 일부 겹쳐 있으며 주변으로 주구토광묘(4호)와 조선시대 집터가 있다.

무덤 구덩은 긴 네모꼴로 거의 수직에 가깝게 팠는데 크기는 195×55~58×31~74㎝이다. 바닥은 흙을 깔아(약 20㎝ 두께) 편평하게 손질하였다. 무덤 구덩의 쌓임층으로 보아 나무널의 무덤방이 있었던 것 같다.

껴묻거리는 무덤 구덩의 서남쪽 모서리에서 목 긴 검은 간토기 1점이 조사되었다. 조금 비스듬한 상태로 놓여진 간토기는 굽이 있는 납작밑이다. 겉면에는 간 흔적이 관찰되며, 아가리는 조금 바라진 모습이다.

5호는 3호에서 서남쪽으로 48m쯤 떨어진 곳에 위치하며 옆에는 주구토광묘(4호)가 있다.

무덤 구덩은 다른 것처럼 수직에 가깝게 긴 네모꼴로 팠으며 186×68~76×58~62㎝ 크기다. 바닥은 흙을 15㎝쯤 깔아 편평하게 골랐으며 쌓임층으로 보아 나무널을 사용하였던 것 같다.

꺼묻거리는 모두 채움층에 놓여 있었다. 긴 벽인 서남쪽에서 눕혀진 상태로 목 긴 검은 간토기 1점이 조사되었고 그 위쪽 모서리 부근에서 청동 투겁창 1점이 찾아졌다. 간토기는 낮은 굽이 있는 편평밑이며 아가리는 바깥으로 약간 바라진 모습이다. 그리고 목과 몸통을 서로 붙인 부분에는 세로 방향으로 그 흔적이 남아 있다. 투겁창은 투겁 부분이 아래쪽을 향한 모습으로 찾아졌는데 창끝 쪽은 없는 상태다. 투겁의 단면은 타원형이고 둥근 귀고리[環耳]가 붙어 있어 좀 늦은 시기로 판단된다.

해창리 유적의 움무덤은 기전지역에서 발굴된 유적 가운데 집단적으로 조사되었다는 중요한 의미를 가지고 있다. 유적의 성격, 무덤의 구조와 꺼묻거리로 볼 때 다음 시기의 무덤과도 연관되는 것으로 보인다.

⑧ 안성 반제리 유적

매봉산 꼭대기에서 서쪽으로 뻗은 말 안장 모양 능선의 남쪽 기슭에서 움무덤 3기가 발굴되었다.[21]

1호는 산기슭의 중간에 위치하며, 평면 생김새는 긴 네모꼴이지만 모서리 부분은 각이 없는 모습이다. 긴 방향은 등고선과 직교한다. 무덤 구덩은 풍화암반층을 파고 만들었는데 217×59×31㎝ 크기이며 바닥은 자연 경사면을 이용하였다. 나무널과 무덤 구덩 사이에는 작은 막돌을 채워 넣었는데 서쪽은 1줄이지만 남쪽은 2줄로 확인되었다.

꺼묻거리는 남서쪽의 긴 벽 옆에서 원형 점토띠 토기, 목 긴 검은 간토기, 흙가락바퀴가 1점씩 찾아졌다. 출토 정황으로 보아 나무널 안에 넣었던 것 같다. 점토띠 토기는 작은 돌조각과 모래가 많이 섞인 바탕흙을 사용하였으며 점토띠를 손으로 눌러 아가리 쪽에 붙였다. 납작밑이며 낮은 굽이 관찰된다. 검은 간토

21) 중원문화재연구원·한국도로공사, 2007. 『安城 盤諸里 遺蹟』, 206~213쪽.

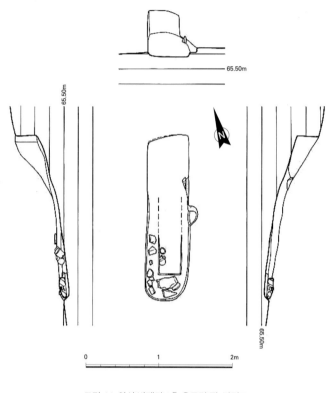

그림 14. 안성 반제리 1호 움무덤 평·단면도

기는 몸통의 최대 지름이 아래쪽에 있으며 한 쪽으로 약간 기울었다. 바닥은 들린굽이며 입술은 바깥쪽으로 바라졌다.

2호는 1호의 위쪽에 위치하며 바로 옆에서 청동기시대의 집터(4호)가 발굴되었다.

무덤 구덩은 풍화암반층을 파고 만들었는데 위쪽(지표)은 좁고 아래쪽은 넓은 편이며 모서리 부분은 둥그스름하다. 크기는 200×75×43㎝이며 긴 방향은 등고선과 직교한다. 무덤 구덩과 나무널 사이에는 1호처럼 모난 작은 돌을 채워 넣었다. 나무널은 그 길이가 158㎝쯤 되며 너비는 약 40㎝이다. 나무널 안의 짧은 벽 쪽에 원형 점토띠 토기와 목 긴 검은 간토기가 놓여 있었다. 점토띠 토기의 몸통 위쪽에는 꼭지가 붙어 있으며, 바닥에는 낮은 굽이 있다. 그리고 바닥쪽의 바깥에는 손누름 흔적이 뚜렷하다.

3호는 2호의 서쪽에 위치한다. 무덤 구덩은 풍화암반층을 파고 만들었는데 183×64×32㎝ 크기다. 긴 방향은 등고선과 직교한다. 무덤 구덩과 나무널 사이에 모난 작은 돌을 채워 넣었고 나무널의 너비는 30㎝쯤 된다. 목 긴 검은 간토기 1점이 동쪽 긴 벽의 채움흙 속에서 찾아졌다.

반제리 유적은 움무덤 옆에서 이 시기의 집터와 환호 시설이 함께 찾아져 당시의 문화상을 종합적으로 살펴볼 수 있게 하는 중요한 의미를 지니고 있다.

⑨ 안성 신기 유적

낮은 구릉(해발 41.5m)의 서쪽 기슭(해발 38.7m)에서 움무덤 1기(1호)가 발굴되었고 이곳에서 남서쪽으로 430m쯤 떨어진 구릉의 북쪽 기슭(해발 32.17m)에서 또 다른 움무덤 1기(2호)가 조사되었다.[22]

1호 무덤은 풍화암반층을 파 무덤 구덩을 만들었는데 모서리 부분은 각이 없는 모습이다. 긴 벽인 북쪽과 짧은 벽인 동쪽에는 단(段)이 져 있다. 크기는 220×80×75㎝이며 긴 방향은 등고선과 직교한다. 무덤 구덩의 쌓임층이 U자 모양으로 퇴적되어 있는 점으로 볼 때 나무널을 사용한 것으로 보인다. 나무널의 크기는 198×51×35㎝쯤으로 추정된다.

껴묻거리는 북쪽 벽 옆에서 몸통 부분이 없고 양쪽 끝부분만 남아 있는 세형 동검 1점이 찾아졌다. 동검의 등대에는 등날이 허리 부분까지만 있고 검 끝쪽의 단면은 마름모꼴이다. 동검의 날 부분은 많이 떨어져 나갔다.

||||||||||||||||||||||

22) 경기문화재연구원·경기도시공사, 2009. 『安城 萬井里 신기 遺蹟(본문 2)』, 27~28쪽 ; 200~203쪽.

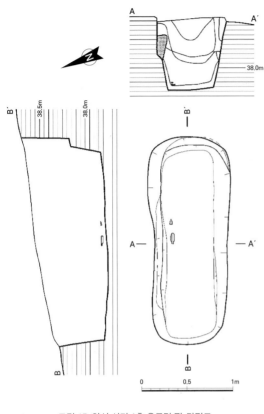

그림 15. 안성 신기 1호 움무덤 평·단면도

2호도 1호처럼 풍화암반층을 파서 무덤 구덩을 만들었다. 크기는 206×73×15㎝이며 긴 방향은 등고선과 직교한다. 무덤 구덩의 쌓임층으로 볼 때 나무널을 사용한 것으로 판단되며 그 크기는 184×42㎝쯤 된다.

껴묻거리는 동쪽 긴 벽의 남쪽 모서리 부근에서 원형 점토띠 토기와 목 긴 검은 간토기가 1점씩 찾아졌다. 토기는 아가리 쪽이 발끝 방향으로 밑에는 점토띠 토기를, 그 위에는 검은 간토기를 포개 놓았다. 그리고 묻힌 사람의 목 부분에서 옥으로 만든 치레걸이 1점이 조사되었다.

신기 유적에서 조사된 움무덤은 나무널을 사용한 무덤의 구조, 세형동검, 검은 간토기, 점토띠 토기의 껴묻기 등으로 볼 때 안성천 유역의 늦은 청동기시대 무덤의 성격을 이해할 수 있는 유적으로 중요한 자리매김을 할 수 있을 것으로 보인다.

⑩ 평택 소사벌 유적

구릉 꼭대기(해발 44m)에서 움무덤 1기가 발굴되었으며 주변에서 움 유구가 찾아졌다.[23]

무덤방은 모래질 찰흙층을 파고 만들었는데 평면은 긴 네모꼴이다. 크기는 232×82×79㎝이며, 긴 방향은 등고선과 직교한다. 무덤방의 바닥은 맨바닥을 그대로 이용한 것 같다.

껴묻거리는 무덤방의 서쪽에서 원형 점토띠 토기(1점)와 목 긴 검은 간토기(1점), 흙가락바퀴(1점)가 출토되었다. 점토띠 토기는 바닥이 편평하며 입술은 바깥쪽으로 바라진 모습이다. 토기의 최대 너비가 몸통 아래쪽에 있다. 검은 간토기는 바닥과 몸통 부분이 찾아졌는데 바닥은 편평하다. 한 개체의 깨어진 조각이 껴묻기되어 있어 의도적으로 깨뜨린 다음 묻었던 것 같다.

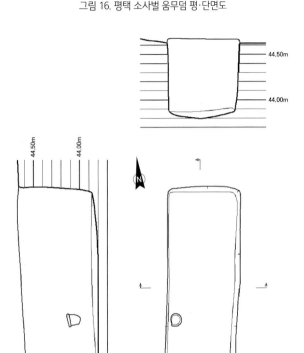

그림 16. 평택 소사벌 움무덤 평·단면도

⑪ 평택 솔밭말 유적

해발 37m 되는 낮은 구릉의 꼭대기에서 남쪽으로 흘러내린 가지능선의 편평한 곳에 위치하며 움무덤 1기가 발굴되었다.[24] 바로 옆에는 움과 고묘(古墓)들

23) 중앙문화재연구원·한국토지주택공사, 2011. 『平澤 소사벌 遺蹟』, 113~114쪽.
24) 중앙문화재연구원·평택 소사2지구 토지개발사업조합, 2019. 『평택 소사동 솔밭말 유

이 자리하고 있다.

무덤의 크기는 180×50×21㎝로 길이에 비하여 너비가 좁은 편이고 무덤방의 벽면을 보면 거의 수직으로 만들었다. 긴 방향은 등고선과 나란하며 바닥은 약간 경사가 졌다. 무덤방에서는 나무를 사용한 흔적이 찾아지지 않아 '단순 움무덤'으로 해석된다.

서쪽 모서리 부분에서 원형 점토띠 토기 1점이 찾아졌다. 이 토기는 적갈색으로 바닥은 편평하며 아가리의 점토띠는 말아서 붙인 모습이다.

⑫ 평택 토진리 유적

구릉의 꼭대기 쪽(해발 33m)에서 청동기시대 집터(4호)를 파괴하고 만든 움무덤 1기가 발굴되었다.[25]

무덤방은 풍화암반층을 파고 만들었는데 평면 생김새는 가늘며 긴 네모꼴이고 191×37×22㎝ 크기다. 무덤방의 너비가 매우 좁은 점이 특이하다. 긴 방향은 등고선과 나란하다.

껴묻거리는 서쪽의 긴 벽 옆에서 원형 점토띠 토기 2점이 찾아졌다. 이 가운데 1점은 검은색을 띠면서 간 흔적이 관찰되어 주목된다. 일반적으로 움무덤에서는 원형 점토띠 토기와 목 긴 검은 간토기가 1점씩 묶음으로 조사되고 있다는 점에서

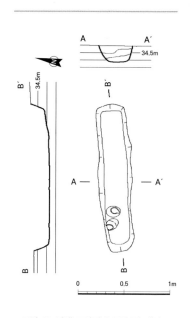

그림 17. 평택 토진리 움무덤 평·단면도

｜｜｜｜｜｜｜｜｜｜｜｜｜｜｜

적』, 221~222쪽.

25) 겨레문화유산연구원, 2013. 『평택 토진리 산 29-1번지 유적』, 98쪽.

토진리의 경우는 특이하며, 이 간토기가 목 긴 검은 간토기의 대체용으로 사용되었을 가능성도 있는 것으로 보인다.

⑬ 평택 양교리 유적

구릉 꼭대기(해발 41m)에서 청동기시대 집터(1호)를 파괴하고 만든 움무덤 1기가 조사되었다.[26]

무덤 구덩은 풍화암반층을 파고 만들었는데 긴 네모꼴이면서 모서리 부분은 각이 없다. 크기는 210×101×78㎝이며 긴 방향은 등고선과 나란하다. 무덤 구덩에는 10~60㎝ 크기의 모난돌을 북쪽의 긴 벽을 제외한 세 벽에 채워 넣었다. 이런 점으로 볼 때 무덤방은 나무널을 사용하였던 것 같다.

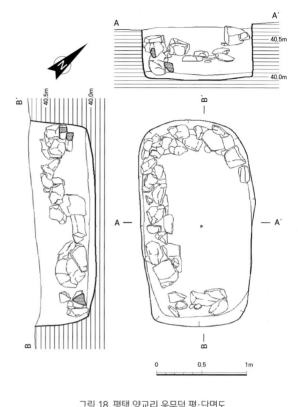

그림 18. 평택 양교리 움무덤 평·단면도

껴묻거리는 무덤방의 가운데에서 초승달 모양의 굽은 옥 1점이 찾아졌다.

⑭ 평택 두릉리 유적

낮은 구릉의 북쪽 기슭(해발 22.5m)에서 움무덤 1기가 조사되었다. 주변에는

26) 창세기업·겨레문화유산연구원, 2012. 『평택 양교리 산 41-1번지 유적』, 142~145쪽.

조선시대 집터가 분포하고 있다.[27]

움무덤의 긴 방향은 등고선과 직교하며 크기는 206×72×60㎝이다. 내부는 적갈색 모래 찰흙층과 암갈색 모래 찰흙층으로 나누어진다.

껴묻거리는 북쪽의 짧은 벽 옆에 점토띠 토기 1점이 놓여 있었다. 원형의 점토띠가 붙어 있는 토기의 몸통 최대 너비는 아래쪽에 있으며 점토띠 바로 밑에 튀어나온 꼭지 모양이 2곳에서 보인다.

이 무덤방 안에는 아무 시설도 없었으며, 주변에서 같은 시기의 유구도 조사되지 않았다.

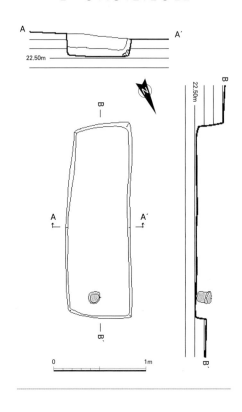

그림 19. 평택 두릉리 움무덤 평·단면도

⑮ 평택 당현리 유적

야트막한 구릉의 남동쪽 기슭(해발 32.5m)에서 나무널 움무덤 1기가 조사되었다. 유적 주변으로는 경작지가 펼쳐져 있고 서쪽으로 4㎞쯤 떨어져 진위천이 흐르고 있다.[28]

|||||||||||||||||||||

27) 한국토지주택공사·백제문화재연구원, 2019. 『평택 고덕 좌교리·두릉리 유적』, 251~252쪽.

무덤 구덩의 크기는 221×69×29㎝이며, 긴 방향은 등고선과 나란하다. 무덤구덩의 쌓임층을 보면 'U'자 모양으로 함몰된 흔적이 보여 무덤방은 나무널을 이용한 것으로 판단된다.

꺼묻거리는 묻힌 사람의 발끝 쪽인 무덤방 남쪽에서 목 긴 검은 간토기 1점이 찾아졌다. 검은 간토기는 바탕흙에 고운 찰흙이 많이 섞여 있으며 목 부분은 거의 곧은 모습이다. 몸통의 최대 너비는 바닥 쪽에 있으며, 바닥은 들린 납작밑이다. 몸통 부분에 간 흔적이 희미하게 남아 있고 목과 몸통이 이어지는 부분에는 손자국이 보인다.

이 유적에서는 1기의 나무널무덤만 조사되었는데 이러한 단독무덤의 분포 양상이 이 시기 평택 지역의 움무덤 특징 가운데 하나로 여겨진다.

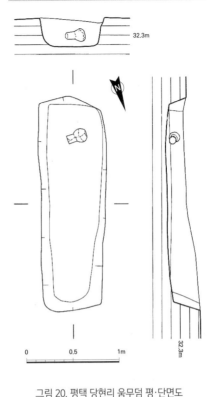

그림 20. 평택 당현리 움무덤 평·단면도

|||||||||||||||||||||||

28) 한국토지주택공사·경상북도문화재연구원, 2019. 『평택 당현리·율포리 유적』, 174~176쪽.

2. 유적의 입지와 분포

기전지역에서 지금까지 조사된 청동기시대의 움무덤이 있는 곳의 입지조건을 보면 지역과 관계 없이 구릉이나 산기슭 또는 산능선으로 밝혀졌다. 이렇게 주변지역보다 약간 높은 곳에 무덤을 축조한 것은 당시 사람들의 생업경제나 공간 분할과 밀접한 관련이 있는 것으로 보인다. 무덤이 위치한 이런 지역은 주변을 바라볼 수 있는 곳으로 조망이 1차적으로 고려 대상이었을 것이고 다음은 살림터나 경작지와 연관되었다고 판단된다.

움무덤 가운데 시기적으로 조금 늦은 나무널 움무덤이 조사된 파주 당하리 유적이나 돌뚜껑 움무덤인 오산 두곡동 유적을 보면 이른 시기의 집터를 파괴하

사진 1. 안성 반제리유적 전경

고 그 자리에 무덤을 만든 것으로 밝혀져 이런 움무덤을 축조한 집단은 새로운 생활 환경을 필요로 하였다는 사실을 뒷받침한다. 또한 안성 반제리 유적의 경우는 무덤 주변에 같은 시기의 집터는 물론 제의 대상으로 해석되는 환호 시설이 자리하고 있어 당시 사회의 공간 배치 문제를 이해하는데 참고가 된다. 반제리 유적처럼 한정된 공간에 이렇게 무덤과 살림터, 제의 시설이 일정하게 공간 배치되었다는 것은 청동기시대 후기에 접어들면서 잉여생산을 매개로 하여 사회적인 기능이 전문화되면서 다원화되는 것과 연관이 있을 것으로 생각된다.

다음은 화성 발안리 유적의 입지조건에 관한 것이다. 이 유적은 기전지역에서는 유일하게 강안 충적대지에서 발굴된 청동기시대 후기의 무덤이다. 서해안으로 직접 흘러드는 현재의 발안천이 무덤 축조 당시에는 더 넓은 범위에 걸쳐

사진 2. 화성 발안리 움무덤유적 전경

있었을 가능성이 높기 때문에 이곳은 강물의 흐름과 직접적인 연관이 있을 것이다. 따라서 발안리 유적의 무덤은 기전지역에서 발굴된 같은 시기의 움무덤이 대부분 구릉이나 산능선에 위치하는 것과는 상당한 차이가 있다. 그렇다면 발안리 유적의 이러한 입지조건을 어떻게 설명할 수 있을까? 충적대지에 축조된 청동기시대 후기의 무덤 자료가 아주 적은 상황이지만 일단 다음 시기의 문화요소-원삼국시대의 주거지와 무덤 등-와의 연관성을 고려해 볼 수 있을 것이다. 발안리의 다른 움무덤에서 단조로 만들어진 쇠손칼이 찾아진 경우도 있고 무덤 주변에서 원삼국시대의 마을 유적이 조사되었기 때문에 시기적으로 서로 겹치는 상황을 상정하는 것도 가능하지 않을까? 또한 최근 활발한 조사가 이루어지면서 원형 점토띠 토기 관련 유적이 많이 조사되고 있는데[29] 이들 유적의 입지조건 가운데에는 구릉의 끝자락이나 평지 등 비교적 낮은 지형도 있어 이러한 점을 뒷받침한다.

무덤의 입지조건을 지리적인 관점에서 보면 안성천 유역은 한강 유역이나 서해안 지역과 조금 차이가 있다. 안성천 유역의 무덤들은 반제리 유적처럼 예외적인 경우도 있지만 산지성(山地性) 입지보다 대부분 구릉지대에 축조되었는데 아마도 안성천 주변지역이 노년기 지형이기 때문에 다른 곳보다 이런 지세를 선호한 것으로 해석된다.

기전지역에서 발굴된 움무덤을 한강 유역, 서해안 지역, 안성천 유역으로 구분하여 그 분포 관계를 보면 전체 38기의 움무덤 가운데 한강 유역 9기(23.7%), 서해안 지역 6기(15.8%), 안성천 유역 23기(60.5%)로 나타났다. 이 가운데 안성천 유역이 가장 많이 조사되었는데 이것은 개발에 따른 활발한 발굴조사의 결과일 가능성이 높은 것으로 판단된다.

한편 이렇게 발굴된 움무덤을 다시 지역별로 살펴보면 특히 유적이 밀집된

29) 진수정, 2004. 「경기지역의 초기 철기시대 유적과 유물」『畿甸考古』4, 229~273쪽 : 이형원, 2007. 「京畿地域 靑銅器時代 墓制 試論」『考古學』6-2, 15~16쪽.

사진 3. 평택 소사벌 움무덤유적 전경

곳들이 눈에 띤다. 한강 유역은 탄천을 중심으로 판교동, 여수동, 동천동 유적이 가까운 거리에 있고 파주 지역의 하류 쪽인 곡릉천 주변에서도 여러 움무덤이 집중되어 조사되었다. 안성천 유역은 샛강인 오산천을 따라 그 언저리의 구릉지대와 승두천, 서정리천 주변에 집중된 것으로 밝혀졌다. 특히 안성천 유역에서 지금까지 발굴된 움무덤은 거의가 낮은 구릉지대의 기슭에 자리하고 있기 때문에 앞으로 진위천과 만나는 지역의 구릉지대가 주목된다. 또한 안성천 유역의 이러한 움무덤은 아산만 지역에서 발굴된 관련 유적과 비슷한 점이 많아 앞으로 심화된 연구가 진행되면 같은 지역으로 묶여질 가능성이 있다.

최근까지 발굴된 38기의 움무덤 분포를 보면 1기가 조사된 곳이 18곳으로 대부분이고 2기가 발굴된 유적은 6곳, 3기가 1곳, 5기가 1곳이다. 한 유적에서 가장 많은 움무덤이 조사된 곳은 안성천 유역의 평택 해창리 유적이다. 낮은 구릉지대인 이곳은 신도시 건설과 관련하여 제한된 일정 범위에 발굴이 집중된 지역이다. 최근 이처럼 넓은 구릉지대에서 대규모 움무덤들이 발굴된 만경강 유역을 참고하면[30] 안성천 유역의 하류에 위치한 구릉지대에서는 앞으로 더 많은 무덤이 찾아질 가능성이 아주 높다.

3. 무덤의 종류와 구조

1) 무덤의 종류

움무덤은 맨땅을 파 아무 시설도 하지 않고 무덤방을 마련하여 주검을 처리하는 매우 단순한 구조이다. 이러한 움무덤은 점차 구조적으로 복잡해지면서 무덤 구덩[土壙]을 만든 다음 그 안에 나무널이나 덧널, 돌덧널, 뚜껑돌, 돌채움, 돌무지 등의 시설을 더하게 된다. 이러한 시설과 구조에 따라 움무덤을 여러 가지로 구분하고 있다.

움무덤은 무덤방에 전혀 시설이 없는 "단순 토광묘"라고 부르는 움무덤[土壙墓]을 비롯하여 움무덤의 무덤방을 넓적한 판자돌로 덮는 돌뚜껑 움무덤[石蓋土壙墓], 무덤방에 주검을 넣고 나무널이나 돌채움 없이 위쪽에 돌을 쌓는 돌무지 움무덤[土壙積石墓], 무덤 구덩을 파고 그 안에 주검을 넣는 나무(덧)널의 시설을 하고 그 위쪽에 돌을 쌓는 돌무지 나무널 움무덤[土壙積石木棺(槨)墓], 무덤 구덩에 나무(덧)널 시설을 하고 무덤 구덩과 널 사이에 흙이나 돌을 채워 넣은 나무(덧)널 움무덤[土壙木棺(槨)墓] 등으로 크게 구분해 볼 수 있다.

이러한 여러 움무덤 가운데 나무널 움무덤은 무엇을 채웠는가 하는 그 재질에 따라 흙을 채운 것, 돌(모난돌, 강돌, 판자돌 등)을 채운 것으로 다시 자세하게 구분된다. 그리고 기전지역에서는 아직까지 대전 괴정동이나 장수 남양리 유적과

---

30) 만경강 유역에서는 2000년대 들어 대규모 발굴조사에 의하여 전주 신풍 유적의 80기를 비롯하여 150여 기의 움무덤이 조사되었다.

같은[31] 돌무지 나무널 움무덤은 조사되지 않아 이러한 무덤 구조는 지역적으로 제한된 일부에서만 축조된 것인지 앞으로 더 많은 자료를 기대하여야 할 것이다.

기전지역에서 조사된 움무덤은 단순 움무덤 5기(13.2%), 돌무지 움무덤 1기(2.6%), 나무널 움무덤 28기(73.7%), 돌뚜껑 움무덤 4기(10.5%)로 나누어진다. 이 가운데 나무널 움무덤이 대부분을 차지하고 돌무지 움무덤은 1기만 조사되어 다른 움무덤들처럼 보편화되지는 않았던 것으로 판단된다.

단순 움무덤은 5기가 조사되었으며 성남 여수동 유적만 한강 유역이고 나머지는 모두 안성천 유역에 있다. 이런 점에서 이 무덤은 지역적인 특색을 보여주는데 화성 동화리 유적이 주목된다. 동화리 유적에서 발굴된 움무덤은 석기(삼각만입촉)가 출토되었고 불탄 나무의 크기, 사람뼈, 불먹은 흙 등으로

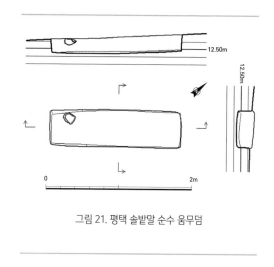

그림 21. 평택 솔밭말 순수 움무덤

보아 무덤방 안에서 화장을 하였던 것으로 해석된다. 청동기시대의 화장과 관련된 장례습속은 최근 많은 자료가 보고되고 있어 당시 사회의 묻기를 이해하는데 중요한 의미가 있다. 또한 동화리 유적은 방사성 탄소연대 측정 결과 서기전 9~10세기로 가늠할 수 있는 연대값이 얻어져 그 축조 시기도 밝혀낼 수 있을 것이다.

――――――――――――

31) 이은창, 1968. 「大田 槐亭洞 靑銅器文化의 硏究」 『亞細亞硏究』 30, 78~79쪽 : 지건길, 1990. 「長水 南陽里 出土 靑銅器·鐵器 一括遺物」 『考古學誌』 2, 6쪽.

돌무지 움무덤은 안산 관모봉 유적에서 1기만 조사되었다. 이런 구조의 무덤은 돌무지 나무널 움무덤과 아주 비슷하여 구분하는 기준에 따라 가끔 혼란이 있다. 관모봉 유적의 무덤은 위쪽이 넓고 아래쪽이 좁은 무덤방을 마련한 다음 주검을 놓고 회색 계통의 흙으로 채운 뒤 그 위에 모난돌을 66㎝쯤 되는 높이로 쌓아 놓은 독특한 구조다. 이러한 무덤은 무덤방의 구조에 있어 약간의 차이는 있지만 돌무지무덤의 초보적인 단계에 속하는 것으로 앞으로 이런 유형의 무덤이 기전지역에서 조사될 가능성이 많다.

돌뚜껑 움무덤은 일반적으로 금강 중·하류 지역에서 돌널무덤, 독무덤과 함

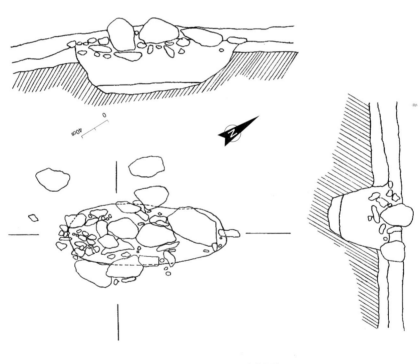

그림 22. 안산 관모봉 돌무지 움무덤

께 집중적으로 찾아지고 있어 송국리문화 시기의 무덤 유형으로 알려져 왔다.[32] 그런데 사천 이금동 유적의 51호 무덤도 구조가 돌뚜껑 움무덤이면서 비교적 이른 시기의 청동기시대 유물(화살촉과 간돌검)이 찾아지고 있어[33] 그 시기와 분포 지역 그리고 이 시기 무덤의 성격에 대한 새로운 해석을 할 필요가 있게 되었다.[34]

기전지역의 돌뚜껑 움무덤은 남양주 진관리, 인천 불로동, 오산 두곡동 유적에서 조사되었다. 이들 무덤에서 확인되는 특징 가운데 하나는 인천 불로동 유적의 경우 무덤방의 벽 쪽에 작은 판자돌이 놓여져 있다는 것이다. 이렇게 무덤방의 벽 가에 돌이 있는 것이 진안 여의곡, 전주 여의동, 논산 마전리 유적에서도 조사되고 있다. 이런 점에서 돌뚜껑 움무덤의 네 벽이 단순하지 않고 상당히 다양한 것으로 조사되고 있기 때문에 여러 변화가 있을 가능성도 고려해 볼 수 있다.

오산 두곡동 1호 무덤의 뚜껑돌은 이중으로 덮여 있어 이런 유형의 다른 무덤과는 차이가 있다. 두곡동 1호는 먼저 2매의 판자돌을 이용하여 무덤방을 덮고 그 바로 위에 다시 1매(45×22×3㎝)의 넓적한 돌을 덮은 모습이다. 또한 진관리와 두곡동 유적에서는 화장을

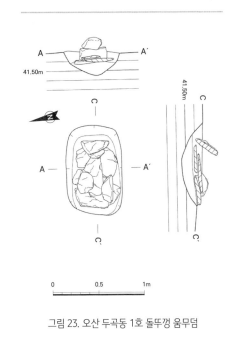

그림 23. 오산 두곡동 1호 돌뚜껑 움무덤

32) 김승옥, 2001. 「금강 유역 송국리형 묘제의 연구」『韓國考古學報』 45, 51~52쪽.
33) 경남고고학연구소, 2003. 『泗川 梨琴洞 遺蹟』, 292~294쪽.
34) 이명훈, 2015. 「松菊里型 墓制의 檢討」『韓國考古學報』 97, 28~65쪽 ; 오대양, 2021. 「송국리형 묘제 연구의 최근 동향과 쟁점」『韓國史學報』 82, 7~28쪽.

한 것으로 밝혀지고 있어 이러한 무덤을 축조한 시기에 유행한 장례습속을 이해하는데 참고가 된다.

한편 진관리 유적의 움무덤에서 찾아진 숯을 방사성 탄소연대 측정한 결과 서기전 500년쯤으로 밝혀져 기전지역의 돌뚜껑 움무덤 축조 시기를 파악할 수 있게 되었다.

나무(덧)널 움무덤은 청동기시대 후기에 조사된 움무덤 가운데 가장 많이 발굴되고 있어 보편적으로 축조된 무덤 유형으로 여겨진다. 기전지역에서도 28기나 발굴되어 높은 비율을 차지하고 있다.

이 유형의 움무덤은 무덤 구덩과 나무(덧)널 사이를 무엇으로 채웠는가에 따

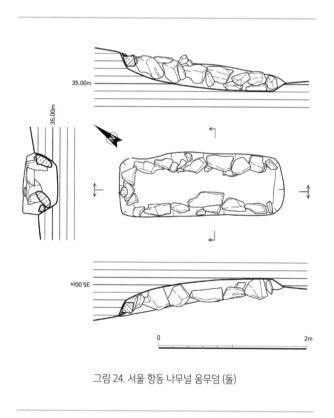

그림 24. 서울 항동 나무널 움무덤 (돌)

라 2가지로 구분되는데 그냥 흙으로 채우는 경우와 돌을 넣는 경우로 나누어 볼 수 있다. 채움층에 돌을 놓는 방법은 4벽 쪽에 모두 채우지는 않고 주로 3벽에만 깔거나 쌓은 모습이 많이 조사되고 있다. 기전지역에서 조사된 자료를 보면 돌을 넣은 것은 한강 유역에서 발굴된 유적이 다른 지역보다 상대적으로 많다. 흙을 채움층에 넣은 경우는 한강 유역은 파주 목동리 유적 뿐이고 안성천 유역의 움무덤이 절대적으로 높은 비율을 차지하고 있다. 그 이유로는 평택 해창리 유적의 움무덤 5기가 모두 흙을 채운 것으로 조사된 것도 하나의 요인이지만 지금까지 기전지역의 이 시기 무덤 조사가 주로 이 지역에서 이루어진 점도 영향이 있는 것 같다. 채움층의 재질에 따른 이러한 구분 기준에 의하여 시기적인 문제를 검토해 보면 뚜렷한 차이는 없는 것 같다. 비교적 이른 시기에 속하는 무덤에서도 돌이나 흙 어느 한 쪽을 절대적으로 이용한 것 같지는 않다.

지금까지 설명한 움무덤의 여러 종류와 관련 유적을 분포 지역에 따라 정리해 보면 다음과 같다.

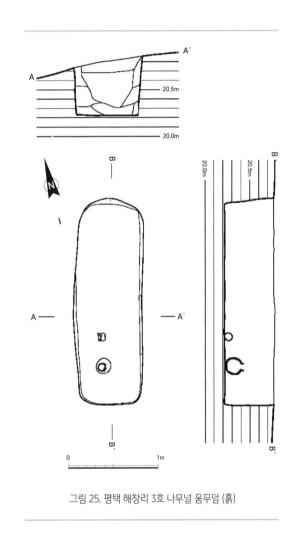

그림 25. 평택 해창리 3호 나무널 움무덤 (흙)

표 1. 기전지역 여러 움무덤과 관련 유적

무덤 종류 / 지역	(순수)움무덤	돌뚜껑 움무덤	돌무지 움무덤	나무(덧)널 움무덤[35]	
				돌 채움	흙 채움
한강 유역	성남 여수동	남양주 진관리		성남 판교동 용인 동천동 서울 항동 파주 당하리 1·2호 파주 와동리	파주 목동리
서해안 지역		인천 불로동	안산 관모봉	인천 당하동 1호	화성 발안리 시흥 군자동 인천 당하동 2호
안성천 유역	화성 동화리 평택 소사벌 평택 솔밭말 평택 토진리	오산 두곡동 1·2호		안성 반제리 1·2·3호 평택 양교리	용인 농서리 용인 서천동 1·2호 수원 율전동 1·2호 오산 청학동 평택 해창리 1~5호 안성 신기 1·2호

2) 무덤의 구조

움무덤의 구조에 있어 순수 움무덤은 그 자체가 무덤방의 역할을 하지만 나머지는 대체로 무덤 구덩, 채움층과 쌓임층, 나무(덧)널, 뚜껑돌 등에 따라 약간의 차이가 보인다.

먼저 무덤 구덩의 평면을 보면 거의 대부분 긴 네모꼴이면서 모서리 부분은 각이 없는 모줄임 형태다. 이러한 기본적인 생김새는 무엇보다 무덤 구덩 안에 놓인 나무널에 따른 것으로 규모도 나무널의 크기가 결정하였을 것이다. 그리고 무덤의 종류에 따라 평면 생김새도 조금씩 차이가 있다. 돌뚜껑 움무덤인 남양주

35) 나무(덧)널 움무덤은 채움층의 재질에 따라 돌과 흙으로 구분하였음.

진관리는 둥근꼴이고 나무널 움무덤인 파주 당하리 1호는 위쪽이 좁고 아래쪽(바닥)이 넓지만 돌무지 움무덤인 관모봉 유적은 그 반대로 위쪽이 넓고 아래쪽이 좁은 형태다. 또한 인천 당하리 2호는 평면 생김새가 긴 네모꼴이면서 짧은 벽인 서쪽으로 약간 돌출된 특이한 모습이다. 이러한 독특한 형태는 무덤 구덩의 길이(252㎝)가 좀 긴 점으로 미루어 보아 무덤의 축조 과정과 연관이 있는 것으로 해석된다. 안성 신기 1호의 무덤 구덩은 긴 벽(북쪽)과 짧은 벽(동벽)에 단(段)이 만들어져 있는데 이런 것이 대전 괴정동이나 아산 남성리 유적에서도 조사되었다. 이렇게 단이 있는

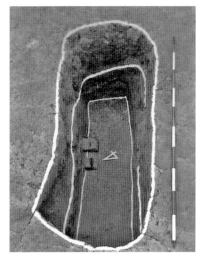

사진 4. 안성 신기 1호 움무덤의 무덤방

경우 대체로 무덤 구덩의 깊이가 다른 무덤보다 깊은 것이 공통적으로 찾아지는 특징이다.[36] 그렇다면 이렇게 단이 진 무덤 구덩을 만든 까닭은 무엇일까? 아마 무덤 구덩의 깊이가 너무 깊기 때문에 나무(덧)널을 설치할 때 쉽게 하기 위하여 이러한 시설을 하였을 것으로 판단된다.

한편 무덤 구덩의 긴 방향은 무덤방(나무널)과 같은 것으로 해석할 수 있다. 무덤방의 긴 방향은 일정한 절대적인 방향이 있는 것은 아닌 것으로 밝혀져 빈도의 차이는 있지만 여러 방향에 걸쳐 있는 것으로 조사되었다. 그렇다면 방향을 결정하는 기준은 1차적으로 주변의 자연지세-특히 등고선-와 밀접한 관련이 있을 것이다. 38기의 무덤 가운데 등고선에 따라 그 긴 방향을 살펴보면 등고선과 직교하는 것이 21기(55.2%), 등고선과 나란한 것이 9기(23.7%), 알 수 없는 것이

|||||||||||||||||||||

36) 신기 1호의 무덤 구덩은 깊이가 75㎝이지만 괴정동 무덤은 270㎝, 남성리 무덤은 200㎝로 상당히 깊다. 신기 1호가 이들 무덤보다는 얕지만 주변에서 조사된 다른 무덤들과 비교해 보면 깊은 것으로 밝혀졌다.

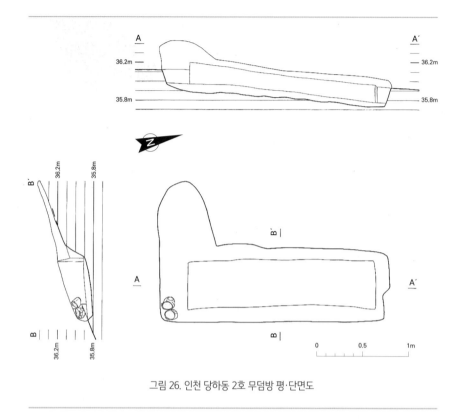

그림 26. 인천 당하동 2호 무덤방 평·단면도

8기(21.1%)로 밝혀졌다. 등고선과 직교하는 경우가 가장 많았는데 이런 경우 묻힌 사람의 머리 방향은 산이나 구릉의 꼭대기인 높은 쪽을 향하고 발끝은 낮은 쪽으로 자연스럽게 배치가 이루어진 것으로 판단된다. 반면에 등고선과 나란한 경우는 무덤 구덩 그 자체의 높낮이 차이가 크지 않기 때문에 머리 방향을 판단하기 어렵다. 기전지역에서 조사된 무덤 구덩 가운데 등고선과 나란한 것은 거의 대부분 경사진 곳보다는 약간 편평한 곳에 무덤을 축조한 것으로 드러났다. 또한 한 곳에 무덤이 여러 기 있을 경우에 무덤방의 긴 방향은 같은 쪽으로 축조하였는데 예외적으로 인천 당하동 유적의 경우는 직교하는 것과 나란한 것이 섞여 있었다.

무덤 구덩의 바닥은 모두 맨바닥을 그대로 이용했는데 등고선에 따라 자연경사면을 그대로 두어 높낮이가 있는 경우, 축조 당시에 경사진 것을 수평으로 편평하게 손질한 경우, 편평하게 손질한 다음 부드러운 흙을 일정한 두께로 깐 경우 등으로 구분된다. 경사진 무덤방이 가장 많이 조사되었는데 이런 경우 앞에서 설명한 것처럼 자연스럽게 묻힌 사람의 머리 방향은 높은 쪽이었을 것으로 판단되며, 껴묻거리가 놓인 위치를 고려해 보면 발끝 쪽이 낮은 곳으로 여겨진다. 인천 당하동 2호와 평택 해창리 4·5호 무덤 구덩의 바닥은 편평하게 고른 다음 5~20㎝ 두께로 상당히 부드러운 흙을 깔았던 것으로 밝혀졌다. 이것은 무덤 축조 과정에 있었던 당시 사람들의 장례습속인 동시에 나무널을 수평으로 놓기 위한 한 과정으로 해석된다.

　무덤의 축조 과정에 있어 무덤 구덩과 나무(덧)널 사이의 빈 공간은 돌을 채운 것과 흙을 채운 것으로 크게 구분할 수 있다. 흙으로 채운 경우에는 무덤 구덩의 조성 당시에 팠던 흙을 그대로 다시 채움흙으로 이용하였다. 그러나 돌을 채운 경우는 여러 상황이 조사되었다. 먼저 채움층에 활용된 돌은 유적 주변에서 구하기 쉬운 모난돌이 가장 많고 판자돌, 강돌 등도 있다. 돌을 채움층에 넣은 모습을 보면 4벽을 모두 채운 것은 아니고 두 긴 벽과 한 쪽의 짧은 벽 등 대부분 3벽에서만 돌이 찾아졌다. 돌을 넣은 방식은 벽 사이에 놓거나 쌓은 것으로 조사되었는데 쌓은 경우는 거의가 1~2단 정도쯤 쌓았다. 특히 파주 당하리 2호 무덤은 막돌을 쌓았는데 가로와 세로 쌓기를 섞어서 하였던 것으로 밝혀졌고, 와동리 무덤의 채움층에는 판자돌과 모난돌을 섞어서 채웠기에 다른 무덤과 비교된다.

　무덤방 안의 쌓임층을 살펴보면 돌뚜껑 움무덤인 남양주 진관리와 오산 두곡동 1·2호, 움무덤인 화성 동화리 유적에서 특이한 점이

사진 5. 오산 두곡동 2호 무덤방의 사람뼈 출토 모습

찾아졌다. 먼저 진관리와 두곡동 무덤은 쌓임층에 숯, 불탄 흙이 섞여 있는 점으로 보아 묻기는 화장을 한 것으로 보인다. 또한 화성 동화리 움무덤은 뼛조각, 나무 숯, 불탄 무덤방의 벽 등이 조사되었기 때문에 구덩을 파서 무덤방을 만든 다음 그 안에서 화장을 한 것으로 여겨진다.

한편 나무(덧)널 움무덤은 무덤 구덩 안에 나무널을 설치한 경우인데 대부분 그 흔적만 조사될 뿐 자세한 내용은 알 수 없다. 다만 화성 발안리와 용인 농서리 무덤은 쌓임층의 구분에 따라 나무판자가 아닌 통나무를 사용한 것으로 알려져 시사하는 점이 크다. 무덤방으로 이러한 통나무를 이용한 것은 다음 시기의 움무덤에서도 널리 이용되고 있는 것으로 보고되고 있기 때문에 이 시기의 다른 무덤도 통나무를 사용하였을 가능성이 많다. 또한 나무널의 크기에 관하여도 보고된 자료가 너무 적기 때문에 자세한 내용을 파악하기는 어려운 실정이다. 나무널에 대하여 보고된 사실들은 그 너비에 관하여 앞으로 보다 많은 자료가 모아진 다음 검토가 필요하다. 지금까지 조사된 자료로는 나무널의 너비는 24㎝(파주 당하리 1호)~60㎝(용인 동천동) 사이에 속한다. 묻힌 사람을 바로 펴묻기 하였다면 적어도 그 너비가 50㎝ 이상이 되어야 가능한 것으로 알려져 있다.[37] 이런 점들을 감안해 보면 나무(덧)널 무덤의 무덤방으로 이용한 나무널의 크기-특히 그 너비-에 대하여 몇 가지 사실을 추론해 볼 수 있다. 먼저 지금까지 조사·보고된 자료의 문제점이다. 한국의 토

사진 6. 용인 동천동 움무덤의 무덤방

37) 이영문, 1993.『全南地方 支石墓 社會의 硏究』, 한국교원대학교 박사학위논문, 271쪽 : 하문식, 1999.『古朝鮮 地域의 고인돌 硏究』, 백산자료원, 292~293쪽.

양이 대부분 산성이기 때문에 유기물질인 나무널은 썩기 쉽다. 그러므로 나무널의 정확한 크기를 알 수 없는 경우가 대부분이다. 따라서 발굴조사 당시의 제약된 상황에서 그 크기를 파악하였을 가능성을 고려해 볼 수 있다. 다음은 묻힌 사람의 신체조건 문제다. 성장이 끝난 성인이 아닌 사람이 묻혔을 경우를 상정할 수 있다. 실제로 기전지역에서 조사된 이러한 무덤들은 나무널의 너비가 좁은 경우 그 길이가 보고된 예는 거의 없는 것으로 파악되고 있기 때문에 묻힌 사람이 누구인지, 어떤 상황에서 무덤이 만들어졌는지 먼저 살펴볼 필요가 있을 것으로 생각된다.

4. 무덤의 크기

청동기시대 후기에 주로 축조된 움무덤은 한 곳에 몇 기의 무덤이 있는가에 따라 소수 무덤(소수묘)과 군집 무덤(군집묘)으로 나눈다. 또한 무덤 그 자체의 크기-무덤 구덩의 길이와 너비, 깊이에 따른-도 구분 대상이 된다. 이렇듯 지금까지는 분포 현황이나 규모가 분류 기준이 되고 있다.

무덤의 분포에 따른 구분은 대체로 1~2기는 소수 무덤, 3기 이상은 군집 무덤으로 보고 있다. 이러한 구분을 외래문화인 점토띠 토기 문화가 재지 문화를 지닌 토착세력과 어떻게 접촉·융화되는가를 설명하는 자료로 활용하는 견해도 있다. 하지만 움무덤은 외형적으로 드러난 표지적인 구조물이 아니기 때문에 지금까지 발굴조사된 유적보다 더 많은 무덤이 조사되지 않았을 가능성이 많다. 그렇기에 현재의 조사자료를 가지고 이 시기의 문화 양상에 대한 전파 문제나 재지 문화와의 융화 관계를 논의하는 것은 여러 가지로 많은 문제점을 내포하고 있다고 판단된다.

무덤을 축조한 집단의 영속성과 그 사회 성격을 보여주는 입지 조건, 무덤의 크기와 짜임새, 껴묻거리의 질과 앙은 묻힌 사람의 위상을 보여준다. 이러한 위상, 즉 사회 속에서 차지하는 역할의 차별성은 곧 사회나 계층 분화와 연관되어 있다.[38] 그러므로 움무덤의 축조에 있어서는 그 기본이 되는 무덤 구덩의 조성에 소요되는 비용(노동력 크기)으로 묻힌 사람의 사회적 지위나 사회·경제적 배경 등을[39] 분석해 볼 수도 있을 것이다.

여기에서는 그러한 문제에 관한 시론적 입장에서 움무덤의 크기와 관련한 몇 가지를 통해 파악할 수 있는 것을 살펴보도록 하겠다.

기전지역에서 지금까지 조사된 움무덤(순수 움무덤, 나무널 움무덤)의 무덤 구덩 크기나 무덤방의 구조, 껴묻거리에 있어 두드러지게 나타나는 특징은 없는 것 같다. 이런 점을 고려하여 순수 움무덤과 나무(덧)널 움무덤의 무덤방(무덤 구덩) 크기와 너비에 관하여 몇 가지 비교하고자 한다.

순수 움무덤은 비교 대상이 너무 적어(5기) 한계가 있지만 무덤방의 길이나 너비에 일정한 변화의 경향성이나 특정된 크기에 집중된 양상은 찾아지지 않는다. 또한 길이와 너비의 상관관계를 살펴보아도 뚜렷한 비례 관계는 없는 것으로 나타났다

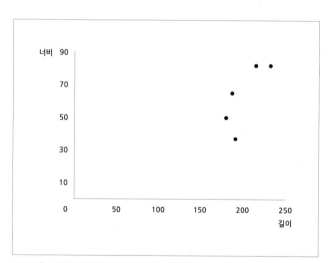

표 2. 단순 움무덤의 길이와 너비 상관관계

38) Lynne Goldstein, 1981. "One-dimensional archaeology and multi-dimensional people : spatial organization and mortuary analysis", *The Archaeology of Death*, London : Cambridge Univ. Press, pp.58~66.
39) James A. Brown, 1981. "The search for rank in prehistoric burials", *ibid*., pp.27~29.

(표 2 참조).

나무(덧)널 움무덤의 무덤 구덩 길이는 200㎝ 안팎에 비교적 집중된 것으로 밝혀졌고 채움층에 따라 구분하여 보면 돌보다 흙을 채웠을 경우 길이가 대체로 더 긴 것으로 분석되었다. 무덤 구덩의 너비는 70~80㎝에 상당히 집중되어 있으며 흙을 채운 경우가 약간 좁은 것

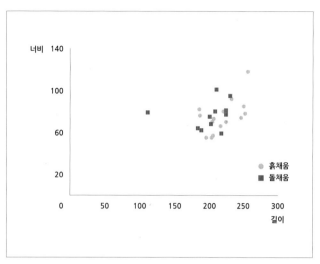

표 3. 나무(덧)널 움무덤의 길이와 너비 상관관계

으로 보인다(표 3 참조). 이처럼 나무널 움무덤의 경우는 순수 움무덤과 다르게 무덤 구덩의 길이와 너비가 일정한 범위에 어느 정도의 집중도가 나타난다. 이것은 바로펴묻기와 직접적인 연관이 있는 것으로 해석된다. 다시 말하여 이 무덤은 기본적으로 바로펴묻기를 하기 때문에 주검에 따라 길이와 너비가 결정될 수밖에 없다. 무덤 구덩의 길이와 너비의 상관관계는 일정한 비율이 나타나지 않는 것으로 파악되었다.

기전지역 움무덤의 무덤 구덩 길이와 너비에 대한 이런 간단한 비교 분석에서 뚜렷한 차이점이나 특이한 상황이 나타나지 않는 것은 아직은 발굴조사된 분석자료가 매우 적기 때문이다. 앞으로 비교자료가 증가되면 보다 객관적이고 뚜렷한 비교 결과가 얻어질 것이다.

또한 주목되는 것은 이 지역에서 현재까지 발굴된 움무덤 가운데 무덤방(또는 무덤 구덩)의 크기나 축조 방법, 껴묻거리에 있어 대전 괴정동이나 아산 남성리 무덤처럼 특별한 위상을 차지하는 무덤이 없다는 점이다. 앞으로의 조사를 기대해 볼 수도 있지만 기전지역의 움무덤이 가지는 성격이 남성리나 괴정동 유적

처럼 다른 지역의 우월적 특성-무덤의 축조에 소요되는 노동력이나 다양한 껴묻거리를 통한 계층화의 정황-과는 차이가 있어 이 지역에서는 당시까지 사회계층화가 그렇게 활발하지 않았을 가능성도 상정해 볼 수 있을 것이다.

5. 장례습속

묻기는 사람의 일생에서 마지막으로 거치게 되는 한 과정이다. 이러한 마지막 과정에서 이루어지는 장례 절차는 당시의 사회적 관습에 따라 진행되었을 것이고 사회 발전의 여러 측면을 잘 나타내주고 있다. 통과의례에서 보이는 장례습속은 보수성과 전통성이 강하기 때문에 절차와 과정이 쉽게 바뀌지 않는다.

움무덤을 축조한 청동기시대는 농경이 생업경제의 중심이었기 때문에 잉여 생산물이 있었을 것이고 그에 따른 인구 증가와 신분의 분화, 장인의 전문화 등에 의하여 사회적인 변화가 진행되었을 것으로 보인다.

당시 사회의 장례습속에서 묻기의 방법은 먼저 무덤방의 크기와 묻힌 사람의 자세에 따라 바로펴묻기, 굽혀묻기, 두벌묻기, 엎어묻기, 옆으로 묻기 등으로 크게 구분하여 볼 수 있다. 기전지역에서 발굴된 움무덤 가운데 무덤 구덩이나 무덤방(나무널)의 크기로 보면 (단순)움무덤과 나무(덧)널 움무덤은 모두 바로펴묻기를 하였을 것으로 해석된다. 이런 점에서 보면 기전지역의 움무덤은 그 세세한 종류에 따라 약간의 차이는 있지만 바로펴묻기가 가장 많아 일반적으로 널리 이용된 묻기 방법의 하나였던 것으로 여겨진다. 그러나 평택 토진리 움무덤의 경우 무덤방(움)의 너비가 37㎝ 밖에 되지 않아 바로펴묻기 하였을 경우 묻힌 사람의 실체에 관하여 여러 의문이 생긴다. 마찬가지로 나무(덧)널 움무덤 가운데 무덤방(나무널)의 너비가 35㎝ 이하인 것이 용인 서천동(35㎝), 파주 당하리 1호(24㎝), 시흥 군자동(28㎝), 안성 신기 1호(35㎝) 움무덤에서도 조사되었는데 무덤방의 크기(너비)가 이렇게 좁은 경우 어떤 방법으로 바로펴묻기(?)를 하였을까

하는 의문이 역시 앞으로의 과제로 남는다.

한편 기전지역의 몇몇 움무덤에서는 화장(火葬)이 조사되었다. 장례습속에 있어 화장은 고고학적으로 중요한 의미를 가진다. 주검을 가장 간단하고 단순하게 처리할 수 있는 편리한 방법으로 매장을 하지 않고 화장을 하였을 경우에는 소요되는 경비가 높고 많은 노동력을 필요로 하기 때문에 일반적인 장례 절차와는 차이가 있다. 이러한 점으로 볼 때 화장은 특별한 상황에서 이루어진 장제의 한 의식이었을 것이다.[40] 따라서 화장과 관련된 묻기는 상당히 효율적으로 일정한 절차에 의하여 실시되었을 것으로 여겨진다. 아울러 죽은 사람의 사회적 역할과 지위에 따라 무덤을 축조할 때 진행되었던 장례습속은 당시 사회상을 반영하면서 사회적인 통합 기능도 지녔을 가능성이 있다.[41] 그렇기 때문에 화장 무덤은 살림터나 경작지 등을 고려하여 주변 경관의 공간적인 변화(배치)에도 큰 영향을 끼쳤을 것이다.[42]

기전지역에서는 돌뚜껑 움무덤인 남양주 진관리, 오산 두곡동 1·2호와 (단순)움무덤인 화성 동화리 무덤에서 화장의 흔적이 조사되었다.

돌뚜껑 움무덤에서는 아주 작은 사람 뼛조각과 숯, 불탄 흙이 조사되었는데 무덤방의 크기나 생김새, 쌓임층의 퇴적 상황으로 보아 외부의 별도 공간(장소)에서 1차적으로 화장을 시행한 다음 뼛조각을 수습하여 이러한 움무덤을 만든 것으로 해석된다. 일부에서는 이 무덤의 무덤방 안에서 화장이 진행되었을 가능

---

40) Lucas, G., 1996. "Of death and debt : a history of the body in Neolithic and Early Bronze Age Yorkshire", *Journal of European Archaeology* 4, pp.99~118.

41) Brück, J., 2001. "Body metaphors and technologies of transformation in the English Middle and Late Bronze Age", *Bronze Age Landscapes : Tradition and Transformation*, Brück, J.(ed), Oxbow : Oxford, pp.149~160.

42) Howard Williams, 2007. "Towards an Archaeology of Cremation", *The Analysis of Burned Human Remains*, Christopher W. Schmidt and Steven A. Symes, (eds), New York : Academic Press, pp.247~248.

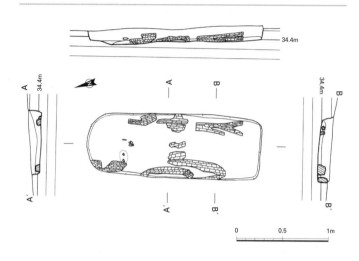

그림 27. 화성 동화리 움무덤 평·단면도

성도 제기하고 있는데 무덤방의 크기로 보아 화장에 소요되는 높은 비용-높은 온도를 유지할 수 있는 땔감-을 소비하기 어려운 조건이기 때문에 제자리 화장은 아닌 것으로 여겨진다. 그러나 화성 동화리의 움무덤은 무덤방의 크기(길이 187㎝, 너비 65㎝), 무덤방 안의 퇴적 상황(화장에 사용된 길쭉한 나무 등), 숯과 재 등으로 볼 때 그 안에서 화장 행위가 있었던 것으로 판단된다. 동화리 움무덤의 제자리 화장은 무덤방 안에서 수습된 사람 뼛조각에 대한 과학적인 분석이 이루어지지 않아 묻기의 과정이나 방법을 정확하게 알 수 없다는 점에서 한계는 있지만, 청동기시대의 장례습속에 대한 사례 연구에서는 좋은 고고학적 자료가 되고 있다.

　　이러한 제자리 화장에 대해서는 최근 중국 동북지역의 청동기시대 고인돌과 동굴무덤에서 많은 자료가 보고되고 있다.[43] 요북지역의 신빈 용두산 고인돌과

43) 金旭東, 1991. 「1987年吉林東豊南部蓋石墓調査與淸理」 『遼海文物學刊』 2, 20~22쪽 : 遼

길림 남부지역의 동풍 삼리·두가구·조추구 개석식 고인돌에서는 무덤방 안에 땔감을 쌓아 놓고 화장을 한 흔적이 찾아졌다. 또한 태자하 상류의 본계 지역 동굴무덤에서도 제자리에서 화장한 것이 조사되었다. 이러한 제자리 화장의 습속이 장례문화의 특성이나 지역적인 환경조건에 따른 것인지, 당시의 시대적인 상황에 따른 일시적인 묻기의 한 방법인지는 아직까지 뚜렷하게 밝혀지지 않았다. 이러한 점에서 화성 동화리 움무덤의 제자리 화장 습속은 한반도 지역에서는 비교 자료의 한계가 있지만 중국 동북지역의 이들 자료와 앞

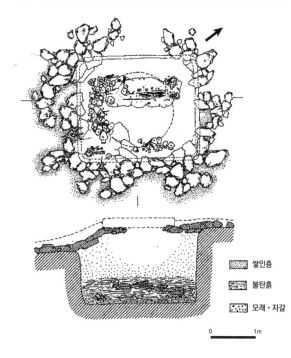

그림 28. 신빈 용두산 2호 고인돌의 평·단면도

범례:
- 쌓인층
- 불탄흙
- 모래·자갈

0   1m

으로 비교·검토해 볼 필요는 있을 것이다.

　움무덤을 축조한 당시 사람들이 제자리 화장을 한 이유 가운데 하나는 화장을 마친 다음의 절차인 뼈의 보존(수습) 문제와 직접적인 관련이 있을 것이다. 지금까지의 연구 성과나 최근 실험고고학으로 밝혀졌듯이 불에 탄 뼈는 잘 바스러지고 쪼개지기 때문에[44] 무덤방 밖에서 화장을 한 경우 뼈 수습에 여러 어려움이

寧省文物考古硏究所·本溪市博物館, 1994. 『馬城子-太子河上游洞穴遺存』, 北京 : 文物出版社, 297~300쪽 : 하문식, 2009. 「고조선 시기의 장제와 껴묻거리 연구-馬城子文化의 예를 중심으로」 『白山學報』 83, 75~76쪽.

있었을 것이다. 따라서 이런 여러 조건 때문에 제자리 화장이 이루어진 것으로 볼 수 있다.

　한편 기전지역의 화장된 움무덤에서 찾아진 뼛조각들은 외형적으로 볼 때 갈색(흑갈색)을 띠고 있어 회백색 계통의 뼛조각이 수습된 역사시대의 화장 무덤에서 조사된 자료와는 차이가 있는 것으로 보인다. 화장 과정에 있어서 산소의 공급 정도와 불의 온도는 화장 대상인 주검에 직접적으로 영향을 미치는 것으로 알려져 있다.[45] 이런 점으로 볼 때 기전지역의 움무덤에서 이루어진 화장은 그렇게 높은 온도에서 실시된 것은 아닌 것으로 보인다.

　무덤은 사람의 마지막 통과의례에서 만들어지는 구조물이기 때문에 많은 노동력을 필요로 한다. 이러한 의례에는 당시 사회의 공동체에서 치러지는 의식이 있었을 것이다. 그렇다면 의식의 한 과정으로 주검에 대한 경건함을 나타내는 것은 물론 무덤의 축조에 참여한 사람들을 위한 제연이나 향응도 있었을 것으로 해석된다. 이러한 의식에 관한 고고학적 자료 가운데 하나가 파쇄 행위로 판단된다. 유물의 파쇄 행위는 무덤의 축조 과정에 행하는 장송의례나 축조가 끝난 다음 있었던 제사의례의 한 과정으로 이해할 수 있다.

　조사 자료가 매우 제한적이지만 기전지역의 움무덤에서도 유물을 의도적으로 깨뜨려 무덤에 껴묻기한 당시의 장례의식을 살펴볼 수 있는 자료가 있다.

　돌무지 움무덤인 안산 관모봉 유적에서는 민무늬 토기를 깨뜨린 조각들이 무덤 구덩의 채움층과 돌무지에서 조사되었고, 평택 소사벌 무덤에서도 목 긴 간토기를 의도적으로 파쇄하여 채움층에 넣은 것이 확인되었다. 이러한 의례 행위는

44) Jacqueline I. Mckinley, 1994. "Bone Fragment Size in British Cremation Burials and its Implications for Pyre Technology and Ritual", *Journal of Archaeological Science* 21, pp.339~342.

45) J. L. Holden, P. P. Phakey and J. G. Clement, 1995. "Scanning electron microscope observations of heat-treated human bone", *Forensic Science International* 74, pp.31~32.

고인돌에서 의도적으로 토기를 파쇄시킨 다음 무덤방 주변에 뿌린 것과 비교된다. 이렇게 토기를 깨뜨리는 행위는 당시 사회의 제의와 관련이 있을 것이다. 이밖에도 파주 목동리 움무덤에서는 세형동검을 부러뜨려 묻힌 사람의 머리 쪽에는 동검의 끝부분을, 가슴 쪽에는 슴베 부분을 놓아두었던 것으로 밝혀졌다. 그리고 이 무덤에서는 세형동검의 가운데 부분이 없는 점으로 보아 의도적으로 파쇄하였을 가능성이 많다. 이런 점으로 볼 때 목동리 움무덤의 세형동검에 대한 파쇄 행위도 당시 사회에서 이루어졌던 장례의례의 한 단

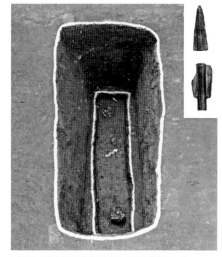

사진 7. 파주 목동리 움무덤의 동검 껴묻은 모습

면을 시사하여 주는 것으로 여겨진다. 이러한 의식은 당시 사회의 문화적인 환경에서 비롯되었던 것으로 해석된다. 그러한 점에서 이 또한 죽음의 공포로부터 벗어나기 위한 당시 사람들의 의례 행위인 동시에 묻힌 사람의 죽음을 사회적으로 공인시키는 과정과 관련이 있었던 것 같다.[46]

6. 껴묻거리

무덤에서 찾아지는 껴묻거리는 축조 당시에 널리 사용되었거나 만들어진 것이 대부분을 차지하기에 무덤의 성격을 이해하는데 도움이 된다. 여기서 살펴볼 기전지역의 움무덤에서 출토된 유물은 상당히 제한적일 수밖에 없다. 그 이유는

---

46) 이상길, 1994. 「支石墓의 葬送儀禮」 『古文化』 45, 95~113쪽 : 김권구, 2017. 「의례와 사회」 『墳墓와 儀禮』, 서경문화사, 185~186쪽.

철기 유물이 껴묻기된 움무덤은 분석 대상에서 제외하였기 때문이다. 껴묻거리의 종류나 수량이 비교적 많은 늦은 시기의 철기 출토 움무덤을 포함하지 않은 상태로 분석이 이루어졌지만 청동기시대 후기의 기전지역 문화상을 살펴볼 수 있다는 점에서 그 나름대로의 의미는 있을 것으로 판단된다.

여기에서는 먼저 껴묻거리를 토기, 청동기, 석기, 기타로 구분하여 유물의 전반적인 관계를 설명하고 그 다음에는 껴묻기된 상황에 관하여 몇 가지 언급하고자 한다.

1) 토기

움무덤에 껴묻기된 토기를 보면 대체로 나무(덧)널 움무덤에는 점토띠 토기와 목 긴 검은 간토기가 서로 1점씩 짝을 이루어 껴묻기된 경우가 많다. (단순)움무덤은 점토띠 토기만 껴묻기되거나 검은 간토기 없이 2점이 한꺼번에 놓여진 것도 있다. 그리고 돌뚜껑 움무덤에서는 토기가 찾아지지 않았고 돌무지 움무덤에서는 민무늬 토기가 조사되었다.

점토띠 토기는 1960년대 초 남양주 수석동 유적의 집터 조사에서 찾아져 알려지게 되었다. 최근 대규모 발굴조사에 따라 중·남부지역에서 관련 유적이 증가하면서 그 문화적 실체가 점차 뚜렷하게 밝혀지고 있지만 아직도 형식 변화에 따른 정형화된 토기의 생김새, 기원이나 연대 문제 등에 관하여는 여러 견해가 제시되고 있다.

지금까지의 연구 경향과 성과에 의하면 점토띠 토기의 분류는 먼저 입술의 단면 생김새에 따라 원형, 삼각형 그리고 변형으로[47] 1차 분류를 하며 원형 점토

---

47) 점토띠 토기의 마지막 시기에는 점토띠의 지름이 매우 작아져 이것을 '소형띠'로 분류하기도 한다(서길덕, 2018. 『한국 점토띠 토기 문화기 무덤 연구』, 세종대학교 박사학위논문, 177~178쪽).

띠에서 삼각형으로 변화한 것으로 본다. 그리고 입술 끝의 기울기에 따라 바라진 것과 오므라든 것으로 나눈다. 그 다음에는 토기의 높이, 몸통 최대 지름의 위치에 의하여 발전 단계와 시기를 구분하고 있다. 토기 바닥의 모습으로 변화 과정을 설명하기도 하는데 일반적으로 이른 시기에는 굽이 있었다가 점차 없어지면서 편평밑으로 변화하는 것으로 보고 있다. 또한 원형 점토띠 토기 가운데에는 간혹 몸통 부분에 젖꼭지[突乳] 모양의 손잡이가 붙어 있는 경우도 있는데 이것의 위치에 따라 단계를 구분하기도 하지만 그 예가 매우 적고 시기에 따른 연속적인 차이를 보여주지는 못하고 있기 때문에 변화의 속성으로 설정하기에는 어려운 점이 있다. 점토띠 토기의 이러한 변화 관계를 보면 토기의 생김새는 크게 바리(깊은)와 독[甕]으로 구분할 수 있지만 좀더 자세하게 나누면 상당히 다양한 양상이 나타날 것으로 보인다.

점토띠 토기가 찾아지는 유적은 무덤 뿐만 아니라 집터, 조개무지 등 여러 곳이다.

이 토기의 연대는 대체로 서기전 5~4세기부터 서기 전후로 보고 있지만 최근 관련 유적의 증가, 방사성 탄소 연대 측정과 같은 절대연대 측정값을 분석한 결과와 관련 유물의 상대적인 분석과 비교 등으로 볼 때 좀 더 이른 시기로 볼 여지가 많다.

기전지역의 움무덤에서 찾아진 점토띠 토기는 모두 원형 점토띠 토기이며, 생김새는 무덤의 성격과 시기에 따라 조금씩 차이가 있다. 이 토기가 조사된 움무덤은 순수 움무덤과 나무널 움무덤이며, 돌뚜껑 움무덤이나 돌무지 움무덤에서는 찾아지지 않았다. 껴묻기된 양상은 각 무덤별로 1점이 기본적이며 기전지역의 움무덤에서 지금까지 발굴된 것은 14점이다. 평택 토진리 무덤에서는 2점이 조사되었지만 1점은 일반적인 점토띠 토기로 보기 어려운 측면도 있다.

기전지역의 움무덤에서 발굴된 14점의 점토띠 토기는 두드러지는 특징이 없어 기존에 분류하던 여러 속성에 따라 나누는 것이 어려운 것으로 판단된다. 그렇기 때문에 여기에서는 간단하게 입술에 붙은 덧띠의 단면 생김새에 따라 원형

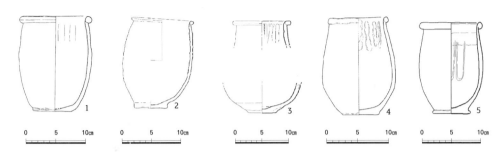

1. 화성 발안리, 2. 인천 당하동 2호, 3. 오산 청학동, 4. 파주 당하리 1호, 5. 평택 솔밭말

그림 29. 움무덤 출토 점토띠 토기 ('가'형)

과 삼각형으로 1차 구분을 하고 그 다음에 입술 끝 부분의 변화에 따라 곧은 것
과 오므라든 것으로 나누는 것이 합리적인 것으로 판단된다.

이러한 몇 가지 속성에 따라 움무덤 출토 점토띠 토기를 구분하면 다음과 같다.

표 4. 움무덤 출토 점토띠 토기의 구분

구분	입술 단면	입술 끝 부분의 모습	대표적인 무덤
가	원형	곧은 것	화성 발안리, 인천 당하동 2호, 오산 청학동, 파주 당하리 1호, 평택 솔밭말
나	원형	오므라든 것	용인 서천동 2호, 안성 반제리 1·2호, 평택 토진리

위의 자료를 보면 먼저 움무덤의 구조에 따른 점토띠 토기의 기형 변화는 없
다. '가'형은 순수 움무덤과 돌과 흙을 채운 나무(덧)널 움무덤 모두에서 가장 많
이(10점) 찾아지고 있다. 이렇게 움무덤의 구조나 같이 껴묻기된 다른 유물과의
비교 검토 자료를 보아도 시기적인 변화는 뚜렷하지 않은 것으로 보인다. 그렇다
면 무덤에 껴묻기된 점토띠 토기는 집터에서 조사된 것과 다른 의미를 지닌 것이

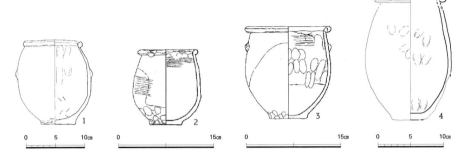

1. 용인 서천동 2호, 2. 안성 반제리 1호, 3. 안성 반제리 2호, 4. 평택 토진리

그림 30. 움무덤 출토 점토띠 토기 ('나'형)

아닐까? 다시 말하여 살림살이에 이용된 토기보다 무덤에 껴묻기 위하여 만들어진 토기는 전통성과 보수성을 지니고 있기 때문에 연속적인 변화 과정이 드러나지 않았을 가능성이 있는 것으로 여겨진다.

기전지역의 움무덤에서 발굴된 점토띠 토기의 밑 부분을 보면 크게 편평밑 또는 납작밑에 가까운 낮은 굽을 지닌 것으로 구분해 볼 수 있다. 그러나 밑 부분의 차이에도 불구하고 토기의 다른 속성에 있어서의 뚜렷한 변화 양상은 나타나지 않는다. 또한 몸통 부분에 젖꼭지 모양의 손잡이가 붙어 있는 것이 성남 판교동과 용인 서천동 2호, 안성 반제리 2호에서 찾아졌다. 그 위치를 보면 서천동 2호 무덤 출토 토기는 몸통의 가운데 쪽에 있지만 나머지는 점토띠 바로 밑쪽에 있어 조금 차이가 있다. 점토띠 토기의 겉면에서 관찰되는 자국들은 대부분 손누름 자국들이며, 화성 발안리에서 찾아진 점토띠 토기는 물손질한 흔적이 뚜렷하게 보인다.

그림 31. 성남 판교동 움무덤 출토 점토띠 토기 (젖꼭지 모양)

다음으로 움무덤에서 점
토띠 토기가 찾아지지는 않
았지만 이와 관련된 토기가
껴묻기된 시흥 군자동과 파
주 와동리 무덤을 주목할 필
요가 있다. 군자동 무덤에는
몸통과 밑 부분만 있는 독
모양 토기가, 와동리 무덤은
완전한 바리 모양의 토기가
있었다. 와동리 무덤의 토기
는 입술에 점토띠만 없을 뿐

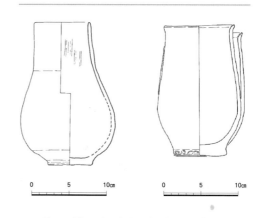

그림 32. 시흥 군자동과 파주 와동리 움무덤 출토 토기

토기의 전체적인 생김새는 기전지역의 다른 움무덤에서 찾아진 원형 점토띠 토
기와 큰 차이가 없는 것 같다. 이들 무덤에는 점토띠 토기가 없는 점으로 볼 때
이 토기들은 그 대용으로 껴묻기 되었을 가능성을 짐작해 볼 수 있다. 또한 평택
토진리 무덤에는 원형 점토띠 토기가 2점 껴묻기 되었는데 그 가운데 한 점은 입
술에 점토띠가 있지만 토기의 생김새는 독 모양을 하고 있다. 이 무덤에는 목 긴
검은 간토기가 놓여 있지 않은 점으로 볼 때 토기의 겉면을 매끈하게 간 독 모양
토기가 검은 간토기를 대체하였던 것 같다.

목 긴 검은 간토기는 토기의 겉면에 광물질(흑연 등)을 바른 다음 갈아서 광
택을 낸 특수한 그릇이다. 긴 목과 몸통의 제작 방법에 따라 흑도, 흑도 장경호,
흑색 마연 토기, 흑색 토기, 검정 토기, 흑도 마연 장경호 등 여러 가지로 부르고
있다.

이 토기는 주로 중·남부지역의 무덤에서 찾아지고 있으며 청동기시대 후기
의 움무덤에 껴묻기된 대표적인 유물이다. 북부지역에서는 조사되지 않았지만
개천 묵방리 24호 고인돌에서 찾아진 늦은 시기 미송리형 토기의 하나인 '묵방리
형 토기'의 긴 목과 전체 생김새, 겉면의 상태를[48] 고려하면 서로 비교해 볼 수 있

을 것이다.

검은 간토기의 형식 분류와 시기별 변화 모습은[49] 주로 긴 목, 몸통의 생김새, 토기의 크기(높이), 몸통 최대 너비의 위치, 바닥 부분을 고려하여 나누고 있다. 그리고 최근 연구에서는 이밖에도 목과 몸통 부분의 각도에 따라 변화 속성을 나누기도 한다. 먼저 긴 목은 곧은 것과 바깥이나 안쪽으로 기울어진 것으로 구분하며, 몸통은 둥근꼴, 양파 모양, 타원형으로 분류한다. 그리고 바닥은 굽이 있는 납작밑과 편평밑으로 나눌 수 있지만 점토띠 토기처럼 구분의 경계가 뚜렷하지는 않다.

이러한 몇 가지 속성을 가지고 시간의 흐름에 따른 일반적인 변화 과정을 보면 긴 목은 짧은 것에서 점차 더 길어지며, 몸통은 둥근꼴에서 양파 모양이나 타원형으로 바뀐다. 또한 바닥은 편평밑에서 굽이 만들어지는 양상으로 변화를 보이고 있지만 다른 속성들처럼 두드러지게 구분되지 않는다. 토기의 높이 또한 변화가 뚜렷하지 않다.

제작에 사용된 바탕흙은 대부분 고운 찰흙으로 밝혀졌지만 최근 완주 신풍 유적에서 출토된 검은 간토기 가운데에는 거친 찰흙을 사용한 것도 있는 것으로 알려져 주목된다.[50]

기전지역의 움무덤에서 찾아진 목 긴 검은 간토기는 24점으로 대부분 나무 (덧)널 움무덤에서 출토되었다. 이들 토기들은 원형 점토띠 토기와 함께 1점씩 껴묻기된 것이 대부분이지만 파주 목동리, 오산 청학동 무덤처럼 2점이 놓인 경우도 있다.

llllllllllllllllll

48) 리정남, 1985. 「묵방리 고인돌에 관한 몇 가지 고찰」 『력사과학』 1, 31~35쪽.
49) 여기에 관하여는 다음 논문을 참고하였다.
　　한수영, 2015. 『全北地域 初期 鐵器時代 墳墓 研究』, 전북대학교 박사학위논문, 76~79쪽 : 서길덕, 2018. 『앞 논문』, 153~170쪽.
50) 호남문화재연구원·한국토지주택공사, 2014. 『完州 新豊 遺蹟』 I, 129~130쪽 ; 144쪽 ; 146쪽.

검은 간토기의 겉모습에서 찾아지는 특징을 살펴보면 먼저 아가리 부분은 곧은 것과 바깥으로 조금 바라진 것으로 나눌 수 있다. 이것은 토기의 몸통 생김새나 목 부분과는 관계 없이 입술 끝의 마무리 처리와 연관된다. 바닥 부분은 편평밑과 굽이 있는 것으로 크게 구분되는데 대부분 매우 낮은 굽을 지니고 있다. 그런데 오산 청학동이나 안성 반제리 1호 움무덤에 껴묻기된 검은 간토기의 바닥은 낮은 굽을 가진 모습이면서 바닥의 가운데가 조금 들려 있는 들린 굽(오목 굽)의 형태이다.

토기의 제작 과정에서 나타난 특징적 부분은 몸통과 목 부분을 마무리 처리한 모습이다. 용인 농서리와 인천 당하동 1호 무덤의 간토기는 서로 붙인 흔적이 뚜렷하게 관찰된다. 그리고 대부분의 검은 간토기는 흑연과 같은 광물질을 바른 다음 겉면을 갈아 검은색을 띠고 있다. 또한 수원 율전 1호와 파주 당하리 2호 무덤에서 출토된 토기에는 제작 과정에 마무리 처리를 하였던 손자국이 부분적으로 그대로 남아 있다.

한편 이 지역의 움무덤에서 조사된 목 긴 검은 간토기를 크게 몸통의 생김새와 아가리의 모습에 따라 구분해 보고자 한다. 몸통 부분은 먼저 둥근꼴, 양파 모양, 타원형으로 나누었는데 실제로 이러한 구분이 뚜렷하게 되지는 않았다. 아마도 토기의 제작 과정에 있어 처음의 의도와는 다르게 형태가 이루어졌거나 목 부분과의 연결을 고려할 때 약간의 변형이 되었기 때문일 것으로 생각된다. 아가리의 모습은 몸통에서 입술 쪽으로 쭉 올라가면서 마무리 과정에 곧은 것과 바깥으로 바라진 것으로 간단히 구분하였다.

이러한 기준에 따라 기전지역 움무덤 출토 검은 간토기를 나누어 보면 〈표 5〉와 같다.

좀 더 구체적으로 살펴보면 몸통의 생김새는 양파 모양과 타원형이 서로 7점씩이고 둥근꼴은 2점이었다. 목 긴 검은 간토기의 생김새에 따른 여러 속성을 가지고 발전 과정을 밝힌 기존의 연구 성과를 보면 대체로 둥근꼴에서 양파 모양을 거쳐 타원형으로 변화하는 것으로 알려져 있다. 이런 점을 고려해 보면 기전지역

표 5. 움무덤 출토 목 긴 검은 간토기의 구분

몸통의 생김새	아가리 모습	대표적인 토기
둥근꼴	곧은 것	안성 신기 2호
	바라진 것	파주 목동리
양파 모양	곧은 것	성남 판교동, 파주 당하리 1호
	바라진 것	용인 농서리, 용인 서천동 2호
타원형	곧은 것	시흥 군자동
	바라진 것	화성 발안리

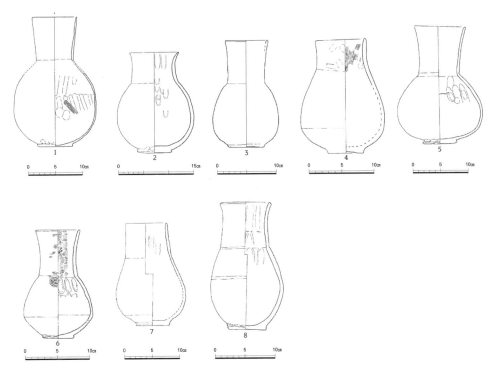

1. 안성 신기 2호, 2. 파주 목동리, 3. 성남 판교동, 4. 파주 당하리 1호, 5. 용인 농서리, 6. 용인 서천동 2호, 7. 시흥 군자동, 8. 화성 발안리

그림 33. 움무덤 출토 목 긴 검은 간토기

의 움무덤 출토 목 긴 검은 간토기는 이른 시기에 해당하는 것보다 모양이 좀 변화된 시기에 집중적으로 제작되었을 가능성이 많은 것으로 해석된다. 그리고 아가리 부분의 생김새에 따른 구분은 곧은 것이 7점, 바깥으로 바라진 것이 9점으로 그렇게 큰 차이는 없다.

그러므로 기전지역의 움무덤 출토 목 긴 검은 간토기를 몸통의 생김새, 아가리 모습, 밑 부분의 굽 등 외형적인 속성에서 나타난 몇 가지를 가지고 시기를 구분하거나 토기의 변화 과정을 설명하기에는 자료의 부족한 점이 많은 것으로 파악된다. 따라서 이러한 여러 속성을 가지고 시기를 구분하기보다 토기 그 자체의 변화가 어떤 의미를 지니고 있는지 단순하게 살펴보고자 하였다.

평택 해창리 유적에서 조사된 5기의 나무(덧)널 움무덤에는 점토띠 토기는 없고 목 긴 검은 간토기와 검은 작은 단지가 있었다. 검은 간토기는 1~5호의 무덤방에 1점씩 놓여 있었는데 1·2호의 토기 생김새는 대체로 일반적인 목 긴 검은 간토기가 아닌 몸통이 길쭉한 항아리로 좀 특이하였다. 그리고 1~3호 움무덤에는 검은 작은 단지가 1점씩 껴묻기 되었다. 이들 토기 가운데 1호와 2호 것은 전체적으로 주머니꼴을 이루면서 바라진 입술이고 3호 것은 토기의 크기에 비해 몸통이 지나치게 배부른 모습이다.

기전지역의 청동기시대 후기의 움무덤에서 이런 토기가 찾아진 예가 없어 상

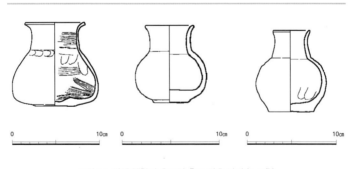

그림 34. 평택 해창리 움무덤 출토 작은 단지 (1~3호)

호 비교는 어렵지만 이 유적의 무덤에서 고리 달린 청동 투겁창이 출토된 점으로 보아 시기가 상당히 늦은 것으로 보여 지역적인 특징을 보여주는 껴묻거리의 하나로 이해된다. 또한 1~3호의 목 짧은 단지는 점토띠 토기를 대체하여 목 긴 검은 간토기와 함께 조합을 이룬 껴묻거리의 한 모습으로 해석할 수 있지 않을까?

이밖에도 돌무지 움무덤인 안산 관모봉 유적과 수원 율전동 1·2호 무덤에서는 민무늬 토기 조각들이 찾아졌다. 모두 몸통 부분의 작은 조각들이기 때문에 이것을 가지고 특징을 짚어내는 것은 어려운 실정이다.

2) 청동기

청동기시대 후기에 해당하는 움무덤에는 무기류, 공구류, 의기류 등 상당히 여러 가지 청동기가 껴묻기 되었다. 무기류에는 세형동검, 청동 투겁창, 청동 꺾창 그리고 검자루 맞춤돌 등이 있다. 공구류로는 청동 밀개, 청동 도끼, 청동 새기개가 찾아지며 의기류에는 청동 거울, 여러 종류의 이형 청동기(나팔형 동기, 방패형 동기, 검파형 동기), 가지 방울, 장대 투겁 등이 포함된다. 움무덤에 이러한 청동기가 껴묻기 되었다는 것은 신분이 분화되고 계층화된 사회에서 일정한 지위를 가진 사람이 묻힌 것임을 시사하여 당시 사회 성격을 이해하는데 많은 도움이 되고 있다.

기전지역의 청동기시대 후기 움무덤에서 조사된 청동기는 무기류인 세형동검을 비롯하여 청동 투겁창, 검자루 맞춤돌이 있고 공구류로는 청동 밀개가 찾아졌다. 이

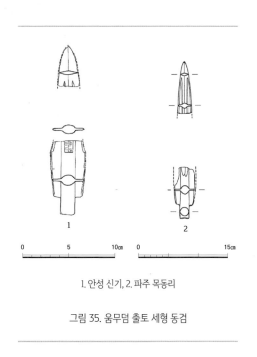

1. 안성 신기, 2. 파주 목동리

그림 35. 움무덤 출토 세형 동검

지역에서 발굴된 이러한 청동기는 같은 시기의 다른 지역 움무덤에서 찾아진 청동기보다 양이나 종류로 볼 때 상당히 빈약한 편에 속한다.

세형동검은 이 시기의 대표적인 청동기로 파주 목동리와 안성 신기 1호 무덤에서 출토되었는데 2점 모두 검의 끝과 슴베 부분만 남아 있고 가운데 부분은 없었다. 이것은 의도적으로 부러뜨린 것으로 보이며 이러한 방법으로 훼기하는 것이 당시 사회의 장례습속이었던 것으로 여겨진다.

이들 세형동검의 끝 부분은 단봉형이고 밑동[基部]은 둔각이다. 그리고 동검의 아래쪽 가로 자른 면은 2점 모두 역제형에 속한다. 목동리 것은 검의 허리 부분 등대에 제비꼬리 모양의 마디 흔적이 있다. 신기 무덤에 껴묻기된 동검은 허리 쪽과 등대 마디가 거의 일자형을 이루고 있으며 동검 날과 등대 마디 부분에는 가로 방향의 간 흔적도 관찰된다.

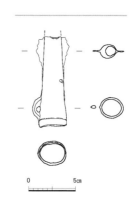

세형동검이 조사된 무덤은 모두 나무(덧)널 움무덤으로 무덤의 변화 과정으로 볼 때 시기적으로 그렇게 이른 것은 아닌 것 같다.

청동 투겁창은 동검, 청동 꺾창과 함께 주요 청동 무기류에 해당한다. 근래에 대규모 발굴조사가 실시되면서 관련 자료가 증가하고 있어 이에 대한 연구가 비교적 활발하게 이루어지고 있다.

그림 36. 평택 해창리 5호 움무덤 출토 청동 투겁창

지금까지 청동 투겁창의 연구는 주로 형식 분류, 연대, 기원에 관하여 이루어졌다. 형식 분류는[51]

51) 윤무병, 1972.「韓國 靑銅 遺物의 硏究」『白山學報』12, 97~101쪽 : 이청규, 1982.「細形銅劍의 型式 分類 및 그 變遷에 대하여」『韓國考古學報』13, 22~24쪽 : 이건무, 1992.『韓國의 靑銅器文化 : 韓國式 銅劍文化』, 국립중앙박물관·국립광주박물관, 135쪽 : 成璟瑭, 2009.『韓半島 靑銅 武器 硏究-中國 東北地域과의 比較』, 전남대학교 박사학위논문, 88~93쪽 : 미야자토 오사무, 2010.『한반도 청동기의 기원과 전개』, 사회평론,

대체로 창의 전체 길이, 창날의 생김새와 피홈, 자루 구멍의 모양과 끝 부분의 마디, 고리,[52] 무늬 등을 살펴 그 생김새 유무 등을 기준으로 한다.

기전지역의 청동기시대 후기의 움무덤에서 청동 투겁창이 조사된 것은 평택 해창리 5호이다. 이 무덤은 나무(덧)널 움무덤으로 청동 투겁창은 짧은 벽 쪽의 모서리 부분에서 자루 구멍 부분이 아래쪽을 향하게 세워진 채로 조사되었다. 현재 투겁창의 창끝 쪽은 없고 자루 구멍 부분만 남아 있는 상태라 정확한 크기(길이)는 알 수 없다. 자루 구멍의 자른 면은 타원형이고 한 쪽에 고리(耳)가 달려 있다. 남아 있는 부분으로 보아 이 투겁창은 완주 갈동 8호 무덤에서 출토된 것과 서로 비교해 볼 수 있는 것으로 여겨지며 시기적으로 상당히 늦은 것 같다.

다음은 공구류에 해당하는 청동 밀개(청동 새기개)가 성남 여수동 유적에서 출토되었다. 세형동검 문화기의 청동 밀개가 그렇게 많이 찾아지지는 않는데다가 대부분 완전한 것이 없고 부러진 상태라 전체적인 생김새를 파악하기는 어려운 실정이다. 여수동 유적에서 찾아진 것도 가운데 부분만 남아 있고 양쪽 끝부분은 없는 상태다.

지금까지 청동 밀개를 가로 자른 면, 평면과 옆면의 생김새에 따라 형식을 나누어 왔지만 조사되고 있는 밀개가 대부분 조각들이고 두께도 매우 얇아 (0.2㎝ 안팎) 가로 자른 면을 정확하게 파악하기 어려운 것이 현실적인 상황이다.

사진 8. 성남 여수동 움무덤 출토 청동 밀개

여수동 유적의 청동 밀개는 생김새와 가로 자른

<hr />

148~152쪽.

52) 자루 쪽에 달려 있는 고리를 청동 투겁창의 시기 문제와 관련시켜 대체로 늦은 시기에 나타나는 것으로 이해하고 있지만, 시기 구분하는데 있어 이것을 부정적으로 보는 견해도 있다(미야자토 오사무, 2010. 『위 책』, 161쪽).

면으로 볼 때 논산 원북리 유적의 돌무지 나무널 움무덤에서 찾아진 것과 비교된다.[53]

한편 이러한 청동 밀개가 안성 신기 유적의 지표 퇴적층(2지점)에서도 1점이 찾아졌다. 이 밀개는 앞쪽 끝과 가운데 일부가 깨어진 상태라 전체 크기는 알 수 없다. 등면의 가운데에 능선이 있으며 약간 볼록하다.

한국 청동기시대 동검은 검자루와 검자루 맞춤돌, 검 몸체를 각각 따로 만든 다음 서로 끼워서 사용한 것으로 밝혀져 주변지역의 동검과는 뚜렷하게 차별화 되기에 독자적인 동검 문화를 발전시킨 것으로 보인다.

검자루 맞춤돌은 검자루 끝에 장착하여 검의 균형을 유지시키거나 사용할 때 무게를 더하기 위한 것으로 가중기(加重器)라고도 부른다. 바닥이 반듯한 면을 밀착시켜 끈으로 묶어 사용했을 것이다. 그렇기 때문에 끈을 묶기 위하여 돌기 부분이 발달하였을 가능성이 있다. 지금까지 검자루 맞춤돌의 형식은 이러한 점에 근거하여 모양에 따라 6가지 정도로 나누고 있다.[54]

기전지역의 청동기시대 움무덤에서 검자루 맞춤돌이 찾아진 유적은 용인 농서리와 파주 목동리이다. 농서리 무덤 출토품은 앞에서 보면 凹자 모양으로 마치 베개처럼 보인다. 등 쪽의 가운데에 끈을 묶은 홈이 있고 뒤쪽은 편평하다. 목동리 무덤에서 조사된 것은 T자 모양[立柱形]으로 중앙의 단면이 긴 네모꼴이다. 모서리에 홈 자국이 있으며, 긴 쪽의 가운데에 돌기가 있

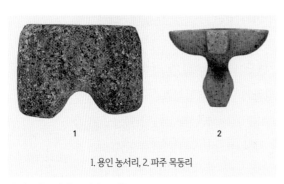

1. 용인 농서리, 2. 파주 목동리

사진 9. 움무덤 출토 검자루 맞춤돌

53) 중앙문화재연구원, 2001. 『論山 院北里 遺蹟』, 82~83쪽.
54) 미야자토 오사무, 2010. 『앞 책』, 118~125쪽 : 서길덕, 2018. 「앞 논문」, 122~123쪽.

다. 생김새로 보아 농서리 것은 상당히 이른 시기에 속하는 것으로 여겨지며 목동리 맞춤돌은 발달한 단계에 해당한다.

이들 검자루 맞춤돌이 조사된 무덤은 모두 흙을 채운 나무(덧)널 움무덤이며, 목동리 무덤에서는 세형동검과 함께 나와 동검의 사용 및 묻힌 사람과의 관계를 이해하는데 도움이 된다.

3) 석기

청동기시대 늦은 시기의 움무덤에는 석기보다 토기가 많이 껴묻기 되었으며, 이들 토기가 이 시기의 무덤 성격을 가늠하는데 큰 도움을 주고 있다. 그러나 석기는 그 종류나 수량에 있어 아주 빈약한 편으로 토기처럼 뚜렷한 성격을 나타내지 못하는 실정이다.

기전지역 청동기시대 후기의 움무덤에서 조사된 석기는 화살촉, 돌창, 돌자귀가 있다.

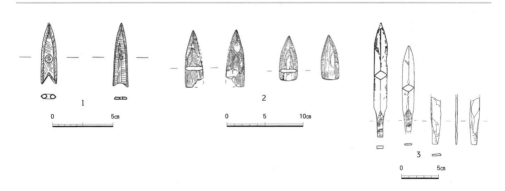

1. 화성 동화리, 2. 용인 농서리, 3. 남양주 진관리

그림 37. 움무덤 출토 화살촉

화살촉은 화성 동화리 유적, 용인 농소리 유적, 남양주 진관리 유적에서 발굴되었다. 동화리 무덤에서는 구멍이 뚫린 편평삼각만입촉 2점이 조사되었다. 화살촉의 몸통 단면은 6각형이고 밑동은 ∧이나 ⌒ 모양이다. 뚫린 구멍의 쓰임새에 관하여는 관련 자료가 많지 않지만 화살대[矢柄]에 화살촉을 끈으로 묶을 때 더욱 단단하게 하기 위한 것으로 해석하고 있다.[55] 이런 류의 화살촉이 기전지역의 파주 당하리, 여주 흔암리, 부천 고강동, 평택 토진리 유적에서도 찾아져 비교된다. 또한 무덤뿐만 아니라 집터에서도 조사되었기 때문에 살림살이에 널리 쓰인 것으로 판단된다. 그리고 이런 화살촉은 비교적 이른 시기에 해당하는 유적에서 주로 찾아지고 있으므로 순수 움무덤인 동화리 유적의 연대를 가늠하는데 참고가 된다. 농서리 유적에서는 무덤방의 가운데와 끝 부분에서 슴베 없는 삼각형 화살촉이 1점씩 조사되었다. 이 화살촉의 몸통 자른 면은 마름모꼴로 이런 화살촉이 출토된 움무덤은 대전 괴정동, 안성 신기 유적 등이 있다. 지금까지의 자료로 볼 때 삼각형 화살촉은 청동기시대 늦은 시기에 속하는 것으로 알려져 있다. 진관리 돌뚜껑 움무덤에서는 슴베가 1단인 화살촉 3점이 조사되었다. 가로 자른 면을 보면 몸통 부분은 마름모꼴이고 슴베 쪽은 긴 네모꼴이다. 이런 화살촉은 청동기 중기 이후에 보편적으로 사용되었던 것 같다.

몇 유적에서 조사된 이러한 화살촉을 보면 움무덤의 축조 시기에 따라 생김새에서 차이점을 보인다. 시기로 볼 때 동화리 유적에서 발굴된 것이 이른 시기에 해당하고 나머지는 청동기 늦은 시기에 해당하는 것으로 볼 수 있을 것 같다.

돌창은 흙을 채운 나무(덧)널 움무덤인 용인 농서리 유적에서 1점이 조사되었다.[56] 껴묻기된 곳은 묻힌 사람의 허리 부분에 해당하며, 옆에서 검자루 맞춤

---

55) 손준호, 2006. 『靑銅器時代 磨製石器 硏究』, 서경문화사, 54쪽.

56) 발굴 보고자는 이 돌창을 "마제석검"으로 보고하였지만 전체 길이(15.4㎝)와 손잡이 길이(3.1㎝)로 볼 때 검으로 사용할 수는 없는 것 같다. 그렇다면 이것은 자루에 끼워 사용한 돌창이었을 가능성이 많은 것으로 해석된다.

돌과 화살촉도 같이 찾아졌다. 이러한 돌창이 청동기 후기에 해당하는 움무덤에서는 찾아진 예가 없기 때문에 현재 상황으로는 비교 검토가 어려운 실정이다. 다만 돌뚜껑 움무덤인 전주 여의동 유적의 2호 무덤에서 발굴된[57] 것과 비교되는 측면이 있다.

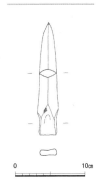

그림 38. 용인 농서리
움무덤 출토 돌창

홈자귀는 날과 자루가 직각이 되게 묶어 사용하는 공구류로 돌도끼보다 발달된 형태이다. 조금 늦은 시기의 청동기 유적에서 주로 찾아지고 있다. 이런 것이 기전지역의 안산 관모봉 돌무지 움무덤에서 1점 조사되었다. 현재 날 부분(약 8㎝쯤)만 남아 있는 것으로 날을 만들기 위하여 끝 쪽(바닥)을 편평하게 간 다음 단(段)이 지게 하였다. 주로 나무 다듬는데 쓰인 홈자귀가 이처럼 드물게 무덤에 껴묻기된 것은 현재 비교 자료가 없기는 하지만 묻힌 사람의 신분과 관련이 있지 않을까 싶다. 그렇다면 여기에 묻힌 사람은 나무 손질과 관련된 전문 장인일 가능성이 있을 것이다.

4) 그 밖에

기전지역의 청동기시대 후기에 해당하는 움무덤에서는 다양한 모양의 옥제품과 흙가락바퀴가 조사되었다.

옥제품은 안성 신기 2호 무덤과 남양주 진관리 무덤, 평택 양교리 무덤에서 나왔다. 신기 2호 것은 옥으로 만든 반원형의 꾸미개로 바깥쪽으로 구멍이 2곳 뚫려 있다. 이러한 형태의 옥 꾸미개가 개천 용흥리 유적과[58] 심양 정가와자 3지

57) 전주대학교 박물관, 1990. 『全州 如意洞 先史遺蹟』, 16쪽.

1. 안성 신기, 2. 남양주 진관리, 3. 평택 양교리

사진 10. 움무덤 출토 옥제품

점 6512호 무덤에서도[59] 조사되었다. 이들 유적에서 비파형동검이 함께 출토된 점으로 볼 때 신기 유적보다는 이른 시기에 해당하는 것으로 해석된다.[60] 양교리 무덤 것은 천하석으로 만든 곱은 옥[曲玉]인데 주로 고인돌이나 돌널무덤에서 발견되고 있는 것이기에 청동기시대의 늦은 시기까지 이러한 꾸미개를 만들어 무덤에 껴묻기했던 것으로 여겨진다. 진관리 무덤에 껴묻기된 것은 대롱구슬[管玉] 4점이었다. 이러한 대롱구슬은 청동기시대의 고인돌에서도 찾아지고 있어 청동기시대에 유행하였던 꾸미개의 한 가지로 보인다.

움무덤에서 조사된 옥제품들은 생김새가 모두 제각각이고 그것이 출토된 움무덤의 종류도 나무(덧)널 움무덤(신기 2호와 양교리)과 돌뚜껑 움무덤(진관리)으로 나누어진다. 현재 상황으로는 관련 자료가 적어 비교가 어려운 실정이지만 만들어진 시기도 차이가 있고 기존의 다른 청동기시대 무덤에서도 조사되고 있기 때문에 묻힌 사람을 이해하는데 참고가 된다.

58) 한병삼, 1968. 「价川 龍興里 出土 靑銅劍과 伴出遺物」 『考古學』 1, 61~76쪽.
59) 沈陽故宮博物館·沈陽市文物管理辦公室, 1975. 「沈陽鄭家窪子的兩座靑銅時代墓葬」 『考古學報』 1, 143~151쪽.
60) 최은주, 1986. 「韓國 曲玉의 硏究」 『崇實史學』 4, 18~19쪽.

흙가락바퀴는 안성 반제리 1호와 평택 소사벌 무덤에서 1점씩 조사되었다. 평면 생김새는 타원형이고 가로 자른 면은 원판 모양이다. 이러한 흙가락바퀴는 청주 비하동 움무덤에서도 조사되었다.[61] 일반적으로 (흙)가락바퀴는 주로 여성이 사용하였을 것으로 추측이 되므로 이러한 것이 껴묻기된 무덤의 경우 묻힌 사람의 성별에 대한 문제까지도 언급되고 있다. 그러나 현재까지의 무덤 출토 껴묻거리를 가지고 묻힌 사람의 성별을 구분하는 것은 성급한 시도인 것 같다.

5) 껴묻기된 상황에 따른 해석

기전지역의 청동기시대 후기 움무덤에서 조사된 껴묻거리를 통하여 당시 사회의 장례습속과 관련된 껴묻기의 풍습, 묻힌 사람의 머리 방향 등을 살펴볼 수 있다.

껴묻기된 상황을 파악할 수 있는 움무덤은 대부분 바로펴묻기를 한 나무(덧)널 움무덤인데 어떤 일정한 방향이 있었던 것은 아니고 무덤방(무덤 구덩)의 형태에 따라 주검의 위치를 정한 것으로 해석된다.

먼저 이 시기의 움무덤에 주로 껴묻기된 토기(점토띠 토기와 목 긴 검은 간토기)는 무덤 구덩의 짧은 벽 쪽에 대부분 놓여 있었다. 그런데 무덤 구덩의 너

사진 11. 안성 반제리 1호 움무덤의 무덤방

61) 한국고고학회, 1974. 「淸原 飛下里 出土 一括遺物」 『考古學』 3, 150~152쪽.

비나 기울기, 주검이 자리하였던 정황으로 보면 그곳은 머리 쪽이 아니고 발끝 쪽인 것으로 보인다. 이처럼 짧은 벽 쪽에 대부분 이러한 토기가 자리하는 반면에 묻힌 사람의 머리 쪽에 껴묻거리가 놓인 경우는 그렇게 많지 않았다.

하지만 안성 반제리 1호와 3호, 평택 토진리와 해창리 5호에서는 긴 벽의 한 쪽에 껴묻거리가 놓여 있었다. 또 화성 발안리 무덤은 긴 벽과 모서리 쪽에 토기를 서로 1점씩 껴묻기 하였다. 무덤방의 모서리 쪽에 껴묻거리를 놓은 경우도 조사되었는데 이런 무덤으로는 인천 당하동 1·2호, 평택 해창리 4호와 솔밭말, 안성 신기 2호가 있다. 짧은 벽인 발끝 쪽과 긴 벽 쪽인 허리 부분에 껴묻거리를 놓은 무덤도 있다. 용인 농서리 무덤은 다른 움무덤과는 다르게 발끝 쪽에 목 긴 검은 간토기와 화살촉을 놓았고 허리 쪽에는 화살촉과 돌창, 검자루 맞춤돌을 껴묻기 하였다. 농서리 무덤의 이러한 껴묻기는 특이한 것으로 동검이 보통 자리하는 허리 쪽에 돌창이 있었고 동검과 관련된 맞춤돌이-비록 동검은 조사되지 않았지만-허리 쪽에서 조사되었다는 점으로 보아 묻힌 사람이 살아 있을 때 일상적으로 사용했던 모습 그대로 묻기를 한 것으로 해석된다. 이것은 묻힌 사람의 사후 세계와 연관된 당시 사회의 장례습속을 반영하는 것으로 여겨진다.

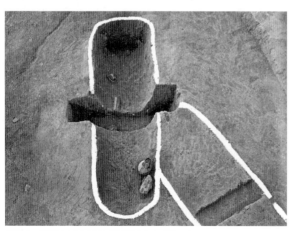

사진 12. 용인 농서리 움무덤의 껴묻거리 배치 모습

파주 목동리 무덤에서는 짧은 양 벽 쪽에 껴묻거리가 놓여 있었는데 발끝에는 목 긴 검은 간토기가, 머리 쪽에는 간토기, 세형동검과 검자루 맞춤돌이 껴묻기되어 있어 독특한 양상을 보인다. 또한 목동리 무덤에 껴묻기된 세형동검은 안성 신기 1호처럼 동검의 몸통 부분은 없고 양끝 쪽만 조사되었다. 이러한 껴묻기 정황은 당시 사회의 장례습속에 따른 훼기의 행위로 해석되는데 논산 원북리 유적의 무덤에서도 조사되어 서로 비교된다. 그러나 무덤방에 껴묻기된 상황(위치)에서는 차이가 있다. 신기 1호에서는 묻힌 사람의 허리 부분에 해당하는 무덤방 긴 벽 한 가운데에 놓여 있었다. 이러한 위치 차이는 무엇을 반영하는 것일까? 청동기시대 고인돌이나 돌널무덤에서는 일반적으로 검을 일상 생활에서 사용할 때처럼 묻힌 사람의 허리 부분에 대부분 놓은 것으로 밝혀지고 있는데 반해 목동리 무덤은 예외적인 경우이다. 목동리 무덤의 경우 동검의 바로 옆에서 검자루 맞춤돌도 찾아졌기에 이와 연관시켜 해석해 볼 필요가 있다. 이런 점으로 보아 머리 쪽에 동검을 놓은 것은 묻힌 사람의 죽음(묻기)의 원인이 특별했기 때문은 아닐까 하는 생각이 든다.

한편 나무(덧)널 움무덤에서는 껴묻거리가 무덤방의 어디에 놓여 있었는가 하는 문제도 장례습속을 이해하는데 중요하다. 기전지역에서 밝혀진 자료는 그렇게 많지 않다. 보고된 유적을 보면 오산 청학동 무덤은 쌓임층의 긴 벽 쪽에서 찾아진 정황으로 보아 나무널 위에 놓인 것으로 해석하며, 안성 반제리 1호와 2호는 나무널 안의 긴 벽 쪽(1호)과 짧은 벽 쪽에 모두 껴묻기한 것으로 보고 있다. 발굴조사 과정에 나무(덧)널이 뚜렷하게 남아 있지 않기 때문에 해석하는데 어려움이 많은 것이 사실이지만 이 부분에 대해 좀 더 세밀한 조사가 진행되면 앞으로 많은 자료가 모아질 것으로 기대된다.

껴묻거리 가운데 토기는 놓인 위치뿐만 아니라 껴묻기된 모습에서도 조금씩 차이가 있는 것으로 밝혀지고 있다. 껴묻거리가 포개진 상태

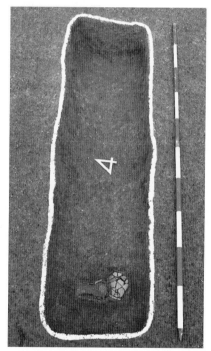

사진 13. 용인 서천동 움무덤의 토기 껴묻은 모습

로 조사된 유적은 용인 서천동과 안성 신기 2호 무덤이 있다. 이와는 달리 파주 와동리 무덤은 토기를 눕혀 놓았고 평택 해창리 3호 무덤은 토기를 눕혀 놓은 것과 세워 놓은 것이 섞여 있었다. 이렇게 토기를 껴묻기한 모습이 지역마다 서로 조금씩 차이가 있는 것은 당시 사회의 장례습속에 따른 것이라기보다 무덤을 축조한 그 집단 자체의 고유한 습속에 의한 것으로 보인다.

껴묻거리가 놓인 자리와 모습이 이렇게 다양한 것으로 볼 때 움무덤을 축조한 청동기시대 후기 사회에서는 사회가 분화되고 다양해지면서 일정한 장례습속과 함께 축조한 집단에 따라 지역별로 독특한 묻기의 전통도 있었던 것으로 해석된다.

7. 움무덤을 만든 시기

기전지역에서 조사된 청동기시대 후기의 움무덤이 축조된 시기는 현재의 제한된 자료를 바탕으로 절대연대 자료인 방사성 탄소연대 측정값과 기존의 상대연대 자료를 함께 비교·검토해 볼 수밖에 없다. 또한 움무덤의 짜임새에 따라 껴묻거리나 연대 측정값이 다르게 나오기 때문에 이것을 구분하여 무덤 축조 연대를 가늠하는 것이 그래도 합리적일 것으로 판단된다.

지금까지는 대부분 이 시기의 무덤에 껴묻기된 청동기류나 토기류, 석기류를 가지고 상대연대를 정하여 시기별로 구분을 하는 것이 일반적인 상황이었다. 하지만 여기에서는 기전지역 청동기시대 늦은 시기의 무덤에서 껴묻거리로 철기가 어떤 의미를 가지고 있는지 구분하기 위하여 토기와 석기, 청동기만 껴묻기된 움무덤을 선택하였기 때문에 기존의 분석 자료와는 조금 차이가 있다. 그리고 기존의 연구에서는 이 시기 움무덤의 표지 유물이라 할 수 있는 점토띠 토기와 목긴 검은 간토기의 형태 변화를 가지고 1차적으로 시기를 정한 뒤 분기 설정을 하여 왔다. 대체로 점토띠 토기는 입술 단면의 형태 변화, 입술 끝의 기울기, 몸통의

표 6. 기전지역 움무덤의 방사성탄소 연대값

순서	유적명	시료 번호	시료 종류	연대값(bp)	교정연대(cal BC), 95.4% (OxCal v4.4.3, IntCal 20)	기타
1	남양주 진관리	KGM-OWd091545	숯	2410 ± 40	750 ~ 685 (14.6%) 667 ~ 636 (6.5%) 589 ~ 397 (74.3%)	돌뚜껑 움무덤
2	남양주 진관리	KGM-OWd091546	숯	2390 ± 40	746 ~ 689 (9.7%) 666 ~ 644 (4.1%) 583 ~ 390 (81.6%)	돌뚜껑 움무덤
3	수원 율전동 3호	SNU03-464	숯	2470 ± 40	769 ~ 458 (91.2%) 442 ~ 418 (4.2%)	움
4	수원 율전동 3호	SNU03-465	숯	2510 ± 50	795 ~ 471 (94.4%) 434 ~ 423 (1.1%)	움
5	수원 율전동 3호	SNU03-466	숯	2410 ± 80	779 ~ 375 (95.4%)	움
6	수원 율전동 4호	SNU03-467	숯	2450 ± 50	759 ~ 678 (23.8%) 673 ~ 409 (71.7%)	움
7	화성 동화리	SNU07 - 227	숯	2730 ± 50	991 ~ 804 (95.4%)	순수 움무덤
8	화성 동화리	SNU07 - 228	숯	2800 ± 60	1116 ~ 820 (95.4%)	순수 움무덤
9	화성 동화리	SNU07 - 226	숯	2860 ± 50	1202 ~ 1141 (8.6%) 1133 ~ 906 (86.8%)	순수 움무덤
10	오산 청학동	SNU12 - 450	숯	2380 ± 40	744 ~ 691 (7.5%) 665 ~ 646 (3.3%) 550 ~ 386 (84.7%)	나무널 움무덤
11	오산 두곡동 2호	SNU11 - 606	숯, 사람뼈	2480 ± 40	437 ~ 421 (2.2%) 773 ~ 464 (93.2%)	돌뚜껑 움무덤
12	용인 농서리	SNU07 - 651	숯	2440 ± 50	671 ~ 605 (15.5%) 757 ~ 679 (22.3%) 598 ~ 405 (57.6%)	움

최대 지름이 위치한 곳을 구분 기준으로 삼는다. 간토기는 목의 길이와 기울기, 몸통과 굽의 생김새, 전체 높이에 따라 발전 단계를 나누고 있다. 하지만 기전지역에서 조사된 이들 토기의 형태 변화 자료를 분석한 결과, 변화는 있지만 두드러지는 차이를 구분하기는 힘든 것이 사실이었다. 토기의 분석 문제는 이 시기의 움무덤에 껴묻기된 청동기가 토기보다 시간의 흐름에 따른 변화 양상이 보다 뚜렷하기 때문에 청동기의 형식 분류에 따른 간접적인 영향이 토기의 구분에도 미쳤을 것으로 생각된다. 하지만 기전지역의 이 시기 움무덤에서는 청동기가 껴묻기된 경우가 매우 적어 청동기를 통한 연대 설정은 거의 불가능한 실정이다.

점토띠 토기의 기원과 연대 문제에 대해 그동안 많은 논의가 있어 왔다. 이러한 논의의 과정에서 동북지역의 심양 정가와자 무덤에 껴묻기된 토기와 청동기의 종류가 그 상대연대를 결정하는데 절대적인 영향을 미쳤다. 정가와자 무덤의 껴묻거리 분석에 따른 상대연대가 한반도 지역의 점토띠 토기 기원과 상한 연대를 설정하는 하나의 절대적인 기준이 된 것이다. 그러나 근래에 들어 점토띠 토기 관련 유적의 발굴조사 자료가 증가하고 그에 따른 절대연대 측정값이 지속적으로 늘어나면서 점토띠 토기의 상한 연대가 서기전 6세기 또는 7세기까지도 올라갈 가능성을 시사하고 있다.[62]

이제 기전지역 청동기시대 후기의 움무덤 축조 연대를 무덤 형태별로 살펴보고자 한다.

먼저 순수 움무덤이 언제부터 축조되기 시작하였는가 하는 것이다. 그 예인 화성 동화리 유적은 상당히 이른 시기인 서기전 1000년쯤에 처음으로 만들어졌던 것으로 해석된다. 그 근거로 들 수 있는 것은 먼저 앞에서 제시한 방사성 탄소연대 측정값과 더불어 상당히 이른 시기에 만들어진 편평삼각만입촉 2점이 껴묻기 되었다는 것이다. 현재까지 삼각만입촉은 경기·강원지역 등 중부지방에서 집

62) 이창희, 2010. 「점토대 토기의 실연대-세형동검 문화의 성립과 철기의 출현 연대」 『文化財』 43-3, 68~69쪽.

중 출토되고 있는데 그 시기가 청동기시대 전기나 중기 전반에 해당하고 있어 동화리 무덤의 연대 설정에 참고가 된다. 그리고 점토띠 토기가 껴묻기된 평택 소사벌과 솔밭말, 토진리 유적은 서기전 400년 중반쯤에 해당하는 것으로 보인다. 다만 기전지역의 움무덤에서 유일하게 청동 밀개가 조사된 성남 여수동 유적은 서기전 400년 후반쯤으로 볼 수 있다. 잘 알려져 있듯이 공구류인 청동 밀개는 세형동검 문화기의 다른 청동기보다 나중에 나타난 것으로 중국 전국(戰國) 시기와 연관을 시키는 경우가 많다.

돌뚜껑 움무덤은 일반적으로 송국리 문화와 관련있는 무덤으로 보고 있으므로 송국리 문화의 연대를 참고할 수 있다. 기전지역에서 발굴된 이런 무덤 가운데 남양주 진관리와 오산 두곡동 유적의 방사성 탄소연대 측정값을 고려해 보면 서기전 500년 전반쯤 축조된 것으로 볼 수 있을 것이다. 이 연대값은 송국리 문화의 연대값에 해당되고 있을 뿐만 아니라 진관리 움무덤에 껴묻기된 슴베 달린 화살촉과 대롱옥으로 보아도 무난한 연대 설정으로 보인다.

돌무지 움무덤은 지금까지 조사된 유적이 안산 관모봉 유적뿐이다. 이 무덤의 절대연대 측정값은 없지만 껴묻거리 가운데 부분적으로 깨어진 홈자귀를 참고할 수 있을 것이다. 나무를 다듬는 공구류인 홈자귀는 송국리 문화의 표지적인 유물 가운데 하나로 거의가 집터에서 찾아지지만 가끔 고인돌과 같은 무덤에도 껴묻기되어 있다. 이 연모는 길쭉한 외날 돌도끼가 발달한 것으로 송국리 문화의 늦은 단계에 해당한다고 볼 수 있다. 이런 점과 민무늬 토기가 찾아진 점을 고려해 볼 때 관모봉 무덤은 서기전 500년 중·후반쯤에 만들어진 것으로 보인다.

다음은 기전지역의 청동기 후기에 해당하는 움무덤으로 가장 많이 조사된 나무(덧)널 움무덤의 연대를 검토해 보고자 한다. 앞에서도 설명하였듯이 이런 종류의 무덤 가운데 철기가 껴묻기된 경우는 제외하였다. 그 이유는 나무(덧)널 움무덤에 청동기와 철기가 같이 껴묻기 되었을 경우 그 문화상은 어떤 차이가 있는가를 비교해 보기 위해서였다. 그러나 같은 유적의 움무덤에 철기가 껴묻기된 인천 불로동, 화성 발안리, 안성 신기 유적 등의 여러 자료를 검토한 결과 청동기와 철기의 껴묻기에 따른 문화 양상의 차이가 뚜렷하게 나타나지 않았다. 이것은 앞으로 좀 더 많은 조사자료가 확보되면 다시 검토할 수 있을 것이다.

기전지역 나무(덧)널 움무덤의 축조 연대는 앞에서 살펴본 자료와 마찬가지로 방사성 탄소연대 측정값을 참고하면서 껴묻기된 토기, 청동기 자료를 가지고 비교하였다. 이 과정에서 기존에 알려져 왔던 나무(덧)널 움무덤의 채움층 재질 변화를 가지고 발전 과정-돌을 먼저 채우다가 점차 흙 채움으로 바뀐다는 견해-을 추론하기에는 시기 차이보다 지역 차가 분명히 있는 것으로 판단되어 이것은 구분 기준에서 제외시켰다.

나무(덧)널 움무덤에서는 방사성 탄소연대 측정값과 점토띠 토기, 목 긴 검은 간토기, 돌창 등의 껴묻거리를 고려해 볼 때 안성 반제리와 용인 농서리 움무덤이 비교적 이른 시기인 서기전 600년 후반이나 500년 전반쯤에 해당되는 것으로 판단된다. 그 다음의 서기전 500년 후반에는 토기의 여러 특징을 고려해 볼 때 성남 판교동, 용인 서천동, 평택 양교리 움무덤을 포함시킬 수 있다. 그리고 서기전 400년 중·후반쯤에는 이러한 움무덤이 기전지역 전역으로 확산되면서 조성된 예가 지속적으로 증가한 것 같다. 여기에 해당하는 무덤으로는 수원 율전동, 파주 당하리, 시흥 군자동, 서울 항동, 오산 청학동, 인천 당하동 2호 등이 포함된다.

마지막으로 서기전 300년 전반쯤에 속하는 유적은 세형동검이 조사된 파주 목동리와 안성 신기 무덤, 청동 투겁창이 껴묻기된 안성 해창리, 파주 와동리와 화성 발안리 무덤이 있다. 이 가운데 껴묻거리인 고리 달린 청동 투겁창이 찾아진 해창리 무덤이 투겁창의 연대를 고려해 볼 때 가장 늦은 시기에 해당하는 것 같고, 무덤의 입지조건으로 보면 산기슭이나 구릉지대가 아닌 강안 충적대지에 위치한 발안리 무덤도 다음 시기의 무덤이 찾아지는 지형 조건과 비교해 볼 때 비교적 늦은 시기에 해당할 것으로 판단된다. 목동리와 신기 무덤에 껴묻기된 세형동검이 몸통은 없고 양끝 부분만 남아 있지만 어임이 일부 남아 있는 점, 밑동이 둔각에 가까운 점, 등대에 있는 제비꼬리 모양의 마디 등으로 볼 때 이른 시기의 것은 아닌 것으로 판단되어 이들 무덤을 이 시기에 포함시켰다.

지금까지 설명한 기전지역 청동기시대의 움무덤에 대한 연대 문제는 다음 표와 같이 정리할 수 있을 것이다.

표 7. 기전지역 여러 움무덤의 연대

시기 \ 무덤 종류(유적)	(순수)움무덤	돌뚜껑 움무덤	돌무지 움무덤	나무(덧)널 움무덤
서기전 1000년쯤	화성 동화리			
서기전 500년 전·중반쯤		남양주 진관리 오산 두곡동	안산 관모봉	안성 반제리 용인 농서리
서기전 500년 후반 ~400년 전반쯤				성남 판교동 용인 서천동 평택 양교리(?)
서기전 400년 중·후반쯤	평택 소사벌과 솔밭말, 토진리, 성남 여수동			수원 율전동 서울 항동 파주 당하리 시흥 군자동 오산 청학동 인천 당하동
서기전 300년 전·후반쯤				파주 목동리와 와동리 안성 신기 화성 발안리 평택 해창리

8. 기전지역의 청동기시대 움무덤 성격

　　최근 활발한 발굴조사 결과, 기전지역에서 청동기시대의 움무덤이 지속적으로 조사되고 있다.

　　이들 움무덤을 구조에 따라 나누어 보면 순수 움무덤, 돌뚜껑 움무덤, 돌무지 움무덤, 나무(덧)널 움무덤 등으로 구분할 수 있다. 이 가운데 나무(덧)널 움무덤은 무덤 구덩과 나무(덧)널 사이의 채움층 재료에 따라 돌을 쌓은 것과 흙을 채운 것으로 다시 나누어진다. 지금까지 기전지역에서는 단순 움무덤 5기, 돌무지 움무덤 1기, 돌뚜껑 움무덤 4기, 나무(덧)널 움무덤 28기가 조사되었다. 대표적인 단순 움무덤은 안성천 유역의 화성 동화리 유적이다. 이곳은 화장을 통해 주검을 묻었고 삼각만입촉이 껴묻기 되어 있어 비교적 이른 시기에 해당한다. 돌뚜껑 움무덤은 주로 금강 중·하류 지역에서 조사되었지만 근래에 그 분포 지역이 점차 확대되고 있다. 이런 상황에서 기전지역의 남양주 진관리, 인천 불로동, 오산 두곡동 유적에서 돌뚜껑 움무덤이 발굴되었다는 것은 앞으로 같은 구조의 많은 무덤들이 조사될 가능성을 보여주는 것으로 판단된다. 나무(덧)널 움무덤의 채움층에 돌을 넣은 것은 주로 한강 유역에서 조사되었으며, 흙을 채운 것은 안성천 유역의 움무덤이 절대적으로 높은 비율을 차지하여 서로 비교된다.

　　기전지역의 움무덤은 주변지역보다 조금 높다란 구릉이나 산기슭, 산능선에 대부분 자리하는 것으로 밝혀졌다. 이러한 입지조건은 당시 사람들의 생업경제나 공간 분할과 밀접한 관련이 있는 것으로 여겨진다. 다만 화성 발안리 유적은 유일하게 강안 충적대지에 위치하고 있는 점으로 보아 다음 시기의 문화 양상과 관련시켜 볼 수도 있을 것이다. 지금까지 조사된 38기의 움무덤의 유적별 분포를 보면 1기만 조사된 것이 18곳으로 대부분을 차지하며 2기가 6곳, 3기가 1곳, 5기가 1곳으로 밀집도는 떨어진다.

　　무덤방(무덤 구덩)의 긴 방향은 청동기시대의 고인돌이나 돌널무덤과 마찬가지로 정해진 방향이 있었던 것은 아니고 주로 등고선과 같은 주변의 지형에 따라 여러 방향으로 나타나고 있다. 발굴된 38기의 무덤을 등고선에 따라 긴 방향을 나누어 보면 직교하는 것이 21기(55.2%), 나란한 것이 9기(23.7%), 알 수 없는 것이 8기(21.1%)이다. 직교하는 경우가 많은 것은 묻힌 사람의 머리가 대체로 높은 곳을 향하는 것이 자연스러운 묻기이기 때문으로 해석된다.

무덤(방)의 크기에 따라 축조에 소요되는 노동력을 고려하여 묻힌 사람의 사회·경제적인 배경을 추론하기도 한다. 하지만 기전지역에서 조사된 움무덤에서는 그 규모와 껴묻거리나 무덤방의 짜임새 사이에 특별한 상관관계는 없는 것으로 보인다. 이들 무덤의 길이와 너비에 따른 규모를 분석한 결과, 다른 무덤들보다 나무널 움무덤에서 유의미한 자료를 얻었다. 이 무덤 구덩의 길이는 200cm 안팎에 집중되어 있고 채움층에 돌보다 흙을 채운 것이 길이가 더 긴 것으로 밝혀졌다. 너비는 70~80cm 범위에 몰려 있고 흙을 채운 것이 약간 좁은 것 같다.

기전지역에서 조사된 움무덤의 묻기는 먼저 단순 움무덤이나 나무널 움무덤의 경우 무덤방의 크기로 보아 바로펴묻기를 하였던 것으로 보인다. 돌뚜껑 움무덤인 오산 두곡동 1·2호와 단순 움무덤인 화성 동화리에서는 화장 흔적이 조사되었다. 주검을 처리하는 방법으로 화장을 하게 되면 경비와 노동력이 많이 들기 때문에 보편적으로 진행하는 장례 절차와는 큰 차이가 있다. 따라서 이러한 움무덤에서 화장이 이루어진 것은 특별한 상황에서 묻기를 하였던 것이다. 무엇보다 동화리 무덤의 경우는 무덤방의 크기와 쌓임층, 숯과 재, 사람 뼛조각 등 여러 정황으로 볼 때 무덤방 안에서 제자리 화장이 이루어졌을 가능성이 아주 높다. 이런 제자리화장은 최근 고조선 지역의 고인돌과 동굴무덤에서 많이 발견되고 있어 비교된다.

묻기 과정을 이해할 수 있는 또 다른 자료는 유물을 의도적으로 깨뜨려 껴묻기한 것이다. 이렇게 토기조각을 의도적으로 파쇄하여 무덤방이나 그 부근에 놓은 것이 돌무지 움무덤인 안산 관모봉과 순수 움무덤인 평택 소사벌에서 보인다. 또한 나무널 움무덤인 파주 목동리와 안성 신기에서는 세형동검을 깨뜨려 묻기를 하였는데 이것도 장례 의례의 한 단면을 보여주고 있다.

껴묻거리는 토기, 청동기, 석기, 치레걸이(꾸미개), 흙가락바퀴 등이 있다.

토기는 대부분 점토띠 토기와 목 긴 검은 간토기가 1점씩 짝지어져 무덤방에 껴묻기 되어 있었다. 점토띠 토기는 입술의 단면 생김새, 입술 끝의 기울기, 토기의 높이, 바닥의 굽, 몸통의 젖꼭지 모양 손잡이, 몸통 최대 지름의 위치 등에 따라 일반적으로 발전 단계와 시기를 구분하고 있다. 기전지역 움무덤에서 조사된 점토띠 토기는 모두 14점으로 원형 점토띠 토기이며 순수 움무덤과 나무널 움무덤에서 발굴되었다. 이것을 앞에서 설명한 구분 기준에 따라 나누어 보면 그렇게 특이한 점이 없고 뚜렷하게 구분되지도 않는다. 그래서 여기에서는 덧띠의 단면 생김새와 입술 끝부분의 모습에 따라 크게 나누어 보았다. 그 결과 순수 움무덤과 나무널 움무덤에는 단면이 원형이면서 입술 끝부분이 곧은 것이 많은 편이다.

목 긴 검은 간토기는 긴 목, 몸통의 생김새, 토기의 높이, 바닥 부분, 몸통 최대 너비의 위치에 따라 시기적 특징을 구분하고 있다. 기전지역에서 조사된 간토기는 24점으로 거의가 나무널 움무덤에 점토띠 토기와 같이 1점씩 껴묻기되어 있었지만 파주 목동리와 오산 청학동 무덤은 2점이 놓여 있었다. 기전지역의 검은 간토기는 크게 몸통의 생김새와 아가리의 모습에 따라 나누었다. 몸통은 둥근 꼴·양파 모양·타원형으로, 아가리는 곧은 것과 바라진 것으로 그리고 밑부분의 굽 형태 등 외형적인 속성으로 구분하였지만 시기 구분이나 토기의 변천 과정을 설명하기에는 어려운 점이 많았다.

청동기는 세형동검, 청동 투겁창, 청동 밀개 그리고 검자루 맞춤돌이 찾아졌다. 기전지역의 움무덤에서 조사된 이런 청동기류는 다른 지역과 비교할 때 양이나 종류에 있어 상당히 빈약한 편이다. 세형동검은 파주 목동리와 안성 신기 1호 무덤에서 조사되었는데 모두 의도적으로 부러뜨려 검의 끝과 슴베 부분만 남아 있다. 이들의 끝은 단봉형이고 밑동은 둔각으로 아래쪽 가로 자른 면은 역제형이다. 그리고 목동리 것은 등대에 제비꼬리 모양의 마디가 있고 신기 것은 허리 쪽과 등대 마디가 일자형을 이루는 모습이다. 청동 투겁창은 평택 해창리 5호 움무덤에서 찾아졌다. 창끝 쪽은 없고 자루 구멍 부분만 남아 있는데 자른 면은 타원형이고 한 쪽에 고리가 달려 있으며 시기는 늦은 것으로 여겨진다. 검자루 맞춤돌은 용인 농서리와 파주 목동리 무덤에서 발굴되었다. 농서리 것은 베개 모양으로 이른 시기의 것이지만 목동리 것은 'T'자 모양으로 발달한 단계에 해당한다.

석기는 화살촉, 돌창, 돌자귀가 있다. 화성 동화리 무덤에서는 비교적 이른 시기에 해당하는 편평 삼각만입촉이 조사되었고 돌뚜껑 움무덤인 남양주 진관리에서는 슴베가 1단인 화살촉이 발굴되었다. 돌창은 용인 농서리 무덤의 묻힌 사람 허리 쪽에서 조사되었는데 전주 여의동 2호 무덤의 것과 비교된다.

이밖에도 옥으로 만든 치레걸이가 안성 신기 2호, 남양주 진관리, 평택 양교리 무덤에서 발굴되었다. 신기 2호 무덤의 것은 반원형의 꾸미개로 구멍이 2개 뚫려 있으며 개천 용흥리 유적, 심양 정가와자 6512호 무덤에서 조사된 것과 비슷하다.

지금까지 청동기시대 움무덤의 연대 설정은 주로 점토띠 토기와 목 긴 검은 간토기의 외형적인 생김새 변화를 기준으로 하였지만 기전지역에서는 조사된 자료가 매우 빈약하고 기존의 토기 변화 과정에 따라 구분한 결과 그렇게 의미있는 자료를 얻기 어려웠다. 따라서 기전지역의 청동기시대 움무덤의 연대 문제는 현재 상황으로 볼 때 방사성 탄소연대 측정값과 기존의 상대연대 자료를 함께 비교하면서 설정하는 것이 합리적이다.

이런 점을 고려한 결과, 순수 움무덤인 화성 동화리 유적은 방사성 탄소연대 측정값과 편평 삼각만입촉의 상대연대를 비교할 때 서기전 1000년쯤에 해당된다. 평택 소사벌과 솔밭말은 서기전 400년 중반쯤으로 볼 수 있다. 돌뚜껑 움무덤인 남양주 진관리와 오산 두곡동 무덤은 서기전 500년 전반쯤에 해당되는 것으로 판단된다. 그리고 유일한 돌무지 움무덤인 안산 관모봉 유적은 서기전 500년 중반쯤에 축조되었다.

가장 많이 조사된 나무(덧)널 움무덤은 방사성 탄소 연대값, 토기, 청동기 등을 비교하여 축조 연대를 정하였다. 이른 시기에 속하는 안성 반제리와 용인 농서리 움무덤은 서기전 500년 전반쯤, 성남 판교동·용인 서천동·평택 양교리 움무덤은 서기전 500년 후반쯤 해당될 것이다. 기전지역에서 움무덤의 축조가 전역으로 확산된 시기로 보이는 서기전 400년 중반쯤에 해당하는 유적으로는 파주 당하리, 수원 율전동, 시흥 군자동, 서울 항동, 오산 청학동, 인천 당하동 무덤이 있다. 서기전 300년 전반쯤에 속하는 유적은 파주 목동리와 와동리, 안성 신기 무덤이 있고 이보다 조금 늦은 시기에 화성 발안리나 평택 해창리 무덤이 조성된 것으로 판단된다.

지금까지 설명한 기전지역의 청동기시대 움무덤 성격은 조사된 자료가 많지 않아 시론적으로 살펴볼 수밖에 없다. 앞으로 많은 조사가 이루어지면 더욱 뚜렷한 성격이 밝혀질 것이고, 그 결과 특히 청동기시대 늦은 시기의 사회 성격을 구체적으로 복원할 수 있을 것으로 기대된다.

참고문헌

김권구, 2017. 「의례와 사회」 『청동기시대의 고고학 4 : 墳墓와 儀禮』, 서경문화사.

김승옥, 2001. 「금강 유역 송국리형 묘제의 연구」 『韓國考古學報』 45.

리정남, 1985. 「묵방리 고인돌에 관한 몇 가지 고찰」 『력사과학』 1.

박순발, 1993. 「우리나라 初期 鐵器文化의 展開 過程에 대한 약간의 考察」 『考古
　　美術史論』 3.

박진일, 2013. 『韓半島 粘土帶土器 文化 硏究』, 부산대학교 박사학위논문.

손준호, 2006. 『靑銅器時代 磨製石器 硏究』, 서경문화사.

서길덕, 2018. 『한국 점토띠 토기 문화기 무덤 연구』, 세종대학교 박사학위논문.

오대양, 2021. 「송국리형 묘제 연구의 최근 동향과 쟁점」 『韓國史學報』 82.

윤무병, 1972. 「韓國 靑銅 遺物의 硏究」 『白山學報』 12.

이건무, 1992. 『韓國의 靑銅器文化 : 韓國式 銅劍文化』, 국립중앙박물관·국립광
　　주박물관.

이명훈, 2015. 「松菊里型 墓制의 檢討」 『韓國考古學報』 97.

이상길, 1994. 「支石墓의 葬送儀禮」 『古文化』 45.

이영문, 1993. 『全南地方 支石墓 社會의 硏究』, 한국교원대학교 박사학위논문.

이은창, 1968. 「大田 槐亭洞 靑銅器文化의 硏究」 『亞細亞硏究』 30.

이창희, 2010. 「점토대 토기의 실연대-세형동검 문화의 성립과 철기의 출현 연
　　대」 『文化財』 43-3.

이청규, 1982. 「細形銅劍의 型式 分類 및 그 變遷에 대하여」 『韓國考古學報』 13.

이형원, 2007. 「京畿地域 靑銅器時代 墓制 試論」 『考古學』 6-2.

조진선, 2005. 『細形銅劍文化의 硏究』, 학연문화사.

지건길, 1990. 「長水 南陽里 出土 靑銅器·鐵器 一括遺物」 『考古學誌』 2.

진수정, 2004. 「경기지역의 초기 철기시대 유적과 유물」 『畿甸考古』 4.

최은주, 1986. 「韓國 曲玉의 研究」 『崇實史學』 4.

하문식, 1999. 『古朝鮮 地域의 고인돌 研究』, 백산자료원.

하문식, 2009. 「고조선 시기의 장제와 껴묻거리 연구-馬城子文化의 예를 중심으로」 『白山學報』 83.

한국고고학회, 1974. 「清原 飛下里 出土 一括遺物」 『考古學』 3.

한병삼, 1968. 「价川 龍興里 出土 青銅劍과 伴出遺物」 『考古學』 1.

한수영, 2015. 『全北地域 初期 鐵器時代 墳墓 研究』, 전북대학교 박사학위논문.

미야자토 오사무, 2010. 『한반도 청동기의 기원과 전개』, 사회평론.

金旭東, 1991. 「1987年吉林東豊南部蓋石墓調査與淸理」 『遼海文物學刊』 2.

成璟瑭, 2009. 『韓半島 青銅 武器 研究-中國 東北地域과의 比較』, 전남대학교 박사학위논문.

肖景全, 2010. 「新賓旺淸門鎭龍頭山大石蓋墓」 『遼寧考古文集』 2.

沈陽故宮博物館·沈陽市文物管理辦公室, 1975. 「沈陽鄭家窪子的兩座青銅時代墓葬」 『考古學報』 1.

遼寧省文物考古研究所·本溪市博物館, 1994. 『馬城子-太子河上游洞穴遺存』, 北京 : 文物出版社.

Brück, J., 2001. "Body metaphors and technologies of transformation in the English Middle and Late Bronze Age", *Bronze Age Landscapes : Tradition and Transformation*, Brück, J.(ed), Oxbow : Oxford.

Howard Williams, 2007. "Towards an Archaeology of Cremation", *The Analysis of Burned Human Remains*, Christopher W. Schmidt and Steven A. Symes, (eds), New York : Academic Press.

Jacqueline I. Mckinley, 1994. "Bone Fragment Size in British Cremation Burials and its Implications for Pyre Technology and Ritual", *Journal of Archaeological Science* 21.

James A. Brown, 1981. "The search for rank in prehistoric burials", *The*

Archaeology of Death, London : Cambridge Univ. Press.

J. L. Holden, P. P. Phakey and J. G. Clement, 1995. "Scanning electron microscope observations of heat-treated human bone", *Forensic Science International* 74.

Lucas, G., 1996. "Of death and debt : a history of the body in Neolithic and Early Bronze Age Yorkshire", *Journal of European Archaeology* 4.

Lynne Goldstein, 1981. "One-dimensional archaeology and multi-dimensional people : spatial organization and mortuary analysis", *The Archaeology of Death*, London : Cambridge Univ. Press.

겨레문화유산연구원, 2013. 『평택 토진리 산 29-1번지 유적』.

경기문화재연구원·경기도시공사, 2009. 『安城 萬井里 신기 遺蹟(본문 2)』.

경기문화재연구원·대한주택공사, 2009. 『坡州 瓦洞里 Ⅰ遺蹟-초기 철기시대 이후』.

경기문화재연구원·한국토지주택공사, 2011. 『龍仁 書川洞 遺蹟』.

경기문화재연구원·한국토지주택공사, 2012. 『始興 君子洞 遺蹟』.

경남고고학연구소, 2003. 『泗川 梨琴洞 遺蹟』.

국방문화재연구원, 2011. 『남양주 진관리 유적』.

기전문화재연구원·벽산건설, 2005. 『수원 율전동 Ⅱ유적』.

기전문화재연구원·금강주택, 2006. 『坡州 堂下里 遺蹟』.

기전문화재연구원·한국주택공사 경기지역본부, 2007. 『華城 發安里마을 遺蹟-본문2』.

기호문화재연구원·경기고속도로주식회사, 2008. 『華城 桐化里 遺蹟』.

기호문화재연구원·한국도로공사 수도권건설사업단, 2009. 『龍仁 農書里 遺蹟』.

기호문화재연구원·한국토지주택공사, 2012. 『城南 麗水洞 遺蹟』.

전주대학교 박물관, 1990. 『全州 如意洞 先史遺蹟』.

중앙문화재연구원, 2001. 『論山 院北里 遺蹟』.

중앙문화재연구원, 2011.『坡州 雲井 遺蹟Ⅰ』.

중앙문화재연구원·한국토지주택공사, 2011.『平澤 소사벌 遺蹟』.

중앙문화재연구원·서울주택도시공사, 2018.『서울 항동 유적』.

중앙문화재연구원·평택 소사2지구 토지개발사업조합, 2019.『평택 소사동 솔밭말 유적』.

중원문화재연구원·한국도로공사, 2007.『安城 盤諸里 遺蹟』.

창세기업·겨레문화유산연구원, 2012.『평택 양교리 산 41-1번지 유적』.

한국문화재보호재단·한국토지주택공사, 2012.『성남 판교동 유적』Ⅱ.

한국문화유산연구원, 2016.『용인 동천 2지구 도시개발사업구역 문화유적 발굴조사-부분 완료 약보고서』.

한국토지주택공사·겨레문화유산연구원, 2013.『오산 청학동 유적』.

한국토지주택공사·기호문화재연구원, 2013.『烏山 塔洞·斗谷洞 遺蹟』.

한국토지주택공사·경상북도문화재연구원, 2019.『평택 당현리·율포리 유적』.

한국토지주택공사·대동문화재연구원, 2019.『仁川 黔丹地區 遺蹟』1.

한국토지주택공사·백제문화재연구원, 2019.『평택 고덕 좌교리·두릉리 유적』.

호남문화재연구원·한국토지주택공사, 2014.『完州 新豊 遺蹟』Ⅰ.

호남문화재연구원·한국토지주택공사, 2020.『平澤 海倉里 Ⅲ·Ⅳ遺蹟』.

황용훈, 1978.「楊上里·月陂里 遺蹟 發掘調査 報告」『牛月地區遺蹟發掘調査報告』.

VI
기전지역
청동기시대
무덤의 성격

경기도를 중심으로 인천, 서울 일부지역을 포함하는 기전지역은 지리적으로 한반도의 허리 부분에 자리한다. 지리적인 관계에서 보면 이 지역의 선사시대 문화는 북부와 남부지역을 이어주는 점이적인 성격을 가지고 있어 일찍부터 관심의 대상이 되어 왔다.

기전지역의 청동기시대 무덤에 대한 관심은 1800년대 후반 서양 사람들이 서울 주변지역을 답사하면서 포천지역의 고인돌-자작리와 금현리 고인돌-을 학계에 보고한 것에서 비롯되었다. 그 후 일제강점기에 접어들어서는 주로 고인돌을 중심으로 분포 현황을 파악하게 되었다.

광복 이후 청동기시대 무덤에 대한 연구는 다른 분야와 마찬가지로 상당 기간 정체기를 벗어나지 못한 채 기존의 자료를 재해석하거나 부분적인 지표조사에 의한 제한적인 연구 성과들이 알려진 정도였다. 그러나 여기에서는 되도록 근래에 발굴조사된 청동기시대 무덤 자료를 바탕으로 분석하여 연구하려고 노력하였다.

본 연구에서는 기전지역의 청동기시대 무덤인 고인돌, 돌널무덤, 돌덧널무덤, 움무덤에 관하여 분포, 입지 조건, 무덤의 형식과 구조, 제의 문제, 껴묻거리, 축조 연대 등 여러 관점에서 분석을 하였다.

기전지역의 고인돌 유적은 지리적인 관점에서 볼 때 한강 유역을 중심으로 중간지대적인 성격을 가지고 있다. 지금까지 조사된 고인돌은 1,100여 기이고 이 가운데 280여 기가 발굴되었다.

고인돌이 분포한 곳의 입지를 보면 한강 유역의 상류는 강 옆의 평지나 구릉지대에 주로 있지만 하류 지역은 강 언저리의 산기슭이나 높다란 구릉에 위치한다. 특히 장명산 기슭의 파주 다율리, 옥석리 지역과 인천 대곡동 유적에는 한 곳에 100여 기 이상의 고인돌이 밀집하고 있다. 강화도 지역은 갯벌에 의한 간척 이전의 지형을 고려해 보면 고인돌은 거의가 바닷물이 닿는 곳의 구릉지대에 있었던 것으로 판단된다.

고인돌의 형식을 보면 738기 가운데 개석식이 가장 많고(494기), 탁자식(242

기)이 그 다음이었다. 바둑판식은 남양주 금남리와 시흥 계수동 유적에서 발굴되었다.

고인돌의 외형적인 면에서 탁자식의 경우 덮개돌의 크기에 비하여 굄돌의 높이가 아주 낮은 것이 30여 기 조사되었다. 이러한 독특한 구조는 고인돌의 형식 변화를 시사하는 것으로 기전지역이 가지는 점이적인 성격을 잘 보여주고 있다. 특히 덮개돌 바로 밑에 굄돌을 세우지 않고 뉘여 놓은 특이 구조가 하남 광암동, 화성 병점리와 수기리, 오산 외삼미동, 평택 양교리, 인천 불로동 고인돌에서 조사되었는데 이것도 탁자식에서 개석식(또는 바둑판식)으로 변화하는 과정의 과도기적 구조로 해석된다.

고인돌의 무덤방 구조에서도 지역적인 특징을 보여주는 예가 있다. 평택 수월암리 4호와 10호는 탁자식 고인돌인데 무덤방이 지상에 있지 않고 지하에 있는 것으로 밝혀졌다. 이러한 무덤방의 위치 문제는 당시 사람들의 장례습속과 깊은 관련이 있을 것이다. 그리고 군포 광정 2호 고인돌은 덮개돌 밑에서 2기의 무덤방이 조사되었는데 이럴 경우 덮개돌은 묘표(墓表)의 기능을 하였을 것이고 묻힌 사람은 서로 친연적인 관계였을 것으로 보인다.

묻기의 한 가지로 화장의 흔적이 조사되었는데 하남 하사창동, 평택 수월암리, 오산 두곡동, 안성 신기 고인돌 등 주로 기전 남부지역에서 찾아졌다. 이렇게 고인돌의 장례습속에 화장이 이용되었다는 것은 소요되는 높은 비용과 그 처리 과정의 복합성으로 보아 당시 사회에서 일반화된 주검의 처리 과정은 아니고 특수한 상황에서 이루어졌던 것으로 여겨진다. 특히 두곡동 고인돌에서는 무덤 구덩에서 화장을 한 다음 그 자리에 돌덧널로 된 무덤방을 축조하여 뼛조각을 껴묻기한 것이 주목되는데 이러한 예가 지금까지 조사되지 않아 비교 자료가 없다. 성남 수진동 고인돌에서는 묻힌 사람의 머리 방향을 규명하기 위한 방법으로 P_2O_5를 이용하여 무덤방의 흙을 분석하였다.

고인돌에서 찾아진 껴묻거리는 다른 지역과 마찬가지로 적은 편이다. 강화지역의 오상리 고인돌과 삼거리 고인돌 주변에서 팽이형 토기가 찾아져 눈길을 끈다. 팽이형 토기가 강화도 지역의 고인돌에 껴묻기 되었다는 것은 지리적인 위치 관계를 고려해 볼 때 고인돌의 축조 시기와 그 문화 전파 과정을 이해하는데 하나의 기준이 된다. 양평 상자포리 고인돌에서는 이른 시기의 세형동검이 발굴되었다. 이렇게 무덤에 권위를 상징하는 것으로 볼 수 있는 청동기가 껴묻기된 점으로 보아 묻힌 사람 및 당시 사회의 발전 단계를 이해하는데 도움이 된다.

기전지역 고인돌의 축조 시기는 절대연대 측정 자료가 많지 않기 때문에 껴묻거리를 통해 상대연대를 추정해 볼 수 있다. 강화 고인돌에서 출토된 팽이형 토기로 볼 때 서기전 12세기쯤에는 이 지역에 고인돌이 축조되었을 것이다. 그리고 평택 수월암리 고인돌의 방사성탄소 연대 측정값으로 볼 때 서기전 7세기와 4세기에 집중적으로 고인돌을 만들었던 것 같다.

돌널무덤과 돌덧널무덤(돌무덤)은 고인돌이나 움무덤에 비하여 조사된 유적이 적은 편이기 때문에 그 성격을 설명하는데 어려움이 많다.

이들 돌무덤이 분포하는 곳의 지세를 보면 어디서나 쉽게 볼 수 있는 조망이 좋은 구릉 꼭대기나 산능선이 대부분이다. 이렇게 당시 사회의 축조 집단이 무덤의 입지 선택에 관심을 보인 것은 무덤 그 자체가 집단의 존재적 의미를 상징하였기 때문이다. 또한 평택 용이동 유적을 보면 무덤과 집터가 일정 거리 떨어져 있어 당시 사회에 공간 분리와 활용 개념이 있었던 것 같다.

돌널무덤은 무덤방의 4벽을 판자돌 1매씩으로 만드는 것이 일반적인데 인천 원당동 3호와 평택 양교리의 경우 무덤방의 긴 벽 쪽은 2매를 잇대어 놓았다. 아마도 이러한 축조 방식은 유적 주변에서 판자돌을 구하기 어려웠기 때문으로 보이며, 다른 지역에서도 조사된 예가 있다. 돌덧널무덤의 무덤방 축조 방법을 보면 모난돌이나 강돌을 쌓거나 세워 놓은 경우(가평 읍내리 유적), 긴 벽은 가로 방향으로 쌓고 짧은 벽은 세로 쌓기를 한 것(군포 당동 유적) 등 상당히 다양한 편이다.

무덤방의 긴 방향은 주변의 지세가 고려된 것으로 밝혀졌는데 등고선과 직교하는 것이 많은 편으로 무덤방의 높낮이와 직접적인 관계가 있는 것 같다. 그런데 인천 원당동 4호 돌널무덤은 무덤 구덩과 무덤방이 서로 직교하는 것으로 조사되어 주목된다.

묻기에 있어 고인돌 유적처럼 화장을 한 것이 조사되었다. 광주 역동 돌덧널무덤은 무덤방의 불탄 흔적, 껴묻거리, 사람 뼛조각과 숯으로 볼 때 제자리 화장을 하였던 것 같다. 무덤방과 껴묻거리로 볼 때 이러한 화장 방식은 여순 강상 돌무지무덤의 18호와 누상 8호 무덤칸과 비교된다. 또 평택 토진리 돌널무덤 바로 옆에서는 화장을 한 다음 뼛조각을 수습하였던 작은 구덩이 발견되어 화장의 과정을 이해하는데 참고가 된다. 가평 읍내리 3호 무덤에서는 무덤방 안쪽 벽이 불에 그슬린 것으로 밝혀졌는데 축조 당시의 벽사 행위나 무덤방 정화와 연관이 있지 않을까 한다.

돌무덤에서 발굴된 껴묻거리는 석기, 청동기, 토기로 나누어진다. 간돌검은 손잡이에 마디가 있는 것과 일단(一段)인 것이 찾아졌다. 역동 돌덧널무덤에서는 비교적 이른 청동기시대의 삼각만입촉이 13점이나 조사되어 유적의 연대를 가늠하는데 기준이 된다. 또한 역동 무덤에서는 비파형동검과 둥근꼴의 청동 검자루 끝장식이 발굴되었는데 합금의 성분 분석 결과 구리-주석으로 이루어진 2성분계로 밝혀졌다. 특히 납 원산지가 한반도일 가능성이 높아 제작지와 연대 문제를 이해하는데 참고가 된다. 청동 검자루 끝장식은 특이한 형태로 김해 연지리 고인돌, 여순 강상 돌무지무덤에서도 찾아졌기에 이것을 통해 문화의 전파나 연속성을 살펴볼 수 있을 것이다.

기전지역 돌무덤의 축조 연대는 방사성탄소 연대 측정 결과 역동 돌덧널무덤은 2985±20bp와 2955±25bp로 밝혀져 늦어도 서기전 10세기쯤에 축조되었음을 알 수 있다. 용이동 돌널무덤은 2450±30bp 안팎에 연대 측정값이 모여 있어 이러한 무덤이 서기전 600년 전쯤부터 축조되기 시작하였던 것 같다.

기전지역의 움무덤은 최근에 많은 발굴조사가 이루어져 여러 자료가 모아지고 있다. 지금까지 조사된 움무덤은 구조에 따라 순수 움무덤, 돌뚜껑 움무덤, 돌무지 움무덤, 나무(덧)널 움무덤으로 나누어진다.

움무덤이 위치한 곳의 지세를 보면 높다란 구릉이나 산기슭 또는 산능선이다. 이러한 위치 선정은 당시 사람들의 생업경제나 공간 분할과 관련이 있는 것 같다. 다만 화성 발안리 움무덤은 강안 충적대지에 위치하고 있어 다른 무덤과 차이가 있다.

무덤방의 긴 방향은 등고선을 기준으로 보면 직교하는 것이 대부분인 것으로 나타나 주로 등고선과 유적 주변의 지형에 의해 결정되었던 것 같다. 나무널 움무덤의 무덤 구덩 길이와 너비의 상관 관계를 비교한 결과, 길이는 200㎝ 안팎에 집중되어 바로펴묻기를 하였을 것이다. 그리고 무덤 구덩의 채움층에 돌보다 흙을 채운 경우 길이가 더 긴 것으로 분석되었다.

묻기에 있어서는 순수 움무덤(화성 동화리)과 돌뚜껑 움무덤(오산 두곡동 1·2호)에서 소요 경비와 노동력이 많이 드는 화장 흔적이 조사되었다. 동화리 무덤은 무덤방의 쌓임층, 숯과 재, 사람 뼛조각으로 볼 때 제자리 화장을 하였을 가능성이 높아 오산 두곡동 고인돌, 광주 역동 돌덧널무덤과 비교된다. 묻기 과정에서는 토기를 의도적으로 깨뜨려 묻은 것이 평택 소사벌과 안산 관모봉 움무덤에서 조사되었고, 파주 목동리와 안성 신기 무덤에서는 세형동검을 깨뜨려 껴묻기 하였다. 이것은 당시 사회의 장례 절차에 따른 장례습속의 한 과정이었던 것으로 해석된다.

움무덤에서는 거의 대부분 점토띠 토기와 목 긴 검은 간토기가 1점씩 짝지어 껴묻기된 것으로 밝혀졌다. 점토띠 토기를 덧띠 단면 생김새와 입술 끝부분에 따라 구분하면 순수 움무덤과 나무널 움무덤에는 단면이 원형이고 입술 끝부분은 곧은 것이 비교적 많은 것 같다.

청동기는 세형동검, 청동 투겁창, 청동 밀개, 검자루 맞춤돌 등이 있다. 파주 목동리 움무덤에서 찾아진 세형동검은 등대에 제비꼬리 모양 마디가 있고, 신기 움무덤의 동검은 허리쪽과 등대 마디가 일자형이다. 평택 해창리 5호 움무덤에서 찾아진 청동 투겁창은 자루 구멍 부분에 고리가 달려 있어 늦은 시기에 해당한다. 검자루 맞춤돌 가운데 용인 농서리 움무덤 것은 베개 모양으로 이른 시기 것이고, 목동리 움무덤 것은 'T'자 모양의 발달한 것이다.

기전지역의 움무덤 연대는 점토띠 토기와 검은 간토기의 모양에 따라 구분하던 기존의 상대연대 설정보다는 절대연대 측정값을 토대로 관련 껴묻거리를 참고하여 추론하였다. 이 결과 삼각만입촉이 찾아진 화성 동화리 순수 움무덤은 서기전 1000년쯤에 해당되고, 안산 관모봉 돌무지 움무덤은 서기전 500년쯤에 축조되었다. 나무(덧)널 움무덤은 껴묻거리(토기, 청동기)와 방사성탄소 연대 측정값을 고려해 보면 안성 반제리와 용인 농서리 움무덤은 비교적 이른 서기전 500년쯤, 화성 발안리와 평택 해창리 움무덤은 늦은 시기인 서기전 300년쯤에 해당되는 것으로 보인다.

기전지역의 청동기시대 무덤을 발굴조사한 자료를 중심으로 지금까지 여러 관점에서 살펴보았다. 조사된 유적이 한정된 상태에서 시론적으로 분석한 연구이기 때문에 많은 자료가 축적된 다른 지역과 비교해 볼 때 아쉬움이 많다. 앞으로 조사와 연구 자료가 더 많이 모아지면 기전지역의 청동기시대 무덤의 실체에 대한 이해는 보다 사실에 가까이 다가갈 수 있을 것이다.

일찍부터 살기 좋은 지리적·환경적 조건을 갖추고 있으면서 남부와 북부지역의 점이지대에 자리한 기전지역은 오랜 역사와 문화 전통을 가지고 있는 동시에 현재 우리나라의 사회, 경제적 중심을 차지하고 있는 중요한 지역이다. 이 지역에 살았던 청동기시대 사람들의 삶과 죽음 속에서 만들어져 지금까지 남아있는 그들의 무덤은 현재 우리들의 삶과도 가까이 있다. 옛사람들이 만든 무덤이나 집터와 같은 흔적 위에 다시 집을 짓고 살아가는 우리들의 모습에서 이 시대에도 여전히 과거는 현재와 공존하고 있음을 확인하게 되는 것이다. 기전지역의 청동기시대 무덤의 역사를 돌아본 이 연구가 부족하지만 이 땅에 우리의 뿌리를 굳건하게 하는 하나의 기반이 되었으면 한다.

그림 출처

Ⅲ. 고인돌 무덤

그림 1. 세종대학교 박물관·여주군, 2005. 『여주 신접리 – 고인돌 발굴조사 보고서』.

그림 2. 세종대학교 박물관·이천시, 2000. 『이천 지역 고인돌 연구』.

그림 3. 문화공보부 문화재관리국 엮음, 1974. 『八堂·昭陽댐 水沒地區遺蹟發掘綜合調查報告』.

그림 4. 경기도 박물관, 2007. 『경기도 고인돌』.

그림 5. 가평군·기호문화재연구원, 2016. 『가평 읍내리 유적』.

그림 6. 서해문화재연구원, 2014. 『하남 하사창동 유적』Ⅳ.

그림 7. 명지대학교 박물관·경기도, 1990. 『安養 坪村의 歷史와 文化遺蹟』.

그림 8. 명지대학교 박물관·호암 미술관·경기도, 1990. 『山本地區 文化遺蹟 發掘調查報告書』.

그림 9. 김재원·윤무병, 1967. 『韓國支石墓研究』, 국립박물관.

그림 10. 기전문화재연구원·(주)금강주택, 2006. 『坡州 堂下里 遺蹟』.

그림 11. 세종대학교 박물관·연천군, 2003. 『연천지역 고인돌 유적』.

그림 12. 연천군·세종대학교 박물관, 2014. 『연천 차탄리 고인돌 발굴조사 보고서』.

그림 13. 세종대학교 박물관·연천군, 2003. 『연천지역 고인돌 유적』.

그림 14. 호남문화재연구원·인천도시공사·한국토지주택공사, 2020. 『仁川 黔丹 麻田洞·元堂洞·不老洞 遺蹟 : 不老洞』Ⅱ.

그림 15. 김재원·윤무병, 1967. 『韓國支石墓研究』, 국립박물관.

그림 16. 국립문화재연구소, 2011. 『강화 점골 지석묘 調查報告書』.

그림 17. 경동 나비엔·겨레문화유산연구원, 2013. 『평택 수월암리 유적』.

그림 18. 기전문화재연구원·경기도시공사, 2009. 『安城 萬井里 신기 遺蹟』.

그림 19. 한국토지주택공사·기호문화재연구원, 2013.『烏山 塔洞·斗谷洞 遺蹟』.

그림 20. 최영준, 1997.『국토와 민족생활사』, 한길사.

그림 21. 金旭東, 1991.「1987年吉林東豊南部蓋石墓調査與淸理」『遼海文物學刊』2.

그림 22. 명지대학교 박물관·경기도, 1991.『安山仙府洞支石墓發掘調査報告書』.

그림 23. 하문식, 2006.「강화지역의 고인돌에 대하여」『崇實史學』19.

그림 24. 충북대학교 박물관 엮음, 1988.『板橋~九里·新葛~半月間 高速道路 文化遺蹟發掘調査 報告』.

그림 25. 許玉林, 1994.『遼東半島石棚』, 遼寧科學技術出版社.

그림 26. 세종대학교 박물관·이천시, 2000.『이천 지역 고인돌 연구』.

그림 27. 명지대학교 박물관·경기도, 1991.『安山仙府洞支石墓發掘調査報告書』.

그림 28. 김재원·윤무병, 1967.『韓國支石墓硏究』, 국립박물관.

선문대학교 고고연구소·강화군, 2002.『江華 鼇上里 支石墓』.

그림 29. 문화공보부 문화재관리국 엮음, 1974.『八堂·昭陽댐 水沒地區遺蹟發掘綜合調査報告』.

그림 30. 명지대학교 박물관·경기도, 1991.『安山仙府洞支石墓發掘調査報告書』.

문화공보부 문화재관리국 엮음, 1974.『八堂·昭陽댐 水沒地區遺蹟發掘綜合調査報告』.

경동 나비엔·겨레문화유산연구원, 2013.『평택 수월암리 유적』.

한양대학교 문화인류학과·한국선사문화연구소, 1994.「多栗里·堂下里 支石墓 및 住居址」『多栗里·堂下里 支石墓 및 住居址』.

그림 31. 김재원·윤무병, 1967.『韓國支石墓硏究』, 국립박물관.

IV. 돌널무덤과 돌덧널무덤

그림 1. 가평군·기호문화재연구원, 2016.『가평 읍내리 유적』.

그림 2. 해냄주택·한얼문화유산연구원, 2012.『광주 역동 유적』.

그림 3. 한국토지주택공사·기호문화재연구원, 2013.『烏山 塔洞·斗谷洞 遺蹟』.

그림 4. 한얼문화유산연구원·평택 인터시티. 2019.『평택 용이·죽백동 유적』.

그림 5. 한국문화재보호재단·인천시 검단개발사업소, 2007.『仁川 元堂洞 遺蹟』Ⅰ.

그림 6. 고려문화재연구원·경기도시공사, 2010.『平澤 梁橋里 遺蹟』.

그림 7. 한얼문화유산연구원·평택 인터시티. 2019.『평택 용이·죽백동 유적』.

그림 8. 기전문화재연구원·경기지방공사, 2006.『平澤 土津里 遺蹟』.

그림 9. 기전문화재연구원·경기지방공사, 2006.『平澤 土津里 遺蹟』.

　　　　한얼문화유산연구원·평택 인터시티. 2019.『평택 용이·죽백동 유적』.

　　　　고려문화재연구원·경기도시공사, 2010.『平澤 梁橋里 遺蹟』.

그림 10. 해냄주택·한얼문화유산연구원, 2012.『광주 역동 유적』.

그림 11. 고려문화재연구원·경기도시공사, 2010.『平澤 梁橋里 遺蹟』.

　　　　기전문화재연구원·경기지방공사, 2006.『平澤 土津里 遺蹟』.

그림 12. 한얼문화유산연구원·평택 인터시티. 2019.『평택 용이·죽백동 유적』.

그림 13. 한국토지주택공사·기호문화재연구원, 2013.『烏山 塔洞·斗谷洞 遺蹟』.

V.움무덤

그림 1. 국방문화재연구원, 2011.『남양주 진관리 유적』.

그림 2. 기호문화재연구원·한국토지주택공사, 2012.『城南 麗水洞 遺蹟』.

그림 3. 한국문화재보호재단·한국토지주택공사, 2012.『성남 판교동 유적』Ⅱ.

그림 4. 중앙문화재연구원, 2011.『坡州 雲井 遺蹟Ⅰ』.

그림 5. 기전문화재연구원·금강주택, 2006.『坡州 堂下里 遺蹟』.

그림 6. 경기문화재연구원·대한주택공사, 2009.『坡州 瓦洞里 Ⅰ遺蹟-초기 철기시대
　　　　이후』.

그림 27. 기호문화재연구원·경기고속도로주식회사, 2008.『華城 桐化里 遺蹟』.

그림 28. 肖景全, 2010.「新賓旺淸門鎭龍頭山大石蓋墓」『遼寧考古文集』2.

그림 29. 기전문화재연구원·한국주택공사 경기지역본부, 2007.『華城 發安里마을 遺蹟-본문2』.

한국토지주택공사·대동문화재연구원, 2019.『仁川 黔丹地區 遺蹟』1.

한국토지주택공사·겨레문화유산연구원, 2013.『오산 청학동 유적』.

기전문화재연구원·금강주택, 2006.『坡州 堂下里 遺蹟』.

중앙문화재연구원·평택 소사2지구 토지개발사업조합, 2019.『평택 소사동 솔밭말 유적』.

그림 30. 경기문화재연구원·한국토지주택공사, 2011.『龍仁 書川洞 遺蹟』.

중원문화재연구원·한국도로공사, 2007.『安城 盤諸里 遺蹟』.

겨레문화유산연구원, 2013.『평택 토진리 산 29-1번지 유적』.

그림 31. 한국문화재보호재단·한국토지주택공사, 2012.『성남 판교동 유적』Ⅱ.

그림 32. 경기문화재연구원·한국토지주택공사, 2012.『始興 君子洞 遺蹟』.

경기문화재연구원·대한주택공사, 2009.『坡州 瓦洞里 Ⅰ遺蹟-초기 철기시대 이후』.

그림 33. 경기문화재연구원·경기도시공사, 2009.『安城 萬井里 신기 遺蹟(본문 2)』.

중앙문화재연구원, 2011.『坡州 雲井 遺蹟Ⅰ』.

한국문화재보호재단·한국토지주택공사, 2012.『성남 판교동 유적』Ⅱ.

기전문화재연구원·금강주택, 2006.『坡州 堂下里 遺蹟』.

기호문화재연구원·한국도로공사 수도권건설사업단, 2009.『龍仁 農書里 遺蹟』.

경기문화재연구원·한국토지주택공사, 2011.『龍仁 書川洞 遺蹟』.

경기문화재연구원·한국토지주택공사, 2012.『始興 君子洞 遺蹟』.

기전문화재연구원·한국주택공사 경기지역본부, 2007.『華城 發安里마을 遺蹟-본문 2』.

그림 34. 호남문화재연구원·한국토지주택공사, 2020. 『平澤 海倉里 Ⅲ·Ⅳ遺蹟』.

그림 35. 경기문화재연구원·경기도시공사, 2009. 『安城 萬井里 신기 遺蹟(본문 2)』.

중앙문화재연구원, 2011. 『坡州 雲井 遺蹟 Ⅰ』.

그림 36. 호남문화재연구원·한국토지주택공사, 2020. 『平澤 海倉里 Ⅲ·Ⅳ遺蹟』.

그림 37. 기호문화재연구원·경기고속도로주식회사, 2008. 『華城 桐化里 遺蹟』.

기호문화재연구원·한국도로공사 수도권건설사업단, 2009. 『龍仁 農書里 遺蹟』.

국방문화재연구원, 2011. 『남양주 진관리 유적』.

그림 38. 기호문화재연구원·한국도로공사 수도권건설사업단, 2009. 『龍仁 農書里 遺蹟』.

사진 출처

III. 고인돌 무덤

사진 1. 세종대학교 박물관·이천시, 2000. 『이천 지역 고인돌 연구』.

사진 2. 문화공보부 문화재관리국 엮음, 1974. 『八堂·昭陽댐 水沒地區遺蹟發掘綜合調
　　　查報告』.

사진 3. 경기도 박물관, 2007. 『경기도 고인돌』.

사진 4. 서울문화유산연구원, 2021. 『양평 대석리 지석묘군 정비 사업부지내 유적 학
　　　술자문회의 자료집』.

사진 5. 문화공보부 문화재관리국 엮음, 1974. 『八堂·昭陽댐 水沒地區遺蹟發掘綜合調
　　　查報告』.

사진 6. 문화공보부 문화재관리국 엮음, 1974. 『八堂·昭陽댐 水沒地區遺蹟發掘綜合調
　　　查報告』.

사진 7. 경기도 박물관, 2007. 『경기도 고인돌』.

사진 8. 경기도 박물관, 2007. 『경기도 고인돌』.

사진 9. 김재원·윤무병, 1967. 『韓國支石墓研究』, 국립박물관.

사진 10. 경기문화재연구원, 2017. 『파주 운정3 택지개발지구 문화재 시굴조사(B구
　　　역) 약보고서』.

사진 11. 경기도 박물관, 2007. 『경기도 고인돌』.

사진 12. 한양대학교 박물관·시흥시, 1999. 『始興市 鳥南洞 支石墓』.

사진 13. 시흥시·한양대학교 박물관, 1999. 『始興市 桂壽洞 支石墓』.

사진 14. 한울문화재연구원, 2020. 『인천 대곡동 지석묘군 복원 정비 사업부지내 유
　　　적 정밀발굴조사 약식 보고서』.

사진 15. 인천광역시립박물관, 2003. 『인천남부 종합학술조사』.

사진 16. 최숙경, 1966.「永宗島 雲南里 支石墓 – 放射性炭素 測定 結果 高麗 年代를 낸 例」『金愛麻博士梨花勤績40周年紀念論文集』.

사진 17. 경기도 박물관, 2007.『경기도 고인돌』.

사진 18. 경기도 박물관, 2007.『경기도 고인돌』.

사진 19. 경기도 박물관, 2007.『경기도 고인돌』.

사진 20. 한양대학교 문화인류학과·한국선사문화연구소, 1994.「多栗里·堂下里 支石墓 및 住居址」『多栗里·堂下里 支石墓 및 住居址』.

사진 21. 우장문·김영창, 2008.『세계유산 강화 고인돌』.

사진 22. 우장문·김영창, 2008.『세계유산 강화 고인돌』.

사진 23. 강화역사박물관, 2020.『강화의 선사시대』.

사진 24. 경기도 박물관, 2007.『경기도 고인돌』.

사진 25. 경기도 박물관, 2007.『경기도 고인돌』.
　　　　선문대학교 고고연구소·강화군, 2002.『江華 鰲上里 支石墓』.

사진 26. 경기도 박물관, 2007.『경기도 고인돌』.

사진 27. 호남문화재연구원·인천도시공사·한국토지주택공사, 2020.『仁川 黔丹 麻田洞·元堂洞·不老洞 遺蹟 : 不老洞』Ⅱ.
　　　　세종대학교 박물관·하남시, 1998.『河南市 廣岩洞 支石墓』.
　　　　경기도 박물관, 2007.『경기도 고인돌』.

사진 28. 이융조·신숙정·우종윤, 1984.「堤原 黃石里 B地區 遺蹟 發掘調査報告」『忠州댐 水沒地域 文化遺蹟 發掘調査 報告書(Ⅰ)』.

사진 29. 경동 나비엔·겨레문화유산연구원, 2013.『평택 수월암리 유적』.

사진 30. 연천군·세종대학교 박물관, 2014.『연천 차탄리 고인돌 발굴조사 보고서』.

사진 31. 세종대학교 박물관·이천시, 2000.『이천 지역 고인돌 연구』.

사진 32. 경동 나비엔·겨레문화유산연구원, 2013.『평택 수월암리 유적』.

사진 33. 경동 나비엔·겨레문화유산연구원, 2013.『평택 수월암리 유적』.

사진 34. 세종대학교 박물관·이천시, 2000.『이천 지역 고인돌 연구』.

사진 35. 세종대학교 박물관·연천군, 2003.『연천지역 고인돌 유적』.

사진 36. 인천광역시 서구청·인하대학교 박물관, 2005.『대곡동 지석묘-인천 대곡동 지석묘 정밀 지표조사』.

사진 37. 하문식 자료.

사진 38. 세종대학교 박물관·연천군, 2003.『연천지역 고인돌 유적』.

사진 39. 경동 나비엔·겨레문화유산연구원, 2013.『평택 수월암리 유적』.

사진 40. 세종대학교 박물관·이천시, 2000.『이천 지역 고인돌 연구』.

사진 41. 중원문화재연구원·서울지방국토관리청·현대건설, 2013.『江華 新鳳里·長井里 遺蹟』.

사진 42. 문화공보부 문화재관리국 엮음, 1974.『八堂·昭陽댐 水沒地區遺蹟發掘綜合調査報告』.

사진 43.세종대학교 박물관·하남시, 1998.『河南市 廣岩洞 支石墓』.

Ⅳ. 돌널무덤과 돌덧널무덤

사진 1. 한국문화재보호재단·인천시 검단개발사업소, 2007.『仁川 元堂洞 遺蹟』Ⅰ.

사진 2. 기전문화재연구원·경기지방공사, 2006.『平澤 土津里 遺蹟』.

사진 3. 한국문화재보호재단·인천시 검단개발사업소, 2007.『仁川 元堂洞 遺蹟』Ⅰ.

사진 4. 고려문화재연구원·경기도시공사, 2010.『平澤 梁橋里 遺蹟』.
　　　한국문화재보호재단·인천시 검단개발사업소, 2007.『仁川 元堂洞 遺蹟』Ⅰ.

사진 5. 중원문화재연구원·한국토지주택공사. 2010.『軍浦 堂洞 遺蹟』.

사진 6. 해냄주택·한얼문화유산연구원, 2012.『광주 역동 유적』.

사진 7. 中國社會科學院 考古研究所 엮음, 1996.『雙砣子與崗上-遼東史前文化的發現和研究』, 科學出版社.

사진 8. 가평군·기호문화재연구원, 2016.『가평 읍내리 유적』.

사진 9. 해냄주택·한얼문화유산연구원, 2012.『광주 역동 유적』.

사진 10. 해냄주택·한얼문화유산연구원, 2012.『광주 역동 유적』.

　　　　中國社會科學院 考古硏究所 엮음, 1996.『雙砣子與崗上-遼東史前文化的發現 和硏究』, 科學出版社.

　　　　동아세아문화재연구원·SK건설·대우건설, 2012.『金海 蓮池 支石墓·金海 邑 城 客舍址』.

사진 11. 경기문화재연구원·안산도시공사, 2019.『팔곡 일반산업단지 문화재 정밀 발굴조사 약보고서』.

사진 12. 해냄주택·한얼문화유산연구원, 2012.『광주 역동 유적』.

V. 움무덤

사진 1. 중원문화재연구원·한국도로공사, 2007.『安城 盤諸里 遺蹟』.

사진 2. 기전문화재연구원·한국주택공사 경기지역본부, 2007.『華城 發安里마을 遺 蹟-본문2』.

사진 3. 중앙문화재연구원·한국토지주택공사, 2011.『平澤 소사벌 遺蹟』.

사진 4. 경기문화재연구원·경기도시공사, 2009.『安城 萬井里 신기 遺蹟(본문 2)』.

사진 5. 한국토지주택공사·기호문화재연구원, 2013.『烏山 塔洞·斗谷洞 遺蹟』.

사진 6. 한국문화유산연구원, 2016.『용인 동천 2지구 도시개발사업구역 문화유적 발굴조사 - 부분 완료 약보고서』.

사진 7. 중앙문화재연구원, 2011.『坡州 雲井 遺蹟 I』.

사진 8. 기호문화재연구원·한국토지주택공사, 2012.『城南 麗水洞 遺蹟』.

사진 9. 기호문화재연구원·한국도로공사 수도권건설사업단, 2009.『龍仁 農書里 遺 蹟』.

　　　　중앙문화재연구원, 2011.『坡州 雲井 遺蹟 I』.

사진 10. 경기문화재연구원·경기도시공사, 2009.『安城 萬井里 신기 遺蹟(본문 2)』.

　　　국방문화재연구원, 2011.『남양주 진관리 유적』.

　　　창세기업·겨레문화유산연구원, 2012.『평택 양교리 산 41-1번지 유적』.

사진 11. 중원문화재연구원·한국도로공사, 2007.『安城 盤諸里 遺蹟』.

사진 12. 기호문화재연구원·한국도로공사 수도권건설사업단, 2009.『龍仁 農書里 遺蹟』.

사진 13. 경기문화재연구원·한국토지주택공사, 2011.『龍仁 書川洞 遺蹟』.

색 인

기전지역의
청동기시대
무덤 연구

지은이 | 하문식
펴낸이 | 최병식
펴낸날 | 2021년 9월 10일
펴낸곳 | 주류성출판사 www.juluesung.co.kr
서울특별시 서초구 강남대로 435 주류성빌딩 15층
TEL | 02-3481-1024(대표전화)·FAX | 02-3482-0656
e-mail | juluesung@daum.net

값 20,000원

ISBN 978-89-6246-446-7 93910